紫陽學術發微

唐文治 著
樂愛國 點校

華東師範大學出版社

圖書在版編目(CIP)數據

紫陽學術發微/唐文治著;樂愛國點校.—上海:華東師範大學出版社,2014.6
ISBN 978-7-5675-2220-6

Ⅰ.①紫… Ⅱ.①唐…②樂… Ⅲ.①朱熹(1130～1200)-哲学思想-研究 Ⅳ.①B244.75

中國版本圖書館 CIP 資料核字(2014)第 141348 號

紫陽學術發微

著　　者　唐文治
點 校 者　樂愛國
責任編輯　龐　堅
裝幀設計　盧曉紅

出版發行　華東師範大學出版社
社　　址　上海市中山北路 3663 號　郵編 200062
網　　址　www.ecnupress.com.cn
電　　話　021-60821666　行政傳真 021-62572105
客服電話　021-62865537　門市(郵購)電話 021-62869887
地　　址　上海市中山北路 3663 號華東師範大學校内先鋒路口
網　　店　http://hdsdcbs.tmall.com

印 刷 者　蘇州美柯樂製版印務有限公司
開　　本　890×1240　32 開
印　　張　11.75
字　　數　235 千字
版　　次　2014 年 10 月第 1 版
印　　次　2014 年 10 月第 1 次
書　　號　ISBN 978-7-5675-2220-6/B·862
定　　價　36.00 元

出 版 人　王　焰

教育部哲學社會科學重大課題攻關項目「百年朱子學研究精華集成」

點校説明

——唐文治《紫陽學術發微》的撰著及其緣由

樂愛國

唐文治(一八六五—一九五四),字穎侯,號蔚芝,晚號茹經,江蘇太倉人。十八歲中舉人。二十一歲入江陰南菁書院,受業於經師黄以周。光緒十八年(一八九二)中進士。官至商部左侍郎、農工商部署理尚書。四十二歲後,他退出官場,從事教育事業。光緒三十三年(一九〇七),就任郵傳部上海高等實業學堂(原名南洋公學)監督。一九一一年該校改名南洋大學,一九一三年又改稱交通部上海工業專門學校(即上海交通大學前身),繼任校長。直至一九二〇年,因目疾日深而辭去該校職務。同年,應聘爲無錫國學專修館(後改爲無錫國學專修學校)校長,達三十年,是民國時期著名的教育家。唐文治一生，筆耕不輟，著述頗豐，在朱子學研究方面尤爲用功，自稱「治朱子學五十餘年」，研究著作主要有：《性理學大義》、《紫陽學術發微》、《陽明學術發微》、《性理救世書》等；此外還有《茹經堂文集》、《茹經堂奏疏》、《十三經提綱》、《國文經緯貫通大義》、《茹經先生自訂年譜》等著述。

據唐文治《性理救世書》所説：「文治十五歲時，先大夫授以《御纂性理精義》，命先讀朱子《讀書法》與《總論爲學之方》，其時已微有會悟。逮年十七歲，受業於先師王文貞公（王紫翔）之門，命專治性理學。」（唐文治：《性理救世書》卷三）王紫翔告之曰：「爲文先從立品始，然後涵濡於四子、六經之書，研求於史漢諸子百家之言，不患不爲天下第一等人，不患不爲天下第一等文。」又曰：「士君子讀書貴在明理，不能明理，讀書奚爲？」因此，「命讀汪武曹《四書大全》、陸清獻《三魚堂集》，曰：『此理學入門之始。』」（唐文治：《王紫翔先生文評手跡跋》，《茹經堂文集》第三編卷五）於是，唐文治「日夜淬厲于性理文學」，初知入門之徑。（唐文治：《茹經先生自訂年譜》）

在這一時期，唐文治讀朱子《小學》、《近思録》等，「沉潛反復，頗有心得」（唐文治：《南菁書院日記》附録「論日記」，《唐文治文選》，上海交通大學出版社，二〇〇五年，第七頁），「理學乃日進」。十九歲時，「讀《二程遺書》、《朱子文集》，並先儒語録等書」。（唐文治：《茹經先生自訂年譜》）

二十一歲時，攷入江陰南菁書院，受業於院長黄以周之門。先是抄讀朱子門人陳淳的《北溪字義》，後來又作《宋明諸儒説主一辨》，對程朱以及其他宋明儒家的「主一」思想作了論述。二十三歲時作《陳同甫與朱子辨論漢唐治法論》。

一九一三至一九一七年間，唐文治在任交通部上海工業專門學校校長的同時，先後編《論語大義》、《孟子大義》、《大學大義》和《中庸大義》；其中《論語大義》和《孟子大義》採用朱子注；《大學大義》和《中庸大義》以鄭玄注、朱子注以及其他人的注相互參照。

一九二三年，唐文治在主持無錫國學專修館的同時，不顧目疾日深之困擾，編成《性理學大義》，分爲：《周子大義》二卷，《二程子大義》二卷，《張子大義》一卷，《洛學傳授大義》一卷，《朱子大義》八卷；「每卷各冠以叙文及傳狀，發明大義，篇中精要處，各加評語、圈點。學者得此講本，可窺性理學之門徑」（唐文治：《茹經先生自訂年譜》）。唐文治《朱子大義序》指出：「癸亥歲，爲國學館生講《朱子大義》，乃詳加選録，擇其尤精者著於篇。」又說：「朱子之書，猶夫子之宫牆也。其義理之精博而純粹，猶宗廟之美，百官之富也。百世而下，儒林之士，講求道學，誦習師法，莫之能違也。……蓋其畢生精力，窮極乎天人性命之原，博綜乎《詩》、《書》、《易》象之奥，聖功王道，物理人情，靡不兼賅而洞矚焉。」（唐文治：《朱子大義序》，《茹經堂文集》第一編卷四）《朱子大義》選録朱子的重要奏稿、書劄、論文以及各種序、記，此外還有黄榦的《朱文公行狀》。次年，唐文治組織王蘧常、唐蘭、吴其昌等人編輯《朱子全集校釋》，並命王蘧常編纂，得十余萬言，同時還撰《朱文公文集校釋序》。一九二四年，唐文治爲重刻《朱止泉先生朱子聖學攷略》作序。

據《茹經年譜》記載，一九二七年冬，六十三歲的唐文治在全面研究清代朱子學的基礎上編成《紫陽學術發微》。唐文治的學生馮振稱該書「於紫陽畢生學術，提要鉤元，洪纖畢備。自李榕村（李光地）、王白田（王懋竑）兩先生後，未有能道此者，可謂體大而思精矣」。

一九三〇年，正值朱子誕辰八百周年之際，唐文治爲所編《紫陽學術發微》作「序」，並付印。同年，唐文治還輯《陽明學術發微》，書成後，即付印。該書主要闡述陽明之學，同時也討論陽明學與朱子學的關係：卷一「陽明講學事跡攷」，卷二「陽明聖學宗傳」，卷三「陽明學四大題」，卷四「陽明學貫通經學變化神明」，卷五「陽明學通於朱子學一」，卷六「陽明學通於朱子學二」，卷七「王龍溪述陽明學髓」。

唐文治晚年所撰《朱子學術精神論》指出：「余治朱子學五十餘年。初輯《朱子大義》八卷，繼撰《紫陽學術發微》十二卷。覺其精神之高遠，識見之廣大，思慮之閎深，條理之精密，一時莫測其津涯。」可見，唐文治推崇、研究朱子學，並撰《紫陽學術發微》，首先是爲朱子之學術所折服，同時又爲其「精神之高遠」所震撼。在《朱子學術精神論》中，唐文治把朱子的講學精神歸結爲「孝」、「仁」，而且還説：「朱子一生出處精神，惟以氣節爲重。讀壬午、庚子、戊申、己酉封事諸篇，浩然正大之氣，溢於楮墨之表。嗚呼！盛矣！厥後文文山先生廷對策問，謂政治之本，在於帝王不息之心。其説實本於朱子《戊申封事》。而謝疊山、陸秀夫諸賢接踵而起，豈非講學之精神有以致此！然則宋末氣節之盛，實皆朱子提倡之功，有以激厲之也。而余向所深佩者，尤在攘夷狄、復疆土兩事。特節録於左，以興起吾人愛國之精神。」顯然，唐文治推崇、研究朱子學，並撰《紫陽學術發微》，也是爲朱子之氣節所感動。該文最後還説：「余嘗謂：居今之世，欲復吾國重心，欲闡吾國文化，欲振吾國固有道德，必自尊孔讀經始。而尊孔讀經，必自崇尚朱學始。」所以，唐文治推崇、研究朱子學，並撰《紫陽學術發微》，既有學術上的攷量，也希望通過提倡朱子理學而達到「善國性、救人心」之目的。

其實，早在一九二〇年，唐文治在所制定的《無錫國學專修館學規》中就列入「理學」一項，並指出：「二程、張子皆理學正宗。朱子集諸儒之大成，旁搜遠紹，所謂『爲往聖繼絶學，爲萬世開太平』者也。……綜覽歷史，理學盛則世道昌，理學衰則世道晦，毫髮不爽。吾輩今日惟有以提倡理學、尊崇人範爲救世之標準。」（唐文治：《無錫國學專修館學規》，《茹經堂文集》第一編卷二）在後來的《紫陽學術發微》中，唐文治又指出：「國家之興替，係乎理學之盛衰，理學盛則國運昌，理學衰而國祚滅。人心世道恆與之爲轉移。」（唐文治：《紫陽學術發微》卷十二）晚年，除了《朱子學術精神論》，唐文治還在《性理救世書》所收録《朱子學爲今時救世之本論》中對朱子學之救世作了論證，並且説：「仲尼祖述堯、舜，憲章文、武；朱子則祖述孔、孟，師法周、程，一脈相承，爲人心、民命之所依賴。欲救今日之世界，當自尊孔讀經始；而尊孔讀經，當自學朱子之學始。」（唐文治：《性理救世書》卷二）在《送周予同先生赴臺灣序》中，他還指出：「吾常謂：欲淑人心，必明心[性]理，而欲明性理，非昌明閩學不爲功。理學明，則人心善而國運以盛；理學晦，則人心昧而國運亦衰。徵諸史書，毫髮不爽，非虚言也。」（唐文治：《送周予同先生赴臺灣序》，《茹經堂文集》第六編卷三）這裏所謂「閩學」，即朱子學。顯然，唐文治始終認爲，朱子理學關乎人心之善惡、國家之興衰。由此可見，唐文治推崇、研究朱子學，並撰《紫陽學術發微》，更多的是出於當時的世道人心。

唐文治的《紫陽學術發微》，以朱熹著述爲依據，精選其中重要的書劄、奏稿、論文、著作篇章和各種序、跋、記等，並在清代朱子學研究的基礎上，分朱子爲學次第、心性學、仁學、經學、政治學以及朱子與道釋、陸子學、浙東學的關係等諸多專題，分别予以評述，並附若干專題研究論文，既反映了朱熹的主要學術思想，又展現清代朱子學研究的基本要點，同時表明了作者對於朱熹學術思想以及清代朱子學的基本觀點，是民國時期重要的朱子學研究專著，且資料選取之精審、理論分析之深入，實爲民國時期朱子學研究的傳世精品。更爲重要的是，作爲一名教育家，唐文治把朱子學研究當作其安身立命的根本，旨在通過教育實現其朱子學救世之理想，實乃弘揚朱子學精華之典範。

本書據民國時期排印本點校。個别錯字、漏字另加方括號。書後另附唐文治所撰《朱子學術精神論》，可供參攷。

紫陽學術發微自序

文治既編《朱子大義》八卷，比年以來，教授學者，復博蒐舊藏，及見在所得紫陽學各書，繁細不捐，顯微畢燭，略得要删之法，爰輯《紫陽學術發微》十有二卷。序曰：自黄氏勉齋臚述《朱子行狀》，朱子文孫在編《晦庵集》一百卷，《續集》五卷，《别集》七卷。厥後研朱子學者，代有傳人。然爲之者鮮得要領，何哉？蓋編書之法，不外兩端，曰編年，曰分類。朱子集既無編年，朱子偶有自注年歲，亦不過十數篇。而又僅以文體分類，不以事隸屬，矧所著過多，爲古來所未嘗有。故綴學之士，但覺其茫無津涯，或轉病其亂雜而無章，是豈爲朱學者之咎哉！風氣未開，而董理之方未得也。

於是有裁割鱗爪，獨守偏隅者，如張氏伯大、齊氏充甫所訂《朱子讀書法》是也。其書於入門適道之序，燦然秩然，且間有爲《文集》所未載者，可貴已。有攷訂事實，鑽研成編者，如王氏白田《朱子年譜》、童氏龍儔《朱子爲學次第攷》是也。王氏兼詳出處學術，童氏則注重於論學，各竭其畢生之精力，俱有專長。而王氏《朱子論學切要語》與《白田草堂雜著》提要鉤深，與《年譜》並行，江河不廢矣。有抉擇精義别樹一幟者，如張氏孝先所選之《朱子文集》、朱氏止泉之《朱子分類文選》是也。二選皆純粹，而不宜於初學。有以古文義法作選目標準者，如朱氏竹垞之《朱文公文鈔》、周氏大璋之《朱子古文讀本》、杜氏庭珠之《朱子文鈔》是也。朱氏選本，獨取有關時事感奮激烈之作。周、杜二書，則皆以南豐爲先河，紫陽爲後海者也。有自出己意以區類者，如邱氏瓊山之《朱子學的》、龍氏曉崖之《朱子講學輯要》是也。邱氏稍優於龍氏，而妄擬《論語》，皆蕪雜而無用。有輯拾朱子語以疏釋經義者，如陳氏鏦《朱子文集纂》是也。其書類《四書大全》，義理亦泛而雜，有精心評騭，而不免門户之見者，如陳氏清瀾之《學蔀通辨》、程啓皦《閑闢録》、陸氏稼書之《讀朱隨筆》、《三魚堂集》是也。陸氏畢生治朱學，精密無倫，於三家中尤爲傑出。然微病其專闢異己，盡有餘之言。夫孟子之道，本於性善，知言、養氣，其功豈僅距楊、墨、告子而已乎？又有集大成挈要旨以成書者，如陸氏桴亭之《儒宗理要》、孫氏夏峯之《理學宗傳》、劉氏蕺山之《聖學宗要》、黄氏梨洲之《晦翁學案》、李氏榕村之《朱子全書》、朱氏止泉之《宗朱要法》是也。李氏書最繁，劉、朱二家極簡，陸、孫、黄三家得其中；然皆注重躬行，不貴徒騰口説，胡可幾也。又有殫精私淑，口誦心維，尊德性而道問學，致廣大而盡精微者，其惟朱氏止泉之《聖學攷略》、秦氏定叟之《紫陽大指》、夏氏弢甫之《述朱質疑》乎！秦氏書較遜於朱、夏。顧文治編輯此書，雖綱絡羣言，然實本此三家，以爲準則也。此外廣論朱學者，宋元而降，有若吴草廬、薛敬軒、羅整庵、胡敬齋、高景逸諸人。近代有若顧亭林、吕晚村、江慎修、章實齋、唐鏡海、倭艮峯、劉虞卿、曾滌生、羅羅山、吴竹如諸人，雖所見偏全不同，要皆粹然壹出於正。而陳［蘭甫］《東塾讀書記》之論朱子，不獨用攷據法述義理，兼採近世新學，傅翼而闡揚之，聖賢之道，恢恢乎無所不包，豈非然哉！《禮記·中庸》篇贊仲尼之大，曰：「萬物並育而不相害，道並行而不相悖。」《禮運》篇贊大順之治，曰：「深而通，茂而又間，連而不相及，順而不相害。」造化之行，一陰一陽，宇宙之合，一虚一實。教也者，民之寒暑也。事也者，民之風雨也。在提倡宗風者，斡維之而已矣。

朱子之於象山也，高明沈潛，虚實相濟，舊學新知，相觀而善，琢磨同在一室，巧力各有千秋，所謂「道並行而不相悖」，「連而不相及」。而彼入主出奴者，呶呶於黨同伐異之私，顧不陋哉！明王氏陽明編《朱子晚年定論》，攷其年歲，大都在己丑悟道以後，故多涵養精微之論，而説者以爲顛倒早晚，並宇宙間虚實之理而不能辨，顧不隘哉！抑如張氏陽和《朱子摘編》採自然恬適之文，亦豈可厚非耶？若夫永嘉、永康學派之分支也，朱子對於士龍執後進之禮，無論矣。如吕子約之襄輯《士禮通解》，氣節屹然，亦未嘗不欽重其爲人，特以其徒喜攻乙籍，恐其心麤而氣浮，故常貽書誥誡之，而子約亦留心於存養、克己之方，是永嘉派固在朱子陶鎔之列者也。至於止齋、水心，講求經制，書札往還，各相師而不相非，和而不同，君子之道，固宜爾也。東萊既殁，永康之燄遂熾。龍川天資豪邁，朱子深加器重，力斥其「義利雙行，王霸並用」之説，引而進之於道。而龍川始終踸踔於歧途，且痛詆朱子以爲空談性命，學無實用；不知南宋時若無朱子，則秦檜之徒，將接跡於天下，而如文文山、謝疊山、陸秀夫、張世傑諸賢，又烏能聞風興起，造就其争光日月之節哉！而朱子對於永康派教誨諄諄，苦言不懈，是永康派亦未嘗不在朱子達材之列者也。天之生聖賢豪傑也，必有以拂亂而挫折之，非特其生前爲然，即身後之名，亦往往時顯而時晦。孔孟且然，遑論餘子。朱子立朝之時，排擊之者林栗、韓侂胄、胡紘、沈繼祖、余嘉是也。不謂數百年後，好古如毛大可，精博如戴東原，閎通如焦禮堂，亦復挾其勝心，詆毁之不遺餘力，且必欲掃除理學而後快。夫「易簡而天下之理得」，「窮理盡性以至於命」，孔子之言也，心之所同然者，「理也，義也」，孟子之言也。「不能反躬，天理滅矣」，「禮也者，理之不可易者也」，古禮家之言也。天理外之人情，非人情也。若必徇情而滅理，則古聖賢之辭，皆爲謬妄矣。君子一言以爲知，一言以爲不知，苟出其言不善，則人心世道皆因之偏激而失中，馴至於不可收拾。此章氏實齋、夏氏弢甫輩所爲欷歔而太息者也。

文治自弱冠以迄艾耆，竊嘗尚論先儒言行，以爲必平心而攷其世，實事而求其是，惟通其道而後能論其道，惟知其心而後能原其心。故凡論學之中正和平者，必其人之出於忠恕者也；凡論學之叫囂隳突者，必其人之工於忌克者也。和而不同，同而不和，心術之分，於是可見，而紫陽學術之本原，更有握要以述之者。昔先聖贊《易》曰：「《易》无思也，无爲也，寂然不動，感而遂通天下之故。」「天下同歸而殊塗，一致而百慮。天下何思何慮？」此朱子悟未發、已發之宗旨也。又曰：「夫《易》開物成務，冒天下之道。」「富有之謂大業，日新之謂盛德。」是朱子體用本末、格致誠正修齊治平之本原也。

聖門家法，道德學問，功業文章，務在一以貫之；漢、唐後能實踐此詣者，蓋朱子一人而已爾。斯道至大，來者無窮，比聞遐方殊域，且有能爲朱子學者。東海，西海，南海，北海，心理固無不同。此書一出，儻有人引而伸之，斠而正之，迻而譯之，發揚而光大之，則紫陽氏之絶學，雖百世常新可也。時在紫陽八百歲周攬揆之辰私淑弟子唐文治謹序。

紫陽學術發微　總目

紫陽學術發微卷一

朱子爲學次第發微

目録

紫陽學術發微卷一

朱子爲學次第發微

後學太倉唐文治蔚芝編輯

文治按：朱子平生學術，廣大精微，鑽仰之而不能盡。其有專心研慮，提其要而挈其綱者，厥惟王氏懋竑《朱子年譜》、朱氏澤澐《朱子聖學攷》、童氏能靈《朱子爲學次第攷》、夏氏炘《述朱質疑》四書最爲精析。而《述朱質疑》擷取菁華，尤便講授。兹特輯夏氏書前五卷之最要者，成朱子爲學次第發微，而附童氏書二條於後，合爲一卷。或者病二書詳於朱子四十歲以前，而於己丑以後講學諸書，不免太略。然參攷王氏懋竑《朱子論學切要語》（年譜附録）、秦氏雲爽論朱子涵養本原（《紫陽大指》卷三）即可得其精微之奥。抑文治攷孔子自言進學次第詳於《論語》「志學」章，子思子則詳於《中庸》「衣錦尚絅」章，孟子則詳於「浩生不害」章，其自邇登高之序俱分六級。朱子己丑以後功夫，固不敢擬於孔子，其在《中庸》「不動而敬」與《孟子》「充實光輝」之候，殆無疑也。學者當取本書第三卷心性學與夫《四書章句集注》詳細研究之，切己體察，深沉涵養，勉勉循循而不已焉，則所謂精義入神者，庶幾其有造乎！嗚呼，聖賢豈真不可學哉？

夏氏炘　朱子出入於老釋者十餘年攷

朱子幼孤，以遺命，稟學於籍溪胡公，屏山、白水兩劉公之門。三先生之學皆不純，而屏山、籍溪爲甚。朱子既與屏山比鄰而居，又事籍溪最久，聰明絶世之資，網羅百家之學，一旦得聞所爲虚靈元妙之説，遂不直入其闖不止。迨銓選得簿以後，始見延平。復年餘而後返，總而計之，蓋十一年矣。朱子《答江元適》書所謂「出入於老釋者十餘年」，蓋謂此也。其實，此十餘年之中，沈思經訓，潛心理學，未嘗一日不精研吾道，特其齊頭並進，二氏亦在所不遺耳。玆攷其可見者著於篇。

輔廣録：「某年十五、六時，在病翁所會一僧。屏山晚號病翁。與之語，其僧只相應和了説，也不説是不是，却與劉説，某已理會得箇昭昭靈靈底禪。劉後説與某，某遂疑此僧更有要妙處在，遂去扣問他，見他説得也煞好。」

包揚録：「某舊時亦要無所不學，禪、道、文章、楚詞、詩、兵法，事事要學，出入時無數文字，事事有兩册。一日忽思之曰：『且慢，我只一身，如何兼得許多。』自此逐時去了。」

《答汪尚書》書云：「某於釋氏之説，蓋嘗師其人，尊其道，求之亦切至矣。然未能有得。」

《答許順之》書云：「大抵舊來之以佛老之似，亂孔孟之真，故每有過高之病。」

《答孫敬甫》書云：「少時喜讀禪學文字。」

壬申 朱子二十三歲《讀道書》詩云：「巖居秉貞操，所慕在元虚。清夜眠齋宇，終朝觀道書。忘形氣自沖，性達理不餘。於道雖未庶，已超名跡拘。至樂在襟懷，山川非所娱。寄語狂馳子，營營竟焉如。」六首録一首

又《齋居誦經》詩云：「端居獨無事，聊披釋氏書。暫釋塵累牽，超然與道俱。門掩竹林幽，禽鳥山雨餘。了此無爲法，身心同晏如。」

癸酉 二十四歲 春《誦經》詩云：「坐厭塵累積，脱躧味幽元。静披笈中素，流味東華篇。朝昏一頫仰，歲月如奔川。世紛未云遣，仗此息諸緣。」

炘按：《讀道書》、《誦經》皆借異學以自遣，亦出入釋老之事。自癸酉春後，無是作矣。

鄭可學録：「初師屏山、籍溪。籍溪學於文定，又好佛老；以文定之學爲論治則可，而道未至。然

於佛老亦未有見。屏山少年能爲舉業，官莆田，接塔下一僧，能入定，數日後乃見了，老歸家讀儒書，以爲與佛合，故作《聖傳論》。其後屏山先亡，籍溪在。某自見於道未有所得，乃見延平。」

《年譜》：癸酉夏，始受學於延平李先生之門。

包揚録：「佛學舊嘗參究，後頗疑其不是。及見李先生，聞其言，初亦信未及，亦且背一壁放且理會學問看何如。後年歲間，始覺其非。」

《答江元適》書云：「某自幼記問言語，不能及人。以先君子之餘誨，頗知有意於古人爲己之學，而未得其處。蓋出入於釋老者十餘年。」

炘按：出入於老釋者十餘年，此朱子《答江元適》書乃其鐵憑。輔漢卿所録，十五、六歲「在病翁所會一僧」云云，則出入釋老自十五歲始矣，二十四歲始見延平。又「年歲間始覺其非」，則二十四、五矣，所謂「十餘年」者是也。朱子見延平，實在二十四歲，而自云「二十四、五」者，非真記憶之不清也，實以此兩年間乃師弟授受之大淵源，學問轉關之大節目。《年譜》只據二十四計之，故云「泛濫於釋老者幾十年」；朱子自敍，必兼二十四、五言之，故云「出入於老釋者十餘年」也。後人紛紛揣度之議，皆可以置之不論矣。

文治案：朱子汎濫於老釋者十餘年，乃博覽之學耳。度其時，必以聖經賢傳爲主，而旁通二氏之書，非專沈溺於老釋之學也。故一見延平先生之後，即脱除舊習矣。夏氏按語，深得事實。

又按：夏氏《述朱質疑》兼採朱子答江元適、薛士龍、許順之、何叔京諸書，俱與此篇互相發明。文繁未録，當參攷之。又王氏懋竑《朱子答江元適書、薛士龍書攷》、《辨通鑑》及《學蔀通辨》所載「二十餘年」，「二」字之誤，其説亦詳，當一併參閲。

夏氏炘　朱子見延平先生以後學術攷

延平受學於豫章，豫章受學於龜山，龜山受學於河南。推其源流，遠有端緒。朱子以遺命稟學於建安三先生，自云：「於道未有所得。」及見延平，盡棄異學，純一不雜矣。自癸酉至壬午，十年之間，摳衣負笈，寓止西林者動輒數月，雖求中未發之旨，一間未達而入道之次第，得於指授者最真。卒至晚年所見益親，所進益粹，光大師門之業，直軼豫章、龜山而上之，而其本原不可没也。兹輯其可見者著於篇。

《年譜》：朱子學無常師，出入於經傳，泛濫於釋老者幾十年。年二十四，見李延平，洞明道要，頓悟異學之非，盡能掊擊其失，繇是專精致誠，剖微窮幽，晝夜不懈，至忘寢食，而道統之傳，始有所歸矣。

炘按：《年譜》並不取「後年歲間始覺其非」之説，直截了當，以二十四歲爲斷，可以息羣喙矣。然與《答江元適》書所謂「十餘年」者終嫌不合。

又《年譜》：先生常言：「自見李先生，爲學始就平實，乃知向日從事於釋老之非。」又云：「初見李先生，説得無限道理。李先生曰：『公恁地懸空理會得許多道理，面前事卻理會不下。道亦無他元妙，只在日用間着實做工夫處，便自見得。』某後來方曉得他説。故至今不至於無理會耳。」又云：「始見李先生，告之學禪。李先生但曰：『不是。』再三質問，則曰：『且看聖賢言語。』某遂將所謂禪權倚閣起，取聖賢書讀之。讀來讀去，日復一日，覺得聖賢言語漸漸有味。卻回頭看釋氏之説，漸漸破綻罅漏百出。」

以上皆延平闢釋氏之説。炘按：日復一日，「聖賢言語漸漸有味」，釋氏之説，「漸漸破綻」者，即所謂「後年歲間始覺其非」也。朱子一生屏黜異端，干城吾道，實自見延平始，且始於初見之一、二年。故《延平答問》所載：自丁丑至癸未，無專辨釋氏之書。蓋朱子癸酉、甲戌之間，已瞭然於儒、釋之辨，而無所惑矣。又《延平行狀》云：「異端之學，無所入其心。然一聞其説，則知詖淫邪遁之所以然者。蓋辨之於錙銖秒忽之間，而儒、釋之邪正分。」非朱子得力於延平者深，烏能爲是言哉？

《大學或問》云：「間獨惟念，昔聞延平李先生之教，以爲『爲學之初，且當常存此心，勿爲他事所勝，凡遇一事，即當就此事反覆推尋，以究其理，待此一事融釋脱落，然後循序少進，而别窮一事。如此既久，積累之多，胸中自當有灑然處，非文字言語之所及也』。」

《延平行狀》：嘗語問者曰：「講學切在深潛縝密，然後氣味深長，蹊徑不差。若概以理一而不察乎其分之殊，此學者所以流於疑似亂真之説而不自知也。」

李閎祖録：沈元周問尹和靖：「伊川《易傳》何處是切要？」尹云：「『體用一源，顯微無間。』此是最切要處。」後舉以問李先生，先生曰：「尹説固好，然須是看得六十四卦、三百八十四爻都有下落，方始説得此語。若學者未曾仔細理會，便與他如此説，豈不誤他！」某聞之悚然，自此讀書益加詳細。

以上皆延平格物致知、讀書窮理之説。炘按：朱子《大學》「格致補傳」，一宗程子，《或問》中備論吕、謝、楊、尹諸説，以爲僅有一、二之合，不待七十子喪而大義乖，而獨殿以延平之教，以爲工夫之漸次，意味之深切，非他説所能及。惟嘗用力於此者，爲能有以識之，未易以口舌争。然則朱子格致之功，其得於延平者深矣。

文治按：朱子初見延平先生論學，好同而惡異，喜大而惡小。延平先生曰：「此但知理之一而不知分之殊」，「理不患其不一，所難者分殊耳」。以上論理一分殊之旨，爲延平傳授一大關鍵。朱子畢生窮理之學，所以臻於精密無間者，實基於此。後學切宜注意而體察焉，則庶乎能入道矣。

又按：夏氏更有載論《西銘》「理一分殊」一條。以文繁不録。

《延平答問》：丁丑書云：「承喻涵養用力處，足見近來好學之篤。孟子有夜氣之説，更熟翫之，當見涵養用力處也。於涵養處着力，正是學者之要。」

又戊寅書云：「孟子發此夜氣之説，於學者極有益。若欲涵養，須於此持守可耳。」

又己卯書云：「今學者之患，在於未有灑然冰解凍釋處。」

又庚辰書云：「唯存養熟，理道明，習氣漸爾銷鑠，道理油然而生。」

又《與劉平甫》書云：「學問之道，不在多言，但默坐澄心，體認天理，若見，雖一毫私欲之發，亦自退聽矣。」

又《與劉平甫》書云：「大率有疑處，須静坐體究，人倫必明，天理必察，於日用處著力，可見端緒，在勉之耳。」

以上皆延平涵養用力、默坐澄心，期於「灑然冰解凍釋」之説。炘按：延平之學，最重涵養，其默坐澄心者，乃涵養之方；其洒然解釋者，乃涵養熟後自然之驗。朱子己丑以後，與張敬夫諸書專主先涵養，蓋宗延平及程子之説。但朱子之涵養重在「敬」；延平之涵養重在「静」，其旨趣微不同耳。

文治案：李先生主静之學，實本於周子《太極圖説》，亦師傳也。至云「於日用處着力，可見端緒」，是李先生亦極重察識。要之，太極兩儀，本不容偏廢也。

又庚辰書云：「曩時從羅先生學問，先生極好静坐，令静中看喜怒哀樂未發之謂中，未發時作何氣象。此意不唯於進學有益，兼亦是養心之要。」朱子庚辰《題西林院壁》云：「巾屨翛然一鉢囊，何妨且住贊公房，卻嫌宴坐觀心處，不柰簷花抵死香。」是用延平静坐看未發氣象如何之説。

《延平行狀》：其語《中庸》曰：「聖門之傳是書，其所以開悟後學，無遺策矣。然所謂喜怒哀樂未發之謂中者，又一篇之指要也。」

又云：「初龜山倡道東南，士游其門者甚衆。然語其潛思力行，任重詣極，如羅公者，蓋一人而已。先生既從之學，講誦之餘，危坐終日，以驗夫喜怒哀樂未發之前氣象爲如何，而求所謂中者。若是者久之，而知天下之大本，真有在乎是也。」

以上延平於静中求喜怒哀樂未發時氣象之説。炘按：朱子《中和舊説序》云：「余早從延平李先生遊，受《中庸》之書，求喜怒哀樂未發之旨，未達而先生殁。」其所以未達之故，非後學所敢妄議。然朱子自己丑更定「中和舊説」後，堅守程子「涵養須用敬，進學在致知」二語，以爲後學指南。而楊方庚寅録云：「李先生時，説學已有許多意思。只爲説『敬』字不甚分明，是以許多時無捉摸處，或者未達之故，其以是與。」

文治按：《中庸》未發已發之説，乃子思子述《易・繫辭》之心傳，所謂「寂然不動」、「感而遂通」者也。延平先生因之傳授朱子，實爲聖學入門之要，而合夜氣説體驗之，則更爲易顯矣。

夏氏炘　朱子丁亥戊子從張南軒先察識後涵養攷

張南軒先察識後涵養之説，受之於胡五峯。五峯之説，本之於謝上蔡。上蔡之説則原於明道，而不得其意者也。朱子「中和舊説」，凡言心者，皆指已發而言，與胡五峯同，則以察識端倪爲初下手處，功夫較爲直捷，故丁亥至潭州，與南軒同主此説。兹攷其較然者著於篇。

丁亥八月，朱子往長沙訪張南軒。十一月，偕登南嶽，至櫧州别歸。酬南軒詩二首，其二章云：「昔我抱冰炭，從君識乾坤，始知太極藴，王白田云：太極，謂未發也。要眇難名論。謂有豈有跡？謂無復何存？惟應酬酢處，特達見本根。萬化自此流，千聖同兹源，曠然遠莫禦，惕若初不煩。云何學力微，未勝物欲昏，涓涓始欲達，已被黄流吞。豈知一寸膠，救此千丈渾，勉哉共無斁，此語期相敦。」

炘按：「惟應酬酢處，特達見本根」，後朱子所謂南軒之學，皆於鬧處承當也。

戊子《與程允夫》書云：「去冬走湖湘，講論之益不少。然此事須是自做工夫，於日用之間，行住坐卧處體察，方自有見處。然後以此操存以致其極，方爲己物。敬夫所見，超詣卓然，非所可及，如

《艮齋銘》，便是做工夫底節次。今日相與玫證古聖所傳門庭，建立此箇宗旨，相與守之。」從《朱程答問》本。

炘按：朱子從南軒先察識後涵養之説，此最分明。前詩獨詳先察識，至於後涵養之意，猶未及也。

戊子《與曾裘夫》書云：「敬夫爲元履作齋銘，曾見之否？漫納去，其言雖約，然《大學》始終之義具焉，恐可置左右也。」

附：張南軒 艮齋銘

艮齋，建安魏元履燕居之室也。在《易》，艮爲止，止其所也。栻嘗玫《大學》始終之序，以知止爲始，得其所止爲終，而知止則有道矣。《易》與《大學》，其義一也。敬爲之銘：物之感人，其端無窮；人爲物誘，欲動乎中。不能反躬，殆滅天理；聖昭厥猷，在知所止。天心粹然，道義俱全，是曰至善，萬化之源。人所固存，曷自違之？求之有道，夫何遠而。四端之著，我則察之；豈惟慮思，躬以達之。工深力到，大體可明；匪由外鑠，如春發生。知既至矣，必由其知；造次克念，戰兢自持。動静以時，光明篤實；艮止之妙，於斯爲得。

炘按：「四端之著，我則察之」，即孟子「皆擴而充之」也。與知止之知，淺深判然不同。比而同之，宜朱子不久而即悟其失也。

戊子《答何叔京》書云：「但因其良心發現之微，猛省提撕，使心不昧，則是做工夫底本領。本領既得，自然下學而上達矣。若不察於良心發現處，即渺渺茫茫終無下手處也。欽夫之學，所以超脱自在，見得分明，終是本領是當，非吾輩所及。但詳觀所論，自可見矣。」

戊子《與石子重》書云：「去秋走長沙，敬夫見處，卓然不可及。」又云：「『敬』字之説，深契鄙懷，只如《大學》次敘，亦須如此看始得非格物致知，全不用正心誠意，及其誠意正心，卻都不用致知格物。但下學處，須是密察，見得後，便泰然行將去。此有始終之異耳。其實始終是箇『敬』字，但『敬』中須有體察功夫，方能行著習察；不然，兀然持敬，亦無進步處也。」

炘按：「涵養須用敬，進學在致知」，二者雖齊頭並進，而涵養實爲致知之本。此書就子重言敬，分别以察識爲先，用敬夫之説也。

乙酉《答羅參議》書云：書中云：「端甫兄弟已祥祭。」延平先生卒於癸未十月，則此爲乙酉十月後書也。「欽夫時收安問，警益甚多。大抵衡山之學，只就日用處操存辨察，本末一致，尤易見功。近乃覺知如此，非面未易究也。」

炘按：南軒先察識之説，朱子未往衡湘以前，書問往來，早已論及。朱子守延平涵養本原之教，久不達中和之旨。忽聞此論，喜其尤易見功，則欲從之志，已萌芽於乙酉之冬矣。不曰辨察操存，而曰操存辨察，語尚疑而未決，故云：「非面未易究也。」

丙戌《答張敬夫》書云：「然則天理本真，隨處發見，不少停息者，其體用固如是，而豈物欲之私所能壅遏而梏亡之哉？故雖汩於物欲流蕩之中，而其良心萌蘖，亦未嘗不因事而發見。學者於此[是]致察而操存之，則庶乎可以貫乎大本，達道之全體而復其初矣。」

炘按：此朱子悟中和之旨，與敬夫第一書也。朱子既以心爲已發，性爲未發，而未發之性流行於日用之間，「隨處發見，不少停息」，學者即於良心萌蘖之初，致察而操存之，以復其初，非用先察識而後涵養之說哉！此說也，乙酉之冬已有從之之意，而尚未決；至丙戌則用之以說中和，而丁亥至湘湖與敬夫面相質究，而遂決然主之。其次弟可攷如此。

夏氏炘　朱子己丑以後辨張南軒先察識後涵養攷

朱子丙戌中和之說，與南軒往復通書，辨晰詳盡。南軒雖以延平默坐澄心爲不然，而於朱子之論中和，則無不合。及朱子至潭州，又從南軒先察識後涵養之說，南軒贈詩所謂「遺經得紬繹，心事兩綢繆」也。及朱子己丑更定舊說，詒書與南軒論之。南軒亦欣然改從，惟先察識後涵養，執之尚堅。朱子既與南軒細辨，又與當時同主此説者極言之。兹攷其可見者著於篇。

庚寅《答張敬夫》云：「某幸從遊之久，竊覸所存，大抵莊重湛密氣象有所未足，以故所發多暴露而少含蓄，此殆涵養本原之功未至而然。以此慮事，吾恐視聽之不能審而思慮之不能詳也。」又云：「某嘗以爲内修外攘，譬如直内方外。不直内而求外之方固不可，然亦未有今日直内而明日方外之理。須知自治之心不可一日忘，而復讎之義不可一日緩，乃可語今世之務矣。」

炘按：乾道六年，召敬夫爲講官，以范成大爲金祈請使。敬夫見上，言其不便，此書中間本不知曾爲上論罷祈請之使否。又書末以涵養比自治，察識方復讎。語亦分明。

庚寅又書云：「未有大本不立，而可以與此者。此古之欲平天下者，所以汲汲於正心誠意以立其本也。若徒言正心，而不足以識事物之要，或精覈事情，而特昧夫根本之歸，則是腐儒迂闊之論，俗士功利之談，皆不足以論當世之務矣。吾人向來非不知此，卻是成己功夫於立本處未甚端的，如不先涵養而務求知見是也。」

炘按：書首云「奏草已得，竊觀」，知是庚寅得對後之書。又書中云「吾人向來非不知此，卻是成己功夫於立本處未甚端的，如不先涵養而務求知見」云云，可見先察識之説，朱子實與敬夫共之，非獨敬夫一人之學也。

己丑《答林擇之》云：篇首云「某侍旁如昨。祠官再請」，故知爲己丑九月前之書。「近得南軒書，諸説皆相然諾。但先察識後涵養之説，執之尚堅。」

炘按：擇之，名用中，古田人。丁亥歲，朱子招至崇安教子。偕朱子至長沙，同登南嶽。十一月，自儲州別南軒，又偕朱子東歸。實與聞先察識後涵養之説者。

又《答擇之》云：「近看南軒文字，大抵都無前面一截功夫。心體通有無，該動静，方無透漏。若必待其發而後察，察而後存，則功夫之所不至多矣。惟涵養於未發之前，則其發處自然中節者多，不中節者少。體察之際，亦易明審，易爲着力，與異時無本可據之説大不同矣。」

又《答擇之》云：「今且論涵養一節，疑古人直自小學涵養成就，所以大學之道只從格物做起。今人從前無此功夫，但見《大學》以格物爲先，便欲只以思慮知識求之，更不於操存處用力。縱使窺測得十分，亦無實地可據。大抵『敬』字是徹上徹下之意，格物致知乃其間節次進步處耳。」

又《答擇之》云：「義理，人心之固有，苟得其養而無物欲之昏，則自然發見明著，不假別求。格物致知，亦因其明而明之耳。今乃謂不先察識端倪，則涵養箇甚底，不亦太急迫乎？」

炘按：以上三書，無年可攷。大約亦在己丑、庚寅之間耳。

《答胡廣仲》云：「向來之論，謂必先致其知，然後有以用力於此，疑若未安。蓋古人由小學而進於大學，其於灑掃、應對、進退之間，持守堅定，涵養純熟，固已久矣。是以大學之序，特因小學已成之功，而以格物致知爲始。今人未嘗一日從事於小學，而曰『必先致其知，然後敬有所施』，則未知以何爲主而格物以致其知也。」

又《答廣仲》云：「上蔡雖説明道先使學者有所知識，卻從敬入。然其記二先生語，却謂未有致知而不在敬者。又自云：『諸君不須別求見處，但敬與窮理，則可以入德矣。』二先生亦言：『根本須先培壅，然後可立趨向。』又言：『莊整齊肅，久之則自然天理明。』五峯雖言『知不先至，則敬不得施』，然又云：『格物之道，必先居敬以持其志。』此言果何謂耶？某竊謂明道所謂先有知識者，只謂知邪正、識趨向耳，未便遽及知至之事也。上蔡、五峯既推之太過，而來喻又謂『知』之一字，便是聖門授受之機，則又因二公之過而又過之。」

又《答廣仲》云：「來教所謂『正要此處識得真妄』，然須是平日有涵養之功，臨事方能識得。若茫然都無主宰，事至然後安排，則已緩而不及於事矣。」

炘按：胡廣仲，名實，文定公二弟安止之子。文定公世家建州之崇安，至文定宦遊荊楚，徙家衡嶽之下，故遂爲楚人。廣仲不及事文定，受業於從兄五峯之門，與張南軒爲同門友。蓋皆受五峯先察識後涵養之説者，朱子所謂湖南諸公，廣仲其一也。

《答吴晦叔》云：「《大學》之書，雖以格物致知爲用力之始，然非謂初不涵養履踐而直從事於此也，又非謂物未格、知未致則意可以不誠、心可以不正、身家可以不修且齊也。但以爲必知之至，然後所以治己治人者始有以盡其道耳。」又自注云：「按五峯作《復齋記》，有『立志居敬，身親格之』之説，蓋深得乎此者。但《知言》所論，於知之淺深不甚區别，而一以知先行後概之，則有所未安耳。」

炘按：晦叔，名翌，世爲建陽人。踰冠遊學衡山，師事胡先生五峯。五峯没，又與先生之從弟廣仲伯逢門人張敬夫遊。其學大要以胡氏爲宗，故於先察識後涵養之説，亦持之甚堅也。此又湖南諸公之一人也。

己丑冬《答程允夫》别紙云：據《朱程答問》本是十一月書。「紙尾之意，以爲先須有所見，方有下手用功處，則又不然。夫持敬用功處，伊川言之詳矣。只云：『但整齊嚴肅，則心便一。一則自無非僻之干。』又云：『但動容貌、整思慮，則自然生敬。』只此便是下手用功處，不待先有所見而後能也。」

炘按：允夫，名洵，婺源人，朱子之内弟。未嘗爲五峯之學，又未嘗與南軒相見。前朱子自潭州歸，曾寄書與論南軒之學，卓然不可及。允夫至今守其説不變，此時朱子又詒書辨之也。

文治按：先察識之説，孟子嘗言之，曰「物皆然，心爲甚」，「凡有四端於我者，知皆擴而充之矣」，此爲功夫之淺者言也。先涵養之説，孟子亦嘗言之，曰「苟得其養，無物不長」，「存其心，養其性，所以事天也」，此亦爲功夫之淺者言也。若夫《中庸》之「不息則久，久則徵」，「肫肫其仁，淵淵其淵」，《孟子》之「君子所性，仁義禮智根于心」，此爲涵養功夫之深者言也。朱子與南軒先生爲學之始，主先察識而後涵養，本于胡五峯先生之教。蓋由淺以及深耳，非誤入歧途也。迨朱子己丑悟道後，乃用程子涵養、致知並進之説，而以涵養爲本。南軒先生亦無異議。等而上之，功夫日臻邃密，蓋非淺學者所能窺矣。王氏懋竑《朱子〈答陳正己書〉攷》所論極精，當參閱之。

朱子己丑以後更定中和舊説攷

夏氏炘

朱子一生之學，大定於己丑以後，豈天欲使之爲百世之師，立儒宗之極？故多其途徑，俾之紆迴曲折，無微不至，而後豁然貫通。遂有以衍濂洛之心傳，紹洙泗之道脈哉！夫理莫精於中和，而未發已發，乃中和之界限。舊説以未發屬性，已發屬心，雖未爲大失，而儱侗圇圇，畛限不分。於是乎審端用力之地，必有非所據而據者，是學術之憂也。朱子以潛思力行之久，得遺編精義之傳，其論説尚存於《文集》。學者聞其略而未覩其詳，茲輯其可見者著於編。

《答林擇之》云："昨日書中論『未發』者，看得如何？兩日思之，疑舊來所説，於心性之實未有差，而『未發』、『已發』字頓放得未甚穩當。疑『未發』只是思慮事物之未接時，於此便可見性之體段，故可謂之中而不可謂之性也。『發而中節』是思慮事物已交之際，皆得其理，故可謂之和而不可謂之心。心則通貫乎已發、未發之間，乃大《易》生生流行，一動一静之全體也。舊疑《遺書》所記不審，今以此勘之，無一不合。"

《答吴晦叔》云：「夫易，變易也，兼指一動一静、已發未發而言之也。太極者，性情之妙也，乃一動一静、未發已發之理也。故曰『易有太極』，言即其動静、闔闢而皆有是理也。若以『易』字專指已發而言，又是以心爲已發之説也。」

《答胡廣仲》云：「《中庸》體用之説，亦只是句中少曲折耳。蓋中者，所以狀性之德而形道之體；和者，所以語情之正而顯道之用。某前説之失，便以中和爲體用，則是猶便以方圓爲天地也。近已用此意改定舊説。」

炘按：此三書皆己丑一時之言。

《易寂感説》云：「《易》『无思也，无爲也，寂然不動，感而遂通天下之故』者，何也？曰：无思慮也，无作爲也，其寂然者無時而不感，其感通者無時而不寂也。是乃天命之全體，人心之至正，所謂體用之一原，流行而不息者也。疑若不可以時處分矣。然於其未發也，見其感通之體，於已發也，見其寂然之用，亦各有當而實未嘗分焉。故程子曰：『中者，言寂然不動者也。和者，言感而遂通者也。』然中和以性情言者也，寂感以心言者也，中和蓋所以爲寂感者也。觀『言』字、『者』字，可以見其微意矣。」

《程子養觀説》云：「程子曰：『存養於未發之前則可。』又曰：『善觀者卻於已發之際觀之。』何也？曰：此持敬之功貫通乎動静之際者也。就程子此章論之，方其未發，必有事焉，是乃所謂静中之知覺，復所以『見天地之心』也。及其已發，隨事觀省，是乃所謂動上求静，艮之所以『止其所』也。然則静中之動，非敬其孰能形之？動中之静，非敬其孰能察之？故又曰：『學者莫若先理會敬，能敬則自知此矣。』」

炘按：此二説發明未發、已發，皆同時之作無疑。他如《太極説》、《〈樂記〉動静説》、《〈中庸〉首章説》，皆所以論中和之旨，學者所宜潛心翫味。兹不具録也。

文治按：夏氏原文所録，有《中和舊説序》、《未發已發説》、與湖南諸公及張敬夫諸書。均已採入第二卷，兹不具録。

夏氏炘　讀朱子答林擇之書

《大全集》載答林擇之書三十二首，皆在戊子以後。蓋擇之丙戌始見朱子，丁亥館於朱子之家，秋八月偕朱子至長沙訪南軒，其「中和舊説」及先察識後涵養之論，皆與聞之。後朱子更定舊説，辨先察識之非，擇之已歸古田矣。答書數十首，大抵己丑、庚寅兩年居多，其中有滋後人之疑者，讀之，烏能默默哉！

「《中庸》、《樂記》之言，有疏密之異。《中庸》徹頭徹尾説箇謹獨工夫，即所謂『敬而無失』、『平日涵養』之意。《樂記》卻説到好惡無節處，方説『不能返躬，天理滅矣』。殊不知未感物時，若無主宰，則亦不能安其静，只此便自昏了天性，不待交物之引然後差也。蓋『中和』二字，皆道之體用，以人言之，則未發、已發之謂。但不能慎獨，則雖事物未至，固已紛綸膠擾，無復未發之時。既無以致夫所謂中，而其發必乖，又無以致夫所謂和。惟其戒謹恐懼，不敢須臾離，然後中和可致，而大本、達道乃在我矣。」「舊聞李先生論此最詳，後來所見不同，遂不復致思。今乃知其爲人深切，然恨已不能盡記其曲折矣。」「又如先言慎獨，然後及中和，此意亦嘗言之。但當時既不領略，後來又不深思，遂成蹉過，辜負此翁耳。」第二十首。

炘按：此書言涵養之義，隱破南軒先察識之説，蓋己丑書也。《樂記》言人生之性本静，感於物而後動，不著涵養功夫。《中庸》「戒慎」、「隱顯」兩節，即涵養、用敬之意。故曰「言有疏密」。《章句》「戒慎」節，屬存養；「隱顯」節，屬省察。此統屬慎獨，不分兩意者。蓋用諸老先生之舊説。《中庸或問》諸家之説，皆以戒慎不覩、恐懼不聞，即爲謹獨之意。此時《章句》尚未成，未嘗出以示人也。延平之學最重涵養，朱子後宗胡五峯先察識後涵養之説，故云「所見不同」。兹更定舊説，極知涵養不可居察識之後，故深悔之。但延平之涵養，在默坐澄心，體認天理，而説「敬」字不分明，故未免有病。朱子自更定舊説後，與林擇之先後諸書皆極言「敬」字之妙，不敢明斥延平之失，故曰「不能盡記其曲折」，豈朱子之於師傳而習之猶有未審乎？「古人只從幼子常視無誑以上，灑掃應對之間，便是做涵養底功夫。此豈待先識端倪而後加涵養哉？但從此涵養中漸漸體出這端倪來，則一一便爲己物。又只如平常地涵養將去，自然純熟。今曰『即日所學，便當察此端倪而加涵養之功』，似非古人爲學之序也。」「蓋義理人心之固有，苟得其養，而無物欲之昏，則自然發見明著，不待別求。格物致知，亦因其明而明之耳。今乃謂不先察識端倪，則涵養箇甚底，不亦太迫急乎？『敬』字通貫動静，但未發時則渾然是敬之體，非是知其未發，方下敬底功夫，既發則隨事察而敬之用行焉。然非體素立，則其用亦無自而施也。」第二十一首。

王氏懋竑曰：「『從涵養中漸漸體出這端倪來』，陳湛之静中養出端倪，則近之矣。『苟得其養，而無物欲之昏，則自然發見明著，不待別求』，陽明之致良知亦類是也。此皆朱子未定之論，後來所不用者。乃知後人之剏爲異説，其實則拾前人之所棄以自珍爾。」

炘按：前書言《中庸》下手功夫便是涵養，此書言《大學》雖首格致而古人小學已是涵養，皆明涵養不可居後之意，以破南軒之説。「端倪」出《莊子》，萌芽之謂也。先識端倪而後加涵養，張南軒之説，擇之亦以爲是者也。但端倪不同，有從涵養中出者，有不從涵養中出者。不從涵養中出者，不中節者多，中節者少；從涵養中出者，中節者多，不中節者少。於此體察之，則所發之善，一一皆爲己物。又《答擇之書》云：「惟涵養於未發之前，則其發處自然中節者多，不中節者少。體察之際，亦易明審，可互相發明。」又復於無事之時，如前涵養，則功夫純熟矣。語意明白純精，與白沙甘泉之養出端倪，静坐久之，然後見吾此心之體，隱然呈露，常若有物者，何翅天淵，而猶以爲近耶！「義理人心之固有，苟得其養，而無物欲之昏，則自然發見明著，不待別求。格物致知，亦因其明而明之耳」，數語即申明前段之意。言涵養爲致知之本，而致知者，即從涵養做將去。朱子於不假外求之下，明明云「格物致知，亦因其明而明之」，與致良知之目視耳聽，安有認不真的道理？是非之心，人皆有之，不假外求，又何翅天淵，而又以爲類耶？

童氏能靈　朱子爲學次第攷　二條

辛卯歲朱子《答吕伯恭》書曰：陰陽、動静之説，竟未了然，何耶？今以來諭所引者推明之。「夫謂人生而静是也，然其感於物者，則亦豈能終不動乎？今指其未發而謂之中，指其全體而謂之仁，則皆未離乎静者而言之。至於處物之宜謂之義，處得其位謂之正，則皆以感物而動之際爲言矣。是安得不有陰陽體用、動静賓主之分乎？故程子曰：『知義之爲用而不外焉者，可以語道矣。世之論義者多外之，不爾，則混然而無別，非知仁義之説者也。』此意極分明矣。且體用之所以名，正以其對待而不相離也。今以静爲中正仁義之體，而又爲中正仁義之用，不亦矛盾杌隉之甚乎？」

能靈謹案：《文集》中《答吕伯恭》書，其首八篇無可攷。自論「欽夫去國」一書以下凡數十篇，皆有事跡及冬春時序可案，以稽其歲月。而「欽夫去國」事在辛卯之歲，此書適在其前，故當繫於辛卯也。又案：朱子議論，早晚皆有次第。其始但泛就體用上説；其次乃就《中庸》未發已發上説，然皆條理未分也，自己丑春間，始分未發已發條理，而猶謂未發不可謂之性；又其次始以性情分動静而别體用，見于《答張欽夫》書矣，然尚未向陰陽上説也。至此書始漸向周子動静陰陽上説，不惟以性情分陰陽，而又以中正仁義分陰陽矣，但其解中正仁義，却與癸巳所解《太極圖説》不同。謹録於此，以見其所見之與年俱進也。答張欽夫性情分動静書未録。

壬辰冬朱子《答張欽夫》書曰：「在中之説，來諭説得道性未嘗相離，此意極善。但所謂此時蓋在乎中者，文意簡略，某所未曉。又謂已發之後，中何嘗不在裏面，此恐亦非文意。蓋既言未發時在中，則是對已發時在外矣。但發而中節，即此在中之理發形於外。如所謂即事即物，無不有箇恰好底道理是也。一不中節，則在中之理，雖曰天命之秉彝，而當此之時，亦且漂蕩淪胥而不知其所在矣。但能反之，則又未嘗不在於此。此程子所以謂以道言之則無時而不中，以事言之則有時而中也。所以又謂善觀者却於已發之際觀之也。若謂已發之後，中只在裏面，則又似向來所説，以未發之中自爲一物,與已發者不相涉入,而已發之際,常挾此物以自隨也。然此義又有更要子細處,夫此廓然初豈有中外之限?但以未發已發之分,則須如此。亦若操舍、存亡、出入之云耳。」

能靈謹案:此書謂「發而中節,即此在中之理發形於外」,此愚所據爲用即體之現者也。體既現于用中,則方其用時,豈得謂更有渾然之全體?雖已發而仍未發,如所謂常挾以相隨者乎?以此言之,則體用之各分一時愈明矣。分之則用即體之現,而用皆所性之實也。體即用之藏,而體亦非洞然無物,即非條理不具者也。但用時各有所主,如愚所謂目之視,則百體之神皆從乎目,而不雜出,雖其全體者不相離,而要不害其爲分之殊也。

又案:《中和舊説序》作於是歲八月,而此書朱子自注壬辰冬。大抵當時特自記其年月者,蓋以紀其議論之一進也。如甲申《答李伯諫》書,亦自注年月。而《延平答問》於李先生來書及朱子問之者,皆謹書年月,正以明其爲早歲之所聞與其學之所到也。後人往往忽之,則朱子垂教之心遂隱矣。愚是以表而出之焉。

文治按:朱子《文集》雖未編年,類有數十篇自注,與所敘之事跡,學者猶可攷見其進學之次序。而如朱、王、童、夏諸先生攷訂之苦心,亦真不可及矣。

紫陽學術發微卷二

朱子己丑悟道發微

目録

紫陽學術發微卷二

朱子己丑悟道發微

後學太倉唐文治蔚芝編輯

文治按：朱子畢生學問得力，在於居敬窮理。先儒論之詳矣，其精義具於問答諸書中，而其要領尤在於答張敬夫先生三書，即己丑悟道轉關之始末也。蓋朱子初時，與敬夫先生相切磋，頗信衡山胡五峯先生之學，壹以動時省察爲主。故嘗謂人，自嬰兒以至於老死，雖語默動静之不同，然其大體，莫非已發，特其未發者爲未嘗發耳。後與蔡季通先生問辨時，忽悟其非，以爲於日用之間，欠却本領一段功夫，乃紬繹李延平先生涵養未發之訓，遵奉程子「涵養須是敬，進學則在致知」二語，切實服膺。蓋由前之説不免膠於事物，即《通書》所謂「動而無静，静而無動」也。由後之説，心體周流貫徹，即《通書》所謂「動而無動，静而無静」也。山陰劉蕺山先生以《與張敬夫》

三書及《與湖南諸公論中和第一書》輯入《聖學宗要》，其指示學者可謂深切著明矣。黄梨洲先生《宋元學案》採以上四書爲中和説。蓋梨洲係蕺山門人，實原本師説也。而陸稼書先生則謂蕺山欲伸己見，而巧於抑朱子之説。夫蕺山先生評論誠有過者，然其選擇諸書，次第分明，苦心開導，不可謂不善也。兹特録劉氏所載諸書及《已發未發説》諸篇，以見朱子宗聖功夫，自有先後，並無歧趨；並録先儒羽翼朱子之説，俾學道之士知所致力焉。

與張欽夫書

先生自注云：「此書非是，但存之以見論議本末耳。」王云：丙戌

人自有生，即有知識，事物交來，應接不暇，念念遷革，以至於死，其間初無頃刻停息，舉世皆然也。然聖賢之言，則有所謂「未發之中，寂然不動」者，夫豈以日用流行者爲「已發」，而指夫暫而休息、不與事接之際爲「未發」時耶？嘗試以此求之，則泯然無覺之中，邪暗鬱塞，似非虚明應物之體；而幾微之際，一有覺焉，則又便爲已發，而非寂然之謂。蓋愈求而愈不可見。於是退而驗之於日用之間，則凡感之而通，觸之而覺，蓋有渾然全體應物而不窮者，是乃天命流行、生生不已之機。雖一日之間，萬起萬滅，而其寂然之本體則未嘗不寂然也。所謂「未發」如是而已，夫豈别有一物，限於一時，拘

於一處，而可以謂之「中」哉！然則天理本真，隨處發見，不少停息者，其體用固如是，而豈物欲之私所能壅遏而梏亡之哉？故雖汨於物欲流蕩之中，而其良心萌蘖，亦未嘗不因事而發見。學者於是致察而操存之，則庶乎可以貫乎大本、達道之全體而復其初矣。文治案：此正是初學功夫。孟子告齊宣王權度，亦即此意。不能致察，使梏之反覆，至於夜氣不足以存，而陷於禽獸，則誰之罪哉？周子曰：「五行，一陰陽也；陰陽，一太極也。太極本無極也。」其論至誠，則曰：「静無而動有。」程子曰：「未發之前更如何求，只平日涵養便是。」又曰：「善觀者，卻於已發之際觀之。」二先生之說如此，亦足以驗大本之無所不在，良心之未嘗不發矣。

劉氏蕺山曰：「說得大意已是，猥不是限於一時，拘於一處，但有覺處不可便謂之已發，此覺性原自混然，原自寂然。」

答張敬夫書

誨諭曲折數條，始皆不能無疑；既而思之，則或疑或信而不能相通。近深思之，乃知只是一處不透，所以觸處窒礙，雖或攷索强通，終是不該貫。偶卻見得所以然者，輒具陳之，以卜是否。大抵日前所見累書所陳者，只是儱侗地見得箇大本、達道底影像，便執認以爲是了，卻於「致中和」一句全不曾入思議，所以累蒙教告以求仁之爲急，而自覺殊無立脚下功夫處。蓋只見得箇直截根源傾湫倒海底氣象，日間但覺大化所驅，如在洪濤巨浪之中，不容少頃停泊。蓋其所見一向如是，以故應事接物處，但覺粗厲勇果增倍於前，而寬裕雍容之氣略無毫髮。雖竊病之，而不知其所自來也。而今而後，乃知浩浩大化之中，一家自有一箇安宅，正是自家安身立命、主宰知覺處，陸清獻云：「此條所謂主宰，未嘗明指，想必是指心。念臺取此以爲『中和説二』，而以爲指天命之性，則失之矣。後一書又云『天理人欲之判中節不中節之分，特在乎心之宰與不宰』，可見其指心。」文治案：清獻於此處辨析是心不是性，極精。念臺先生之説確有未合。所以立大本、行達道之樞要。所謂「體用一源、顯微無間」者，乃在於此。而前此「方往」、「方來」之説，正是手忙足亂、無著身處，道邇求遠，乃至於是，亦可笑矣！《正蒙》可疑處，以熹觀之，亦只是一病。如定性則欲其不累於外物，論至静則以識知爲客感，語聖人則以爲因問而後有知，是皆一病而已。「復見天地心」之説，熹則以爲天地以生物爲心者也，雖氣有闔闢，物有盈虛，而天地之心則亘古亘今，未始有毫釐之間斷也。故陽極於外而復生於内，聖人以爲於此可以見天地之心焉。蓋其復者氣也，其所以復者，則有自來矣。向非天地之心生生不息，則陽之極也，一絶而不復續矣，尚何以復生於内而爲闔闢之無窮乎？此則所論動之端者，乃一陽之所以動，非徒指夫一陽之已動者而爲言也。夜氣固未可謂之天地心，然正是氣之復處，苟求其故，則亦可以見天地之心矣。

劉氏蕺山曰：「這知覺又有箇主宰處，正是天命之性，統體大本、達道者。端的，端的！」

與張欽夫書　王云：己丑春

王氏白田云：「此書當是己丑春初悟未發之旨。其《與湖南第一書》又在其後，其言與此相出入，而『心體流行』，『以静爲本』等語則删去，其以程子『凡言心者皆指已發』，謂指『赤子之心』，與此不同，然尚是未定之論，至《或問》則直以爲未當矣。」

文治案：此書兼該動静，剖析精微。讀之醰醰有味，吾人用功之要，不外乎是矣。

諸説例蒙印可，而未發之旨又其樞要，既無異論，何慰如之。然比觀舊説，卻覺無甚綱領，因復體察得見此理，須以心爲主而論之，則性情之德，中和之妙，皆有條而不紊矣。然人之一身，知覺運用，莫非心之所爲，則心者固所以主於身而無動静語默之間者也。然方其静也，事物未至，思慮未萌，而一性渾然，道義全具；其所謂「中」，是乃心之所以爲體而寂然不動者也。及其動也，事物交至，思慮萌焉，則七情迭用，各有攸主。其所謂「和」，是乃心之所以爲用，感而遂通者也。然性之静也，而不能不動；情之動也，而必有節焉。是則心之所以寂然感通，周流貫徹，而體用未始相離者也。然人有是心而或不仁，則無以著此心之妙；人雖欲仁而或不敬，則無以致求仁之功。蓋心主乎一身而無動靜語默之間，是以君子之於敬，亦無動靜語默而不用其力焉。未發之前，是敬也，固已主乎存養之實；已發之際，是敬也，又常行於省察之間。方其存也，思慮未萌而知覺不昧，是則靜中之動，《復》之所以「見天地之心」也。及其察也，事物紛糾，而品節不差，是則動中之靜，《艮》之所以「不獲其身」、「不見其人」也。王氏白田云：「以知覺不昧爲復，《或問》已言其非；以品節不差爲艮，亦與本義不合。」吴氏竹如云：「後有《答吕子約》書云：『至靜之時，但有能知覺者，而無所知覺之事。此於《易》卦爲純坤，不爲無陽之象；若論《復》卦，則須以有所知覺者當之，不得合爲一説矣。』是後所言爲定論。」有以主乎靜中之動，是以寂而未嘗不感；有以察乎動中之靜，是以感而未嘗不寂。寂而常感，感而常寂，此心之周流貫徹而無一息之不仁也。然則君子之所以致中和而天地位、萬物育者，在此而已。蓋主於身而無動靜語默之間者，心也；仁則心之道，而敬則心之貞也。此徹上徹下之道，聖學之本統。明乎此，則性情之德、中和之妙，可一言而盡矣。熹向來之説，固未及此，而來諭曲折，雖多所發明，然於提綱振領處，似亦有未盡。又如所謂「學者先須察識端倪之發，然後可加存養之功」，則熹於此不能無疑。蓋發處固當察識，但人自有未發時，此處便合存養，豈可必待發而後察、察而後存耶？且從初不曾存養，便欲隨事察識，竊恐浩浩茫茫無下手處，而毫釐之差、千里之謬，將有不可勝言者。此程子所以每言孟子才高，學之無可依據，人須是學顏子之學，則入聖人爲近，有用力處，其微意亦可見矣。陸清獻云：「此與《答湖南諸公第一書》意同，其爲朱子定論無疑。念臺謂朱子『已見得後，仍用鈍根功夫』，則是欲伸己見而巧於抑朱子之説也。」且如灑掃、應對、進退，此存養之事也，不知學者將先於此而後察之耶，抑將先察識而後存養也？以此觀之，則用力之先後判然可觀矣。來教又謂動中涵静，所謂「復見天地之心」，亦所未喻。熹前以復爲静中之動者，蓋觀卦象便自可見。而伊川先生之意似亦如此。來教又謂「言静則溺於虚無」，此固[所]當深慮。然此二字如佛者之論，則誠有此患。若以天理觀之，則動之不能無静，猶静之不能無動也；静之不能無養，猶動之不可不察也。但見得一動一静，互爲其根，敬義夾持，不容間斷之意，則雖下「静」字，元非死物，至静之中蓋有動之端焉。是乃所以見天地之心者。而先王之所以至日閉關，蓋當此之時，則安静以養乎此爾，固非遠事絶物、閉目兀坐而偏於静之謂。但未接物時，便有敬以主乎其中，則事至物來，善端昭著，而所以察之者益精明爾。伊川先生所謂「卻於已發之際觀之」者，正謂未發則只有存養，而已發則方有可觀也。周子之言主静，乃就中正仁義而言，以正對中，則中爲重；以義配仁，則仁爲本爾。非四者之外别有主静一段事也。王氏白田云：「敬貫動静，而必『以静爲本』，發明最詳。至《或問》則言『敬者，聖學所以成始成終』，而『以静爲本』，則絶不及，正用南軒以敬爲本之説。此前後同異之際，所當深攷。」來教又謂熹言以静爲本，不若遂言以敬爲本，此固然也。然「敬」字工夫通貫動静，而必以静爲本，故熹向來輒有是語。今者[若]遂易爲「敬」，雖若完全，然卻不見敬之所施有先有後，則亦未得爲諦當也。至如來教所謂「要須察夫動以見静之所存、静以涵動之所本，動静相須，體用不離，而後爲無滲漏也」，此數句卓然，意語俱到，謹以書之座右，出入觀省。然上兩句次序，似未甚安，意謂易而置之，乃有可行之實。不審尊意以爲如何？

劉氏蕺山曰：「以心爲主，及主敬之説，最爲諦當。」

高忠憲《與顧氏涇凡論已發未發》書曰：「朱子初年之見，認性爲未發、心爲已發，凡謂之心，則無未發之時，而未發之性存焉，則終未嘗發也。故其工夫亦只在察識端倪，而却於程子所謂『涵養於未發之前』者有疑。蓋全向流行發見處尋求也。後來却見得渾然全體之在我，存者存此，養者養此，非別有未發者限於一時、拘於一處。然其樞在我，非如向日在萬起萬滅、方往方來之中立脚矣。後又益見得性情之妙，管攝於心，而動静之功，貫徹於敬。當其未發，仁義禮知之性具焉，此心寂然不動之本體也；及其已發，惻隱、羞惡、辭讓、是非之情形焉，此心感而遂通之妙用也。而戒慎恐懼之功，則周流貫徹於動静之間，而尤必以涵養爲省察之本，此所以未發則鏡明水止，而喜怒哀樂之發，則無不中節也。凡朱子所見大抵歷三轉而始定。」

朱氏止泉云：「忠憲三轉之説，亦極當矣。然有未盡者焉。朱子當延平在時，只向日用實事上用功，於未發之旨，未暇深思。延平殁，而反思未發之旨不能了然。是時朱子已三十五，非初年也。及會南軒從察識端倪以透未發，有與張欽夫『人自有生』二書，『萬起萬滅，而寂然之體未嘗不寂然』云云者，是會南軒時初見也。後有前書所稟一書中云『取聖賢之書及近世諸老先生遺語，讀而驗之，無一不合」云者，即《中和舊説序》中「後得胡氏與曾吉父論未發之旨，適與吾意合」者也，此書中已明言『已發者人心，而未發者皆其性』，仍是心爲已發、性爲未發之見，與初見雖若不同，而不甚相遠。雖不似『向日在萬起萬滅、方往方來之中立脚』，而尚在端倪上得樞軸；雖不『全向流行發用處尋求』，而亦是端倪上得疊定也。至於己丑春與蔡季通講論，因疑而悟心統性情之妙，覺從前專在察識端倪上用力，缺却涵養一段工夫，詞氣之間，有躁迫浮露之病，而無雍容暇豫氣象，是以有《與湖南諸公書》、《答張敬夫》『諸説例蒙印可』書、《已發未發説》，而日用工夫，直是敬貫動静，以涵養未發氣象爲本。自此後三十年，工夫愈深愈純矣。忠憲於二轉三轉，大概平敘，而己丑透悟之由，未曾提掇清白，故特正之焉。」

與湖南諸公論中和第一書

文治按：湖南諸公無所攷。大抵皆爲衡山胡五峯先生之學者。夏氏弢甫謂如胡廣仲、吴晦叔皆在湖南諸公之列。

《中庸》未發、已發之義，前此認得此心流行之體，又因程子「凡言心者，皆指已發而言」，遂目心爲已發，性爲未發。然觀程子之書，多所不合，因復思之，乃知前日之説，非惟心性之名命之不當，而日用功夫全無本領。蓋所失者，不但文義之間而已。按《文集》、《遺書》諸説，似皆以思慮未萌、事物未至之時，爲喜怒哀樂之未發。當此之時，即是此心寂然不動之體，而天命之性當體具焉；以其無過不及，不偏不倚，故謂之「中」。及其感而遂通天下之故，則喜怒哀樂之性發焉，而心之用可見；以其無不中節，無所乖戾，故謂之「和」。此則人心之正，而性情之德然也。然未發之前，不可尋覓；已覺之後，不容安排。但平日莊敬涵養之功至，而無人欲之私以亂之，則其未發也，鏡明水止；而其發也，無不中節矣。此是日用本領工夫。至於隨事省察，即物推明，亦必以是爲本。而於已發之際觀之，則其具於未發之前者，固可默識。故程子之答蘇季明，反復論辨，極於詳密，而卒之不過以「敬」爲言。又曰「敬而無失，即所以中」；又曰「入道莫如敬，未有致知而不在敬者」；又曰「涵養須是敬，進學則在致知」，蓋爲此也。向來講論思索，直以心爲已發，而日用工夫亦止以察識端倪爲最初下手處，以故闕卻平日涵養一段工夫，使人心中擾擾，無深潛純一之味，而其發之言語事爲之間，亦常急迫浮露，無復雍容深厚之風。蓋所見一差，其害乃至於此，不可以不審也。程子所謂「凡言心者，皆指已發而言」，此乃指「赤子之心」而言；而謂「凡言心者」，則其爲説之誤，故又自以爲未當而復正之。固不可以執其已改之言，而盡疑諸説之誤，又不可遂以爲未當，而不究其所指之殊也。不審諸君子以爲如何？

劉氏蕺山曰：「畢竟是求之未發之中，歸之主静一路。然較濂溪爲少落邊際。蓋朱子最不喜儱侗説道理，故已見得後，仍做鈍根工夫。此朱子特參《中庸》奥旨以明道也。第一書先見得天地間一段發育流行之機，無一息之停待，乃天命之本然，而有所爲未發者存乎其間，是即已發處窺未發，絶無彼此先後之可言者也。第二書則以前日所見爲儱侗，浩浩大化之中，一家自有一箇安宅，爲立大本、行達道之樞要，是則所謂性也。第三書又以前日所見爲未盡，而反求之於心，以性情爲一心之藴，心有動静，而中和之理見焉，故中和只是一理，一處便是仁，疑即向所謂立大本、行達道之樞要，然求仁工夫只是一敬，心無動静、敬無動静也。最後一書又以工夫多用在已發者未是，而專求之涵養一路，歸之未發之中云。合而觀之，第一書言道體也，第二書言性體也，第三書合性於心，言工夫也，第四書言工夫之究竟處也。見解一層進一層，工夫一節换一節。孔子而後，幾曾見小心窮理如朱子者！愚按朱子之學，本之李延平，由羅豫章而楊龜山，而程子，而周子。自周子有主静立極之説，傳之二程；其後羅、李二先生專教人默坐澄心，看喜怒哀樂未發時作何氣象。朱子初從延平遊，固嘗服膺其説；已而又參以程子主敬之説，覺『静』字爲稍偏，不復理會。迨其晚年，深悔平日用功未免疏於本領，致有『辜負此翁』之語，固已深信延平立教之無弊，而學人向上一機，心於此而取則矣。《湖南答問》誠不知出於何時，攷之原集，皆載在敬夫次第往復之後，經輾轉折證而後有此定論焉。則朱子平生學力之淺深，固於此窺其一班[斑]，而其卒傳延平心印，以得與於斯文，又當不出於此書之外無疑矣。夫『主静』一語，單提直入，惟許濂溪自開門户，而後人往往從依傍而入，其流弊便不可言。幸而得之，亦如短販然，本薄利奢，叩其中藏可盡也。朱子不輕信師傳，而必遠尋伊洛以折衷之，而後有以要其至，乃所謂善學濂溪者。」

文治按：劉先生《聖學宗傳》録以上四篇而止。陸清獻謂其「巧於抑朱子之説」，固屬太苛。然細玩劉先生評語，實有未安者。如以性爲知覺，朱子用鈍根工夫之類，俱未脱王學藩籬。且朱子自注與張欽夫先生第一書云：「此書非是，特存之以見議論本末耳。」可見此書即係「中和舊説」，明係未定之論，而劉先生乃云第一書言道體也，第二書言性體也，第四書言工夫之究竟也，其實皆誤。按吴竹如先生評第一書云：「陽明謂人無無念時，其見正如此。」吴意蓋謂朱子初言心體，與陽明相同。然按高忠憲《未發説》云：見《高子遺書》卷三。王文成以性體萬古常發、萬古常不發，「此與朱子初年之説相似而實不同。蓋朱子初年，以人之情識逐念流轉而無未發之時，文成則以心之生機流行不息而無未發之時也。」分析較吴説爲精，然則劉先生誤以朱子之言心體爲陽明之言性體矣。至第二書謂「浩浩大化之中，一家自有一箇安宅」，正是自家安身立命主宰知覺處，蓋仍指心之主宰知覺而言。而劉先生以爲性體，是誤認心爲性矣。至第四書即推衍第三書之意，亦未可謂究竟工夫。凡此皆讀《聖學宗傳》者所不可不辨也。

答林擇之書

昨日書中論「未發」者，看得如何？兩日思之，疑舊來所説，於心性之實未有差，而「未發」、「已發」字頓放得未甚穩當。疑「未發」只是思慮事物之未接時，於此便可見性之體段，故可謂之中而不可謂之性也。發而中節，是思慮事物已交之際，皆得其理，故可謂之和而不可謂之心。心則通貫乎已發、未發之間，乃大《易》生生流行，一動一静之全體也。舊疑《遺書》所記不審，今以此勘之，無一不合。

答吴晦叔書

夫易，變易也，兼指一動一静、已發未發而言之也。太極者，性情之妙也，乃一動一静、未發已發之理也。故曰「易有太極」，言即其動静、闔闢而皆有是理也。若以「易」字專指已發而言，又是以心爲已發之説也。

文治按：夏氏弢甫謂此二書皆當在己丑時。以其辨理極爲精析，故特録于中和書後。

已發未發説

王氏白田曰：「此己丑春作，亦有未定之論。以事言之，則有動有静；以心言之，則周流貫徹。其功夫初無間斷也，但以静爲本耳。按程子曰：『心，一也。有指體而言者，寂然不動是也；有指用而言者，感而遂通是也。』則心亦有静有動矣。以静爲本，亦後來所不言。此與《與湖南諸公第一書》、三十二卷張敬夫十八書，皆是己丑春後一時議論也。又曰：『凡言心者，皆指已發而言。』程子自以爲未當，而此以爲指流行心體而言，但與《中庸》不合，猶有回護。至《記論性答稿後》則直以爲未當，此前後所見之有不同也。」

《中庸》未發、已發之義，前此認得此心流行之體，又因程子「凡言心者，皆指已發」之云，遂目心爲已發，而[以]性爲未發之中，自以爲安矣。比觀程子《文集》、《遺書》，見其所論多不符合，因再思之，乃知前日之説雖於心性之實未始有差，而未發、已發命名未當，且於日用之際欠卻本領一段工夫。蓋所失者，不但文義之間而已。因條其語，而附以己見，告於朋友，願相與講焉。恐或未然，當有以正之。

《文集》云：「中即道也。」又曰：「道無不中，故以中形道。」

又云：「『中即性也』，此語極未安。中也者，所以狀性之體段，如天圓地方。」

又云：「中之爲義，自過不及而立名。若只以中爲性，則中與性不合。」

又云：「性、道不可合一而言。中止可言體，而不可與性同德。」

又云：「『中者性之德』，此爲近之。」又云：「不若謂之性中。」

又云：「『喜怒哀樂之未發謂之中』，赤子之心，發而未遠乎中，若便謂之中，是不識大本也。」

又云：「赤子之心，可以謂之和，不可謂之中。」

《遺書》云：「只喜怒哀樂不發便是中。」

又云：「既思便是已發，喜怒哀樂一般。」

又云：「當中之時，耳無聞，目無見，然見聞之理在始得。」

又云：「未發之前謂之静則可。静中須有物始得。這裏最是難處，能敬則自知此矣。」

又云：「『敬而無失』，便是『喜怒哀樂未發謂之中』也。敬不可謂之中，但『敬而無失』，即所以中也。」

又云：「『中者，天下之大本。』天地間亭亭當當、直上直下之理，出則不是。惟『敬而無失』最盡。」

又云：「存養於未發之前則可，求中於未發之前則不可。」

又云：「未發更怎生求？只平日涵養便是。涵養久則喜怒哀樂發而中節。」

又云：「善觀者卻於已發之際觀之。」

右據此諸説，皆以思慮未萌、事物未至之時，爲「喜怒哀樂之未發」。當此之時，即是心體流行，寂然不動之處，而天命之性，體段具焉。以其無過不及、不偏不倚，故謂之中。然已是就心體流行處見，故直謂之性則不可。吕博士論此大概得之。特以中即是性，赤子之心即是未發，則大失之，故程子正之。解中亦有求中之意，蓋答書時未暇辨耳。蓋赤子之心，動静無常，非寂然不動之謂，故「不可謂之中」。然無營欲知巧之思，故爲「未遠乎中」耳。未發之中，本體自然不須窮索，但當此之時，敬以持之，使此氣象常存而不失，則自此而發者，其必中節矣。此日用之際本領工夫。其曰「卻於已發之處觀之」者，所以察其端倪之動，而致擴充之功也。一不中，則非性之本然，而心之道或幾乎息矣。故程子於此，每以『敬而無失』爲言。又云：「入道莫如敬，未有能致知而不在敬者。」又曰：「涵養須是敬，進學則在致知。」以事言之，則有動有静。以心言之，則周流貫徹，其工夫初無間斷也，但以静爲本爾。周子所謂主静者，亦是此意。但言静則偏，故程子又説「敬」。向來講論思索，直以心爲已發，而所論致知格物，亦以察識端倪爲初下手處，以故缺卻平日涵養一段功夫。其日用意趣，常偏於動，無復深潛純一之味，而其發之言語事爲之間，亦常躁迫浮露，無古聖賢氣象，由所見之偏而然爾。程子所謂「凡言心者，皆指已發而言」，此卻指心體流行而言，非謂事物思慮之交也。然與《中庸》本文不合，故以爲未當而復正之，固不可執其已改之言，而盡疑論説之誤，又不可遂以爲當，而不究其所指之殊也。周子曰：「無極而太極。」程子又曰：「『人生而静』以上不容説，才説時便已不是性矣。」蓋聖賢論性，無不因心而發。若欲專言之，則是所謂無極而不容言者，亦無體段之可名矣。未審諸君子以爲如何？

中和舊説序

余蚤從延平［李］先生學，受《中庸》之書，求喜怒哀樂未發之旨，未達而先生没。餘竊自悼其不敏，若窮人之無歸。聞張欽夫得衡山胡氏學，則往從而問焉。欽夫告余以所聞，余亦未之省也。退而沈思，殆忘寢食。一日，喟然歎曰：人自嬰兒以至老死，雖語默動静之不同，然其大體，莫非已發，特其未發者爲未嘗發爾。自此不復有疑，以爲《中庸》之旨果不外乎此矣。後得胡氏書，有致曾吉父論未發之旨者，其論又適與余合，用是益自信。雖程子之言有不合者，亦直以爲少作失傳，而不之信也。然間以語人，則未見有能深領會者。乾道己丑之春，爲友人蔡季通言之。問辨之際，余忽自疑。斯理也，雖吾之所默識，然亦未有不可以告人者。今析之如此其紛糾而難明也，聽之如此其冥迷而難喻也，意者乾坤易簡之理、人心所同然者，殆不如是。而程子之言，出其門人高弟之手，亦不應一切謬誤以至於此。然則予之所自信者，其無乃反自誤乎？則復取程氏書，虛心平氣而徐讀之，未及數行，凍解冰釋。然後知性情之本然、聖賢之微旨，其平正明白乃如此。而前日讀之不詳，妄生穿穴，凡所辛苦而僅得之者，適足以自誤而已。至於推類究極，反求諸身，則又見其爲害之大，蓋不但名言之失而已也。於是，又竊自惟[懼]，亟以書報欽夫及嘗同爲此論者。惟欽夫復書深以爲然，其餘則或信或疑，或至於今累年而未定也。夫忽近求遠，厭常喜新，其弊乃至於此，可不戒哉！暇日料檢故書，得當時往還書藁一編，輒序其所以，而題之曰「中和舊説」。蓋所以深懲前日之病，亦使有志於學者讀之，因予之可戒而知所戒也。獨恨不得奉而質諸李氏之門。然以先生之所已言者推之，知其所未言者，其或不遠矣。

吴氏竹如曰：「按朱子早年雖偶染禪學，而從初即以即物窮理爲先，於日用處一意下工夫，所見雖有未精，原未嘗誤用其功。迨得見延平，遂一歸於聖學，直以涵養爲重，而理會分殊處亦無或稍懈。惟静中驗未發之旨，而始終未契於心。故一交南軒，得聞胡氏先察識而後涵養之説，因遂從之，而以察識端倪爲用功之要。而所謂『未發者，爲未嘗發』，固仍主程子心爲已發之説，而守之不變也。然於程子未發之旨，未嘗一日去於心，亦未嘗不日與同志講論，以求其當。嗣因程子『敬而無失，即所以中』之語，遂一意在『敬』字下工夫，乃悟『中和舊説』之非，而深有會於『心統性情』一語,是蓋一旦豁然貫通之候,而提出『涵養須用敬,進學則在致知』二語爲宗旨,即朱子之言以證朱子之學。自是始終得力一『敬』字,故曰:『敬者,聖學所以成始而成終也。』又曰:『李先生從前已有許多言語,惟於『敬』字未説得分明,許多時無下落。』蓋謂不由敬入無由識得未發之旨也。又曰:『敬而無失,即所以中。』又自證明由敬悟未發之旨也。又曰:『既思即是已發。』已説到未發界至十分盡頭處,故有坤、復二卦之辨,所謂析之極其精而不亂也。則前論復、艮二卦之義,而謂『静中有動,動中有静』,猶是『中和舊説』之意,至直透未發之旨,則動静合一,立大本而行達道矣。」

附:朱氏澤澐 讀《中和舊説序》諸篇

《與湖南諸公書》、《答張敬夫》「諸説例蒙印可」書、《已發未發説》、《答陳超宗》書、《答陳器之》書、《答林德久》書、《太極圖説注》、陳北溪録「窮究根原來處」。

予嘗讀朱子文而佩服之累年矣,求朱子用功先後次第之序,而不得其説。又見象山、陽明皆訾朱子疏於尊德性之功,因求朱子所以尊德性者,而又不得其説。夫朱子尊德性,往往舉示來學,而讀之累年而不得其説,何也?蓋徒誦其文,而不求朱子當日苦心曲折之故,又不發奮思循朱子尊德性之功以自養其德性,無惑乎終日誦讀而惘惘無得如此也。己丑冬十二月自晉州歸,日以朱子格言反求身心。及事務紛乘,又隨手消散,因自激厲奮發。竊念未發之中,即自己德性本體,不涵養未發,何以立德性根本？一日讀《中和舊説序》，朱子體會未發之故見於此篇。由此攷年歲早晚、進德之序，略得梗概，而究難尋其微密處。復玩序文及《與湖南諸公書》、《答張敬夫》「諸説例蒙印可」書、《已發未發説》，反復涵泳，知朱子透徹未發之旨，見於此數篇。於是日夜體驗，屏去邪雜，收心窮理，依朱子所言力行做去；静中不敢紛馳，動中不敢擾亂，方寸之中，稍有主宰，方信朱子栽培根本之學如此親切，向來總未見得，徒説敬，説誠，勉强用意，究不解未發之中爲何物。功力無所着落，良可歎息。是在庚寅秋九月也。如是者又數月，幾自信得朱子傳心之奥，爲不差錯。體驗之暇，忽自念曰：静中有動，動中有静，自是一定準則。然而動静起伏之交，復、艮動止之宜，畢竟有些轉換在，有轉换則不能一手握定。隨時隨處，無非大本運用；進道之幾，正在此時，不可忽過，以致不得定静。於是取朱子答陳超宗、陳器之、林德久書，《太極圖説注》及陳北溪所録「窮究根源來處」數段，反復誦讀而玩味之，沉思研極，恍然自覺朱子教人入門下手原直從未發本體指示，使人有所領會，即就本體緊着主敬工夫，由情知性，識義理大概規模，於自己方寸中有此志氣，便可做講習存養功夫，使人有所持循。若不由情知性，依舊是無星之秤，無寸之尺，必墮於空處，如陸氏之學，任意乖張；不然，必陷於茫昧，如俗儒之學，只了文義，心理、事理裂爲兩片，内外體用不能直達，所謂未發不過料想臆度，終屬影響也。蓋朱子「窮究根原來處」之功，以知性爲要。吾儒學朱子之學，亦以知性爲要，補小學從主敬下手，入大學從志學、志道下手。知性工夫從本心發端體驗本原下手，須反之身心，果見仁、義、禮、智意思情狀，又反到思慮未萌、事物未至時只有渾渾融融大正欽明氣象確有據依，絶不是恍惚影響，始覺説虚、説空及疑有四塊者不得謂之性也，始覺四者非有形象方所可撮、可磨，兀坐終日甚有味也，始覺未感時便有分別不待感時方有分別也。知性是體驗未發喫緊工夫，必如是方能一手握定，隨事運用在我手裏，所以立人之道與立天地之道一般，始之、終之俱在知性討消息也。既見得此端緒在是，不可只任窺測，便須實下手做，方爲己有。遂從此反到身心，自朝至夜，兢兢業業，端莊持養，如讀書窮理、應事接物，嗜好言語，皆歸於大正欽明氣象，不得一毫浮游動蕩，不得一毫穿鑿造意，須信得天命我以德性。必於倫常有純篤意思，於民物有同患意思，刻刻培養，刻刻平復，刻刻凝定擴充，以保守光大此未發氣象。如是者又數月，漸覺性體時時呈露。只在這裏，仁、義、禮、智渾然在這裏，如穀種生生，惻隱、羞惡、辭讓、是非燦然在這裏，視聽、應酬皆在這裏發動，觀物、攷古皆在這裏分曉，真有不用轉換一直做去之妙。舉從前日誦日習而不解者，今方透得，覿面相承，亦竊自幸矣！但不能純静，猶有雜念，此須工夫接續，非可旦夕期者。是在辛卯冬十一月也。中略。得此根本，加以讀書、集義之功，當必進一境更有一境之益，要在不懈其志與爲終身而已矣！

附：唐文治　**朱子主敬原於主静説**

程子曰：「敬而無失，即所以中。」語意渾淪，難於著力。朱子發明之，曰：「未發之中，本體自然。

當此之時，敬以持之，使此氣象常存而不失，則自此而發者，其必中節矣。」此言得聖學入手之要。學者篤信謹守自能漸進賢關，然主敬乃自古聖賢相傳之心學，非自朱子倡之也。《論語》「子路問君子」，子曰：「修己以敬。」又曰：「修己以安人。」又曰：「修己以安百姓。」可見，「敬」字工夫，貫徹乎安人、安百姓矣。《左傳》「劉子曰：『民受天地之中以生，所謂命也。』」蓋即《中庸》所謂天命之性、未發之中也。又曰：「是以有動作、禮義、威儀之則，以定命也。」蓋即《中庸》所謂率性之道、已發之和也。又曰：「能者養以之福，讀「之以」者誤。不能者敗以取禍。是故君子勤禮，小人盡力。勤禮莫如致敬，盡力莫如敦篤。敬在養神，篤在守業。」養神者即涵養之方。可見朱子之言敬實本於古訓，而非倡論也。若夫主静之説，倡自周子，傳於二程子及楊、羅、李諸先生。論者謂朱子恐主静流於虚寂故以「敬」字補之，其實非也。按《管子·内業》篇云：「守禮莫若敬，守敬莫若静，内静外敬，性將大定。」敬與静有相須爲用之理，非静何以言敬？周子言「定之以中正仁義而主静」，實該「敬」字工夫，並無虚寂之弊。惟朱子補言敬，更爲完備爾。又按《大學》「八條目」不列主敬，先儒謂古人於小學中先有主敬工夫，故可不必再列，其實亦非也。據古本《大學》自首章「知止而後有定」起，至此謂「知之至」也，概言格物致知之義。蓋身心、意知、家國、天下，皆物也。曰「定而後能静，静而後能安」，即主敬之功也。「誠意」章引《詩》云：「穆穆文王，於緝熙敬止！」亦據古本《大學》。敬止之功即定、静、安、慮也。然則謂小學中有主敬，而大學中不必列入主敬，豈確論哉？特小學主敬，在洒掃、應對、進退之間；而大學主敬，則該定、静、安、慮、得之效，程度有深淺之殊。故工夫亦有精粗、疏密之異，於此益可見敬與静之相須而不離矣。《易傳》曰「无思也，无思也，寂然不動」，此專言静也。孟子曰「必有事焉」，此言敬也；曰「而勿正」，此兼言静也。《曲禮》曰「毋不敬」，此言敬也；曰「儼若思」，此兼言静而安、安而慮也。《中庸》曰「至誠無息」，誠者由敬而進焉者也；曰「文王之德之純」，純者由敬而入於誠也。是故惟静乃可以言敬，惟敬乃可以言誠，惟敬與誠乃可以進於純一以貫之者也。學者惟輕言静，且諱言静，是以浮躁急迫之弊生。吾故特引古訓，以發明朱子之學。

附：唐文治　讀朱子《已發未發説》

或問：「朱子已發未發之説，有本體，有工夫；有本體中之工夫，有工夫中之本體；功至密矣。可得而析言之歟？」曰：「請先言本體。上天之載，無聲無臭，而萬象森然畢具。人性之中，至虚至明，而萬善皆足于己。所謂人生而静天之性，渾然太極是也。故吕與叔先生以『赤子之心』形容之。但聖賢之未發與赤子之天真，固迥然不同耳，此本體也。近儒陳蘭甫先生謂『經言喜怒哀樂之未發，非謂思慮未發』，此言最有意味。蓋喜怒哀樂，有因本心自然而生者，有感於事物而動者，感於事物則入乎思慮之界矣。若《中庸》之言未發，天命之性也，當以渾然粹然者爲主，況情意之與思慮確有不同。情者悱惻，屬於仁者也；思慮者知識，屬於智者也。人心之發，固有出於非喜、非怒、非哀、非樂者。張子曰『合性與知覺，有心之名』，是情意界與知識界固未可混而爲一；而《孟子》之『養性』與《莊子》之『養知』，見《繕性》篇。其功亦略有不同。此於未發、將發之時，當加以體驗之功，乃本體中之工夫也。故《中庸》之言『四情』與《孟子》之言『四端』不同。『四情』指未發而言者也，『四端』指已發而言者也，故曰端，又曰惻隱、羞惡、辭讓、是非，皆入乎已發之界者也。《孟子》之言『四端』，又與《禮運》之言『七情』不同。『四端』情之初發者也，『七情』對『十義』而言，情之盡發者也。朱子所謂涵養，當於『四情』中體驗之；所謂省察，當於『四端』中體驗之；所謂擴充，當於『七情』中體驗之。『四情』之未發，本體也；『四端』、『七情』之已發，工夫也；因萬事紛乘之會而時時有以收攝之，工夫中之本體也。孔子操心，孟子持志，皆此道也。」

或又問曰：「然則用功當專在靜時乎？抑在動時乎？」曰：「靜中有覺，動中有止，張敬夫先生所謂『動以見靜之所存，靜以涵動之所本，動靜相須、體用不離，而必以靜爲主。蓋自伊川先生作《易傳序》有『體用一原，顯微無間』之言，朱子篤守之，其注《太極圖説》又發明『動靜無端，陰陽無始』之義，而涵養未發、省察已發之功，於是益臻精密。試證之諸經以暢其旨。《大學》之言『愼獨』曰『如惡惡臭，如好好色』，『誠於中，形於外』，此言乎動也；而其下文曰『十目所視，十手所指』，可見至動之中吾本心有所視、所指者在，即至靜之中吾本心亦有所視、所指者在也。《中庸》之言『愼獨』曰『莫見乎隱，莫顯乎微』，此言乎動也；而其上文曰『君子戒愼乎其所不睹，恐懼乎其所不聞』，可見至動之時吾本心有可覩、可聞者在，即至静之時吾本心亦有可覩、可聞者在也。君子涵養未發，《易·坤》卦所謂『敬以直内』，《復》卦之所以『見天地之心』也；省察已發，《易·坤》卦所謂『義以方外』，《復》卦之所以『不遠復』也；而其操持於未發已發交關之際，則自有其幾焉。朱子《大學》注曰：『實與不實，蓋有他人所不及知而己獨知之者，故必謹之於此，以審其幾。』《中庸》注曰：『幽暗之中，細微之事，跡雖未形而幾則已動。』周子《通書》曰：『動而未形有無之間者，幾也。』又曰：『幾微故幽。』蓋於幽微之中，主敬以操持之，此萬事之萌柢，聖學之根源也。」

昔者帝舜自言所學，曰：「勑天之命，惟時惟幾。」大禹自言所學，曰：「安汝止，惟幾惟康。」「天其申命用休。」舜、禹兩言「幾」，並溯原於天命，此皆敬畏於未發已發之時者也。孔子《易傳》言「乾坤之德」，於静專動直，静翕動闢，皆兼動静言之；至於言效天法地，則歸本乎「成性存存，道義之門」，此涵養於未發之時者也。《禮記·孔子閒居》告子夏曰「清明在躬，氣志如神」，此涵養於未發之時者也；又曰「嗜欲將至，有開必先」，此省察於將發之時者也。曾子引《書》曰「顧諟天之明命」，此涵養於未發之時者也；其引《易傳》曰「君子思不出其位」，此省察於已發之時者也。子思子《中庸》末章引《詩》曰「相在爾室，尚不愧於屋漏」，此涵養於未發之時者也；曰「内省不疚，無惡於志」，此省察於已發之時者也；至其論「至誠無息」曰「不息則久」，此涵養於未發之時者也；又曰「久則徵，徵則悠遠」，此擴充於已發之時者也。孟子言「存心養性」、「萬物皆備於我」，此涵養於未發之時者也；言「盡心知性」、

「反身而誠」、「强恕而行」，此省察擴充於已發之時者也。然則朱子已發未發之説，雖受自程子，而實遠紹乎舜、禹、孔子、曾子、子思子、孟子之學者也。吾嘗謂：天下至大、至難之學問，無過於管攝吾之心體，未有不能管攝吾之心體而能辨天下之大事者。故論朱子之學，不憚反復申明用以自警其心，亦冀有以正人之心也。

附：唐文治　朱子已發未發精義本於《復卦》説

朱子答張敬夫先生書謂「静中之動」爲復，「動中之静」爲艮。近吴竹如先生曰：「按朱子《答吕子約》論未發已發書云：『至静之中，但有能知能覺者，而無所知所覺之事，此於《易卦》中爲純坤不爲無陽之象，若論《復卦》則須以有所知覺者當之，不得合爲一説矣。』」又正淳問静中有知覺。曰：「此是坤中不能無陽，到動處卻是復。只將十二卦排，便是。」味此二條，以静中涵動之理爲坤，由静而動之初爲復，其理確不可易。至《集》中所載《程子養觀説》及答南軒先生書，謂静中涵動之理爲復，動中涵静之理爲艮，應爲未定之論，乃後人每引《復》、《艮》之説以釋《中庸》戒懼、慎獨二節者，抑攷之未詳矣。況艮乃動静各止其所，豈僅於動求静哉？是説也，以朱子《坤》、《艮》二卦之論爲未定，可謂縝且邃矣！然更有進者，攷《朱止泉先生集》中《坤復乾艮四卦説》云：「《復卦》本義，原以動言；《繫辭》以顔子之克己爲復；程子以過未形而改爲復；朱子以失之未遠能復於善爲復；皆以動之端立言。其言

『思慮未萌而知覺不昧』者，即以復爲至静也，其以純坤與復有别者，所造益深，所見益切，故云：『纔思即是已發。』説到未發界至十分盡頭也。嘗玩三卦而參以乾焉，此心澄然，一念不動，炯炯惺惺，涵養深潛，四德萬理皆在其中。陽氣生意，含蓄斂藏，此是純坤不爲無陽氣象。及其端之發也，雖曰一陽動而實静中之動，依舊涵養，兢兢保守，此是《復卦》氣象。及其應事，發見充周，必思中節，仁、義、禮、智，隨處皆是，經綸萬變，主宰凝然，此是純乾不爲無陰氣象。其既發也，各如其理，各止其所，心體無毫髮擾亂，此是《艮卦》氣象。全在平日居敬、窮理、集義三者實實用功，使心體光明瑩净，超然於氣稟物欲之上，乃能歷驗有此境候。」是説也，又因《坤》、《復》、《艮》三卦推之《乾卦》，尤爲精密無間矣。然更有進者。文治嘗沈潛《易》義，竊謂已發未發之旨，若廣而求之，則流行於日用事物之間，即普遍於六十四卦之内；若反而求之於心，不若專玩復卦，簡而易知，約而易行也。孔子之贊復，《彖》曰：「『反復其道，七日來復』，天行也。」天行者，君子自强不息，所以貞下而起元也，復見天地之心，即《左氏傳》所謂「天地之中」也。人居天之下、地之上，秉天地之中理中氣以生，是爲天命之性，是故天地之心，即人心未發之中也。初爻曰：「不遠復。」一陽之初動也；二爻曰：「休復，吉。」「休復」者，乃《詩》所謂「優遊而休」之義，先儒以爲「休美」固屬正解，然解作「休養」更爲緊切。記所謂藏焉、息焉之義，即涵養之旨也。因不遠之復而即有以休養之，然後剛浸而長，孟子曰「苟得其養，無物不長」也。「二」比於「初」，《象傳》曰：「以下仁也。」言以休養夫不遠之仁也。仁豈遠乎哉？「我欲仁，斯仁至矣」，三百八十四爻，《象傳》皆不言仁，而獨於此爻言仁者，其精義可見也。君子之道在貞下起元而已矣。「二」與「五」應。「二」之「休復」，涵養也；「五」之「敦復」，省察也。惟省察，是以无悔，故《象傳》曰：「終〔中〕以自攷也。」《繫辭傳》又曰：「復以自知。」獨者，人所不知而己所自知之地也，君子之道，慎獨而已矣。朱子中年在心體流行處用功，三爻之「頻復」也，或作「顰復」是别一義。有粗厲勇果之精神，無寬裕雍容之氣象，故其象爲「厲」。然志在於求善，故其義爲「无咎」。至己丑歲悟未發之旨，而得涵養，致知並進之功，則合「休復」、「敦復」爲一矣。「休復」、「敦復」爲一，則進於顔子之「不遠復」，而天命之性漸見呈露，復其見天地之心矣。然則《復》卦之義，豈不費而隱哉？然更有進者。程子《遺書》云：「只喜怒哀樂不發便是中。」竊謂「不發」與「未發」不同。未發者，渾然天性本於自然者也；不發者，强制其心使之不動者也。若强制其心，則猶是「頻復」也，此殆程子未定之説也。文治又嘗因《易》義而推求古聖人之心學。文王《彖辭》言心而不言性情。如坎言：「維心，亨。」然六十四卦之言『元亨』、言『利貞』者，皆性情也。周公爻辭亦言心而不言性情。如明夷言：「獲明夷之心。」艮言：「我心不快。」然三百八十四爻之「寂然不動，感而遂通」者，皆性情也。孔子作「十翼」，乃暢言性、言情、言心，其最精者曰：「聖人以此洗心，退藏於密。」又曰：「窮理盡性以至於命。」此則探心學、性學之本原者也。《中庸》一書，言性而不言心，然言「致中和」之外又言「聰明睿知」之五德，又言「肫肫其仁，淵淵其淵」皆心學也。《孟子》『道性善』又暢言心、言情，俱於已發處求之，皆心學也。《中庸》、《孟子》不言《易》而無非《易》理也；朱子言性、言心、言仁、言敬，辨析毫釐，至精至密，皆孔門性學、心學之真傳也。後世學者能知《中庸》之「未發」、「已發」即大《易》「休復」、「敦復」之旨，則於所謂「通神明之德」、「順性命之理」者，其庶幾乎？故曰：復，德之本也，立天下之大本者也。

紫陽學術發微卷三

朱子心性學發微

目録

紫陽學術發微卷三

朱子心性學發微

後學太倉唐文治蔚芝編輯

文治按：孔子作《繫辭傳》言：「聖人以此洗心退藏於密。」「一陰一陽之謂道。繼之者善，成之者性。」《説卦傳》又言：「窮理盡性以至於命。」心性之學，斯爲權輿。子思子作《中庸》，闡《易傳》之精藴，《孟子》七篇更大昌其學説。宋周、程諸大儒出，所發明者不過孔孟心性之學，而後世乃以禪目之，黑白不分，何其陋歟！朱子遠紹聖學，更集諸儒之大成，其體驗窮究，抉心性之根源，散見於《四書集注》及《文集》中者尤夥。而其指示初學顯明深切者，莫要於《中庸》首章及《孟子》「生之謂性」、「牛山之木」、「鈞是人也」數章注語。王陽明先生謂朱子《四書集注》乃中年未定之論，實爲大誤，先儒辨之甚詳。玆特彙輯一卷，承學之士，要知講心性之學者，重在深造自得，默會於幽閒静壹之中，庶幾德性問學、廣大精微。是篇所録，莫非入道體驗之功，倘或道聽塗説，藉資談助，則去道也遠矣！若夫故爲元妙之論，以爲朱子最上乘教法，則更非所敢知也。

《中庸》首章注

天命之謂性，率性之謂道，修道之謂教。

命，猶令也。性，即理也。天以陰陽五行化生萬物，氣以成形，而理亦賦焉，猶命令也。於是人物之生，因各得其所賦之理，以爲健順五常之德，所謂性也。率，循也。道，猶路也。人物各循其性之自然，則其日用事物之間，莫不各有當行之路，是則所謂道也。修，品節之也。性道雖同，而氣稟或異，故不能無過不及之差，聖人因人物之所當行者而品節之，以爲法於天下，則謂之教，若禮、樂、刑、政之屬是也。蓋人知己之有性，而不知其出於天；知事之有道，而不知其由於性；知聖人之有教，而不知其因吾之所固有者裁之也。故子思於此，首發明之；而董子所謂道之大原出於天，亦此意也。文治案：本節注歸結到「人知己之有性」，可見以上三「物」字皆衍。

道也者，不可須臾離也，可離非道也；是故君子戒慎乎其所不睹，恐懼乎其所不聞。

道者，日用事物當行之理，皆性之德而具於心，無物不有，無時不然，所以不可須臾離也。若其可離，則豈率性之謂哉？是以君子之心常存敬畏，雖不見聞亦不敢忽，所以存天理之本然，而不使離於須臾之頃也。

莫見乎隱，莫顯乎微，故君子慎其獨也。

隱，暗處也。微，細事也。獨者，人所不知而己所獨知之地也。言幽暗之中，細微之事，跡雖未形而幾則已動，人雖不知而己獨知之，則是天下之事無有著見明顯而過於此者。是以君子既常戒懼，而於此尤加謹焉，所以遏人欲於將萌，而不使其潛滋暗長於隱微之中，以至離道之遠也。

喜怒哀樂之未發謂之中；發而皆中節謂之和。中也者，天下之大本也；和也者，天下之達道也。

喜、怒、哀、樂，情也。其未發，則性也，無所偏倚，故謂之中。發皆中節，情之正也，無所乖戾，故謂之和。大本者，天命之性，天下之理皆由此出，道之體也。達道者，循性之謂，天下古今之所共由，道之用也。此言性情之德，以明道不可離之意。

致中和，天地位焉，萬物育焉。

致，推而極之也。位者，安其所也。育者，遂其生也。自戒懼而約之，以至於至靜之中，無少偏倚而其守不失，則極其中而天地位矣。自謹獨而精之，以至於應物之處，無少差謬而無適不然，則極其和而萬物育矣。蓋天地萬物本吾一體，吾之心正，則天地之心亦正矣，吾之氣順，則天地之氣亦順矣。故其效驗至於如此。此學問之極功，聖人之能事，初非有待於外，而修道之教亦在其中矣。是其一體一用雖有動静之殊，然必其體立而後用有以行，則其實亦非有兩事也。故於此合而言之，以結上文之意。

文治按：此章注語爲朱子一生得力處，其最精處有三，其可疑處亦有三。首章注「天以陰陽五行」一段，合理與氣言，包括《太極圖説》之藴，其精一也；二節注爲涵養，三節注爲省察，一則静之本，一則動之幾，其精二也；第四節分析性情之妙，與《孟子》中言心性學息息相通，其精三也。首節注衍三「物」字，後儒以爲品節物性，無所謂禮、樂、刑、政，此固應行删正；第五節「自戒懼而約之」、「自謹獨而精之」，分配「天地位」、「萬物育」，立説未免太拘；至於「吾之心正，則天地之心亦正」、「吾之氣順，則天地之氣亦順」，後人亦多疑之。不知此蓋本《洪範》「皇極」而言，所謂「會其有極，歸其有極」，本身以作則，益足動人戒懼慎獨之心，其説亦極精微。餘詳《中庸大義》，不贅述。

《孟子》「生之謂性」章注

告子曰：「生之謂性。」

生，指人物之所以知覺運動者而言。告子論性，前後四章，語雖不同，然其大指不外乎此。與近世佛氏所謂作用是性者略相似。

孟子曰：「生之謂性也，猶白之謂白與？」曰：「然。」「白羽之白也，猶白雪之白；白雪之白，猶白玉之白與？」曰：「然。」

白之謂白，猶言凡物之白者，同謂之白，更無差別也。白羽以下，孟子再問而告子曰然，則是謂凡有生者同是一性矣。

「然則犬之性，猶牛之性；牛之性，猶人之性與？」

孟子又言若果如此，則犬牛與人皆有知覺，皆能運動，其性皆無以異矣。於是告子自知其説之非而不能對也。愚按：性者，人之所得於天之理也；生者，人之所得於天之氣也。性，形而上者也；氣，形而下者也。人物之生，莫不有是性，亦莫不有是氣。然以氣言之，則知覺運動，人與物若不異也；以理言之，則仁義禮智之稟，豈物之所得而全哉？此人之性所以無不善，而爲萬物之靈也。告子不知性之爲理，而以所謂氣者當之，是以杞柳湍水之喻，食色無善無不善之説。縱横繆戾，紛紜舛錯，而此章之誤乃其本根。所以然者，蓋徒知知覺運動之蠢然者，人與物同，而不知仁義禮智之粹然者，人與物異也。孟子以是折之，其義精矣。

文治按：此章近儒多以《公孫龍子·白馬》篇作比喻。實則白羽所以狀清虚，白雪所以狀寂滅，而白玉則儒家之比德於玉也。犬與牛之性且不同，而況物與人之性豈可得而同乎？吾鄉陸桴亭先生謂古經傳言性多合理氣，宋周、程、張諸大儒亦復如此。朱子論性合理氣言者，居十之八，分理氣言者，居十之二。此章分理氣而言，近儒多疑之。且謂即以氣言，人與物亦豈得從同？不知告子固不知理，並不知氣。朱子並未以知氣許告子，故曰「以所謂氣者當之」，惟謂「知覺運動之蠢然者，人與物同」，確有語病。且謂「性，形而上」，「氣，形而下」，與《中庸》首章注不合，要皆未定之論。至「生之謂性」一句，字義並不誤，而告子之本意則非。後來程子亦以生之謂性作訓釋，惜朱子本注未以程子「性即氣，氣即性」之説補入，而以告子與程子語同意異之旨詳細闡明，以致戴氏東原抵瑕蹈隙，奮筆詆諆。見《孟子字義疏證》卷中。夫朱子疏漏之處，固不必爲之諱。然讀書須統觀全書大義，亦不可執未定之論，遽加訾毁也。以下數章，均應參攷《孟子大義》。

《孟子》「牛山之木」章注

孟子曰：「牛山之木嘗美矣，以其郊於大國也，斧斤伐之，可以爲美乎？是其日夜之所息，雨露之所潤，非無萌蘖之生焉，牛羊又從而牧之，是以若彼濯濯也。人見其濯濯也，以爲未嘗有材焉，此豈山之性也哉？」

牛山，齊之東南山也。邑外謂之郊。言牛山之木，前此固嘗美矣。今爲大國之郊，伐之者衆，故失其美耳。息，生長也。日夜之所息，謂氣化流行未嘗間斷，故日夜之間，凡物皆有所生長也。萌，芽也。蘖，芽之旁出者也。濯濯，光潔之貌。材，材木也。言山木雖伐，猶有萌蘖，而牛羊又從而害之，是以至於光潔而無草木也。

「雖存乎人者，豈無仁義之心哉？其所以放其良心者，亦猶斧斤之於木也，旦旦而伐之，可以爲美乎？其日夜之所息，平旦之氣，其好惡與人相近也者幾希，則其旦晝之所爲，有梏亡之矣。梏之反覆，則其夜氣不足以存，夜氣不足以存，則其違禽獸不遠矣。人見其禽獸也，而以爲未嘗有才焉者，是豈人之情也哉？」

良心者，本然之善心，即所謂仁義之心也。平旦之氣，謂未與物接之時，清明之氣也。好惡與人相近，言其人心之所同然也。幾希，不多也。梏，械也。反覆，展轉也。言人之良心雖已放失，然其日夜之間亦必有所生長。故平旦未與物接，其氣清明之際，良心猶必有發見者。但其發見至微，而旦晝所爲之不善，又已隨而梏亡之，如山木既伐，猶有萌蘖，而牛羊又牧之也。晝之所爲，既有以害其夜之所息；夜之所息，又不能勝其晝之所爲，是以展轉相害。至於夜氣之生，日以寖薄，而不足以存其仁義之良心，則平旦之氣亦不能清，而所好惡遂與人遠矣。

「故苟得其養，無物不長；苟失其養，無物不消。」

山木、人心，其理一也。

「孔子曰：『操則存，舍則亡；出入無時，莫知其鄉。』惟心之謂與？」

孔子言心，操之則在此，舍之則失去，其出入無定時，亦無定處如此。孟子引之，以明心之神明不測，得失之易，而保守之難，不可頃刻失其養。學者當無時而不用其力，使神清氣定，常如平旦之時，則此心常存，無適而非仁義矣。程子曰：「心豈有出入，亦以操舍而言耳。操之之道，敬以直内而已。」愚聞之師曰：「人，理義之心未嘗無，惟持守之即在爾。若於旦晝之間不至梏亡，則夜氣愈清；夜氣清，則平旦未與物接之時，湛然虛明，氣象自可見矣。」孟子發此夜氣之說，於學者極有力，宜熟玩而深省之也。

文治按：此章之義，本於《周易》：「平旦之氣」，「復其見天地之心」也。惟至日以一歲言，平旦則指一日言耳。得其養而無物不長，所謂陽息也；失其養而無物不消，所謂陰消也。出入無時，莫知其鄉，所謂「出入無疾」也。好惡與人相近，《論語》所謂「性相近」也；違禽獸不遠，所謂「習相遠」也。孟子學説皆出於孔子，惟操心之學卻與持志略異。蓋志者，心之所之，故持志者，省察之功，而操心者，涵養之要也。此章與「養氣」章皆爲入道之方，學者宜日三復而默識之於心。

《孟子》「仁人心」章注

孟子曰：「仁，人心也；義，人路也。」

仁者心之德，程子所謂「心如穀種，仁則其生之性」是也。然但謂之仁，則人不知其切於己，故反而名之曰人心，則可以見其爲此身酬酢萬變之主，而不可須臾失矣。義者，行事之宜，謂之人路，則可以見其爲出入往來必由之道，而不可須臾舍矣。

「舍其路而弗由，放其心而不知求，哀哉！」

「哀哉」二字，最宜詳味，令人惕然有深省處。

「人有雞犬，放則知求之，有放心，而不知求。」

程子曰：「心至重，雞犬至輕。雞犬放則知求之，心放則不知求，豈愛其至輕而忘其至重哉？弗思而已矣。」愚謂上兼言仁義，而此下專論求放心者。能求放心，則不違於仁，而義在其中矣。

「學問之道無他，求其放心而已矣。」

學問之事，固非一端，然其道則在於求其放心而已。蓋能如是則志氣清明，義理昭著，而可以上達，不然則昏昧放逸，雖曰從事於學，而終不能有所發明矣。故程子曰：「聖賢千言萬語，只是欲人將已放之心約之，使反復入身來，自能尋向上去，下學而上達也。」此乃孟子開示切要之言，程子又發明之，曲盡其指，學者宜服膺而勿失也。

文治按：張氏楊園曰：「孟子不輕言『哀哉』，惟「自暴自棄」章與此章兩言之，極爲痛切。又莊子言「哀莫大於心死」也。「學問之道」節有二解：或曰因學問以求放心；或曰學問之事以求放心爲要。細玩朱注，當以後説爲長。蓋天下至大之學問，莫要於管攝此心也。其功奈何？蓋以静時言之，則當以深沈涵養爲主；以動時言之，則當以收攝提撕爲主。求之既熟，自能不失其本心矣。或謂陳氏定齋《明辨録》有求放心説，力闢陸王之謬，如以上所言，不幾近於空虚乎？曰：不然。孟子發端，言仁人心也，可見求放心即所以求仁，何空虚之有？子夏言博學篤志，切問近思，仁在其中；篤志近思，正求放心之義。

《孟子》「鈞是人也」章注

公都子問曰：「鈞是人也，或爲大人，或爲小人，何也？」孟子曰：「從其大體爲大人，從其小體爲小人。」

鈞，同也。從，隨也。大體，心也。小體，耳目之類也。

曰：「鈞是人也，或從其大體，或從其小體，何也？」曰：「耳目之官不思而蔽於物，物交物則引之而已矣。心之官則思，思則得之，不思則不得也。此天之所與我者，先立乎其大者，則其小者不能奪也。此爲大人而已矣。」

官之爲言司也。耳司聽，目司視，各有所職而不能思，是以蔽於外物。既不能思而蔽於外物，則亦一物而已。又以外物交於此物，其引之而去不難矣。心則能思，而以思爲職。凡事物之來，心得其職，則得其理，而物不能蔽；失其職則不得其理，而物來蔽之。此三者皆天之所以與我者，而心爲大。若能有以立之，則事無不思，而耳目之欲不能奪之矣，此所以爲大人也。范浚《心箴》曰：「茫茫堪輿，俯仰無垠。人於其間，渺然有身。是身之微，太倉稊米。參爲三才，曰惟心耳。往古來今，孰無此心？心爲形役，乃獸乃禽。惟口耳目，手足動静，投閒抵隙，爲厥心病。一心之微，衆欲攻之，其與存者，嗚呼幾希！君子存誠，克念克敬，天君泰然。百體從令。」

文治按：地居天中，天包地外，人在天地之中，而心又在人一身之中。得中理中氣，此其所以爲大體而最貴也。「心之官則思，思則得之」，乃思得仁義禮智之性，非思空虛之理，此其功候。

淺者如視思明聽，思聽之屬；深者如《易傳》所謂「寂然不動，感而遂通天下之故」，《洪範》所謂「思曰睿，睿作聖」是也。「天之所與我者」，即《左傳》所謂「人受天地之中以生」也。「先立乎其大」，即孟子「不動心」之學。人能先立其心，方能自立於世界之内，否則一心窒塞而不通，即一身浮游而無據矣，可不懼哉？宋陸氏象山平生學問，以先立乎大爲主，其説有是有非，詳《孟子大義》中。範氏《心箴》鞭策本心，乾乾惕若，可與程子《四箴》並讀。

《孟子》「盡心」章注

孟子曰：「盡其心者，知其性也。知其性，則知天矣。」

心者，人之神明，所以具衆理而應萬事者也。性則心之所具之理，而天又理之所從以出者也。人有是心，莫非全體，然不窮理，則有所蔽，而無以盡乎此心之量。故能極其心之全體而無不盡者，必其能窮夫理而無不知者也。既知其理，則其所從出亦不外是矣。以《大學》之序言之，知性則物格之謂；盡心則知至之謂也。

「存其心，養其性，所以事天也。」

存，謂操而不舍；養，謂順而不害。事，則奉承而不違也。

「殀壽不貳，修身以俟之，所以立命也。」

殀壽，命之短長也。貳，疑也。不貳者，知天之至，修身以俟死，則事天以終身也。立命，謂全其天之所付，不以人爲害之。程子曰：「心也、性也、天也，一理也。自理而言謂之天，自稟受而言謂之性，自存諸人而言謂之心。」張子曰：「由太虛，有天之名；由氣化，有道之名；合虛與氣，有性之名；合性與知覺，有心之名。」愚謂盡心、知性而知天，所以造其理也；存心、養性以事天，所以履其事也。不知其理，固不能履其事；然徒造其理而不履其事，則亦無以有諸己矣。知天而不以殀壽貳其心，智之盡也；事天而能修身以俟死，仁之至也。智有不盡，固不知所以爲仁；然智而不仁，則亦將流蕩不法，而不足以爲智矣。

文治按：《易・說卦傳》曰：「窮理盡性以至於命。」《孟子》不言《易》而書中隨處無非《易》理。以七篇之義言之，《萬章》篇窮理之學也；《告子》篇盡性之學也；《盡心》篇至命之學也。以本章言之，首節知性知天，窮理之學也；次節存心養性，盡性之學也；三節立命，至命之學也。程子曰「進學在致知」，即知性知天之義；「涵養須用敬」，即存心養性之義。宋儒窮理居敬並進之說，實權輿於此。若夫命者，有義理之命，有氣數之命；義理有定，而氣數則隨時而變遷。以義理定氣數，故曰「立命」。《易・乾卦・文言傳》曰：「先天而天弗違，後天而奉天時。」此之謂「立命」。蓋惟立命然後能造命也。人生富貴貧賤、夷狄患難，皆隨遇而移，而生死一關尤爲難破，惟朱注言「修身以俟死」，鄙意以爲可商。竊謂「修身以俟之」者，言勉勉循循，上達天德，以造於美大聖神之域耳。於此可見人之一生境遇當立命，而學問尤當立命，是爲至命之學。

答陳器之書

性是太極渾然之體，不可以名字言，但其中含具萬理，而綱理之大者有四，故命之曰仁義禮智。孔門未嘗備言，至孟子而始備言之者。蓋孔子之時，性善之理素明，雖不詳著其條，而説自具。至孟子時，異端蠭起，往往以性爲不善，孟子懼是理之不明，而思有以明之。苟但曰渾然全體，則恐其如無星之秤，無寸之尺，終不足以曉天下。於是別而言之，界爲四破，而四端之説於是而立。蓋四端之未發也，雖寂然不動，而其中自有條理，自有間架，不是儱侗都無一物。所以外邊纔感，中間便應。如赤子入井之事感，則仁之理便應，而惻隱之心於是乎形；如過廟過朝之事感，則禮之理便應，而恭敬之心於是乎形。蓋由其中間衆理渾具，各各分明，故外邊所遇，隨感而應，所以四端之發，各有面貌之不同。是以孟子析而爲四以示學者，使知渾然全體之中而粲然有條若此，則性之善可知矣。故孟子言：「乃若其情，則可以爲善矣，乃所謂善也。」是則孟子之言性善，亦遡其情而逆知之耳。仁義禮智既知得界限分曉，又須知四者之中，仁義是箇對立底關鍵。蓋仁，仁也，[而]禮則仁之著；義，義也，[而]智則義之藏。猶春夏秋冬雖爲四時，然春夏皆陽之屬也，秋冬皆陰之屬也，故曰：「立天之道，曰陰與陽；立地之道，曰柔與剛；立人之道，曰仁與義。」是知天地之道，不兩則不能以立，故端雖有四，而立之者則兩耳。仁義雖對立而成兩，然仁實貫[通]乎四者之中，蓋偏言則一事，專言則包四者。故仁者，仁之本體；禮者，仁之節文；義者，仁之斷制；智者，仁之分别。猶春夏秋冬雖不同，而同出乎春。春則春之生也，夏則春之長也，秋則春之成也，冬則春之藏也。自四而兩，自兩而一，則統之有宗，會之有元矣，故曰「五行一陰陽，陰陽一太極」。仁包四端，而智居四端之末者，蓋冬者藏也，所以始萬物而終萬物者也。智有藏之義焉，有終始之義焉，如[則]惻隱、羞惡、辭讓[恭敬]是三者，皆有可爲之事，[而]智[則]無事可爲，但分别其[爲]是[爲]非耳[爾]，是以謂之藏也。又惻隱、羞惡、辭讓[恭敬]皆是一面底道理，而是非則有兩面，[既别其所是，又别其所非，]是終始萬物之象。故仁爲四端之首，而智則能成始、[能]成終，猶[元氣雖四德之長，然]元不生於元而生於貞。[蓋由]天地之化，不翕聚[則]不能發散，理固然也。仁智交際之間，乃萬化之機軸，[此理]循環不窮，脗合無間，程子所謂「動静無端，陰陽無始」者，此也。

文治按：此書剖析性情四端，精密無倫，然必須實在體驗，方有心得，不可徒事空談也。仁統四端，智實通四端，仁智交際之間。讀《論語·里仁》篇首二章與《孟子》「矢大」章，自能會悟。

答游誠之書

心體固本静，然亦不能不動；其用固本善，然亦能流而入於不善。夫其動而流於不善者，固不可謂心體之本然，然亦不可不謂之心也，但其誘於物而然耳。故先聖只説「操則存，存則静，而其動也無不善矣。舍則亡，於是乎有動而流入於不善者。出入無時，莫知其鄉。出者亡也，入者存也，本無一定之時，亦無一定之處，特係於人之操舍如何耳。」只此四句，説得心之體用始終、真妄邪正無所不備。又見得此心不操即舍，不出即入，别無閒處可安頓之意。若如所論，出入有時者爲心之正，然則孔子所謂出入無時者，乃心之病矣。不應却以「惟心之謂與」一句直指而總結之也。

答蔡季通書

人之有生，性與氣合而已。然即其已合而析言之，則性主於理而無形，氣主於形而有質。以其主理而無形，故公而無不善；以其主形而有質，故私而或不善。以其公而善也，故其發皆天理之所行；以其私而或不善也，故其發皆人欲之所作。此舜之戒禹，所以有人心道心之别。蓋自其根本而已然，非謂氣之所爲有過不及而後流於人欲也。然但謂之人心，則固未以爲悉皆邪惡；但謂之危，則固未以爲便致凶咎。但既不主於理而主於形，則其流爲邪惡以致凶咎亦不難矣。此其所以爲危，非若道心之必善而無惡，有安而無傾，有準的而可憑據也。故必其致精一於此兩者之間，使公而無不善者常爲一身萬事之主，而私而或不善者不得與焉，則凡所云爲不待擇於過與不及之間而自然無不中矣。凡物剖判之初，且當論其善不善；二者既分之後，方可論其中不中。「惟精惟一」，所以審其善不善也。「允執厥中」，則無過不及而自得中矣，非精一以求中也。此舜戒禹之本意，而序文述之，固未嘗直以形氣之發盡爲不善，而不容其有清明純粹之時，如來諭之所疑也。但此所謂清明純粹者，既屬乎形氣之偶然，則亦但能不隔乎理而助其發揮耳，不可便認以爲道心而欲据之以爲精一之地也。如孟子雖言夜氣，而其所欲存者乃在乎仁義之心，非直以此夜氣爲主也；雖言養氣，而其所用力乃在乎集義，非直就此氣中擇其無過不及者而養之也。來諭主張「氣」字太過，故於此有不察。其他如分别中氣過不及處，亦覺有差。但既無與乎道心之微，故有所不暇辨耳。

文治案：人心道心之説，實出於梅氏僞書，蓋本於荀子所引《道經》；厥後儒者沿襲其説，固不妨於通用矣。此書判析理氣，至爲精微，可爲存心養性之助。

答何叔京書

蒙示心説，甚善，然恐或有所未盡。蓋入而存者，即是真心；出而亡者，亦此真心，爲物誘而然耳。今以存亡出入皆爲物誘所致，則是所存之外别有真心，而於孔子之言乃不及之，何邪？子重所論，病亦如此，而子約又欲並其出而亡者不分真妄，皆爲神明不測之妙，二者蓋胥失之。熹向答二公，有所未盡，後來答游誠之一段方稱穩當。謹録呈，幸乞指誨。大抵心之體用始終，雖有真妄、邪正之分，莫非神明不測之妙；雖皆神明不測之妙，而其真妄、邪正又不可不分耳。不審尊意以爲如何？

文治案：王陽明先生《答陸元静》云：「真心固照，妄心亦照。」與朱子此書意相同。能於静時體驗之，性天中自有樂地矣。

答何叔京書

心説已喻，但所謂「聖人之心如明鏡止水，天理純全」者，即是存處。但聖人則不操而常存耳，衆人則操而存之。方其存時，亦是如此，但不操則不存耳。存者，道心也；亡者，人心也。心一也，非是實有此二心各爲一物不相交涉也，但以存亡而異其名耳。方其亡也，固非心之本然；亦不可謂别是一箇有存亡出入之心，却待反本還原，别求一箇無存亡出入之心來换却。只是此心但不存便亡，不亡便存，中間無空隙處。所以學者必汲汲乎[於]操存，[而]雖舜、禹之間亦以精一爲戒也。且如世之有安危、治亂，雖堯舜之聖亦只是有治安而無危亂耳，豈可謂堯舜之世無安危、治亂之可名耶？如此則便是向來胡氏性無善惡之説。請更思之，却以見教。

答吕子約書

所示心無形體之説，鄙意正謂如此，不謂賢者之偶同也。然所謂寂然之本體，殊未明白之云者，此則未然。蓋操之而存，則只此便是本體，不待别求。惟其操之久而且熟，自然安於義理而不妄動。則所謂寂然者，當不待察識而自呈露矣。今乃欲於此頃刻之存而遽加察識以求其寂然者，吾恐寂然者未必可識，而所謂察識者，乃所以速其遷動而流於紛擾急迫之中也。程夫子所論「纔思便是已發，故涵養於未發之前則可，而求中於未發之前則不可」，亦是此意。然心一而已，所謂操存者亦豈以此一物操彼一物，如鬬者之相捽而不相舍哉？亦曰主一無適，非禮勿[不]動，則中有主而心自存耳。聖賢千言萬語，攷其發端。要其歸宿，不過如此。子約既識其端，不必别生疑慮，但循此用功，久而不息，自當有所至矣。

答陳明仲書

克己之目不及思，所論大概得之，然有未盡。熹竊謂《洪範》「五事」，以思爲主，蓋不可見而行乎四者之間也。然操存之漸，必自其可見者而爲之法，則切近明白而易以持守。故五事之次，思最在後，而夫子於此，亦偏舉「四勿」而不及夫思焉。蓋欲學者循其可見易守之法，以養其不可見、不可繫之心也。至於久而不懈，則表裏如一，而私意無所容矣。程子《四箴》，意正如此。試熟玩之，亦自可見。

文治案：《論語》「四勿」、「九思」，相爲表裏，何以勿視、勿聽、勿言、勿動皆出於思也。《洪範》「五事」，以思次於貌、言、視、聽之後，蓋以配五行之土，寄王於四時爾。至於「思曰睿，睿作聖」，則其功夫較「四勿」、「九思」爲純熟矣。此書謂孔子「偏舉『四勿』而不及夫思」，「蓋欲學者循其可見易守之法，以養其不可見、不可繫之心」，非由思通而進於無思者乎！

觀心説

或問：「佛者有觀心説，然乎？」曰：「夫心者，人之所以主乎身者也，一而不二者也，爲主而不爲客者也，命物而不命於物者也。故以心觀物，則物之理得。今復有物以反觀乎心，則是此心之外復有一心，而能管乎此心也。然則所謂心者，爲一耶？爲二耶？爲主耶？爲客耶？爲命物者耶？爲命於物者耶？此亦不待教而審其言之謬矣！」或者曰：「若子之言，則聖賢所謂精一，所謂操存，所謂盡心知性、存心養性，所謂見其參於前而倚於衡者，皆何謂哉？」應之曰：「此言之相似而不同，正苗莠、朱紫之間，而學者之所當辨者也。夫謂人心之危者，人欲之萌也；道心之微者，天理之奥也。心則一也，以正不正而異其名耳。惟精惟一，則居其正而審其差者也，紬其異而反其同者也。能如是，則信執其中，而無過不及之偏矣；非以道爲一心，人爲一心，而又有一心以精一之也。夫謂操而存者，非以彼操此而存之也；舍而亡者，非以彼舍此而亡之也。心而自操，則亡者存；舍而不操，則存者亡。然其操之也，亦曰不使旦晝之所爲，得以梏亡其仁義之良心云爾，非塊然兀坐以守其炯然不用之知覺而謂之操存也。若盡心云者，則格物窮理，廓然貫通，而有以極夫心之所具之理也；存心云者，則敬以直内，義以方外，若前所謂精一操存之道也。故盡其心而可以知性知天，以其體之不蔽而有以究夫理之自然也；存心而可以養性事天，以其體之不失而有以順夫理之自然也。文治案：惟本體不蔽，而後可以窮理；亦惟窮理，而本體愈益清明。二者其功交相進也。是豈以心盡心、以心存心、如兩物之相持而不相舍哉？若參前倚衡之云者，則爲忠信、篤敬而發也，蓋曰忠信、篤敬不忘乎心，則無所適而不見其在是云爾，亦非有以見夫心之謂也。且身在此而心參於前，身在輿而心倚於衡，是果何理也耶？大抵聖人之學，本心以窮理，而順理以應物，如身使臂，如臂使指；其道夷而通，其居廣而安，其理實而行自然。釋氏之學，以心求心，以心使心，如口齕口，如目視目，其機危而迫，其途險而塞，其理虚而其勢逆。蓋其言雖有若相似者，而其實之不同，蓋如此也。然非夫審思明辨之君子，其亦孰能無惑於斯耶！

文治案：近世不明宋儒之學者，概目之爲禪，可謂不知分析之學而全無體驗矣！善乎陸稼書先生之闢禪也，曰：「明乎心性之辨則知禪矣！夫人之生也，氣聚而成形，而氣之精英又聚而爲心。是心也，神明不測，變化無方，要之亦氣也。其中所具之理則性也。故程子曰：『性即理也。』邵子曰：『心者，性之郛郭。』朱子曰：『靈處是心不是性。』是心也者，性之所寓，而非即性也。性也者，寓於心而非即心也。』先儒辨之亦至明矣。若夫禪者，則以知覺爲性，而以知覺之發動者爲心。故彼之所謂性，則吾之所謂心也；彼之所謂心，則吾之所謂意也。其所以滅彝倫、離仁義，張皇詭怪，而自放於準繩之外者，皆由不知有性而以知覺當之耳。何則？既以知覺爲性，則其所欲保養而勿失者，惟是而已。一切人倫庶物之理，皆足以爲我之障，而惟恐其或累，宜其盡舉而棄之也。」以上見《三魚堂集·學術辨》。據此知吾儒之與禪宗，毫釐之差，千里之謬，正在於心性之辨。故文治竊以朱子解《中庸》、《孟子》心性諸條列於前，證之以問答諸書，而以《觀心説》附於後，學者讀之，不獨悟儒釋之分，且可見朱子心性之學與已發未發之説互相貫通，而有以得其體驗之實功矣。

紫陽學術發微卷四

朱子論仁善國發微

目録

紫陽學術發微卷四

朱子論仁善國發微

後學太倉唐文治蔚芝編輯

文治案：《禮記·禮運》篇孔子言「大道之行」、「三代之英」推及於「大同」之治，而要其精義實在之歸宿，則曰：「聖人能以天下爲一家，中國爲一人。」人者，天地之心也。所謂天地之心者何？仁而已矣。故曰：「仁者，人也。」人而不仁，何以爲人？是以《易傳》曰：「立人之道，曰仁與義。」仁者，人道教育之根原，豈不大哉？昔孔子答樊遲之問仁，曰：「居處恭，執事敬，與人忠。」此功夫之徹始徹終者也。答顏淵之問仁，曰：「克己復禮爲仁。」答仲弓之問仁，曰：「出門如見大賓，使民如承大祭；己所不欲，勿施於人。」此功夫之究竟也。答子貢之問仁，曰：「己欲立而立人，己欲達而達人。」此則由體而推之於用，因是以盡人性、盡物性者也。孟子之言仁，曰：「仁，人心也」；「學問之道無他，求其放心而已矣。」又曰：「君子以仁存心」；「仁者愛人。」此工夫之始事也。又曰：「人皆有不忍人之心」；「人能充無欲害人之心，而仁不可勝用矣。」此則由體而達之於用，「苟能充之，足以保四海」者也。朱子之言仁，本於《易傳》「天地之大德曰生」，而又本於孔孟之家法，曰「求放心」，曰「主敬」，曰「行恕」，以心驗而躬行之。蓋五常之本、萬善之原，皆起於仁。然苟無是三者以植其本，則良心日漓，而我之所以欲仁者，終歸於放失。此仁道之所以幾絶於天下也。世衰道微，争民施奪，機械日深，殺機愈盛；仁人君子，至於目不忍覩，耳不忍聞。讀朱子之論仁，曰：人有不仁，心無不仁。人爲私欲所蔽，雖至不仁，而心中之仁自在，如日爲雲障，水受泥淤，去之則自復矣。見《語録》。嗚呼，何其勸戒之深也！至於《玉山講義》，諄諄於《孟子》「道性善」一章。蓋人性皆善，國性亦無不善。故以五十里之滕，猶可以爲善國，由其國性本善也。《書》曰：「若藥不瞑眩，厥疾不瘳。」惟若藥不對證，則愈飲藥而愈瞑眩，必將偏痺不仁以至於亡，而曾莫之悟也，豈不哀哉？吾特發明《仁説》諸篇，深願天下皆能讀朱子之書，而得捄國性之良藥也。朱子晚年，專教人讀《孟子》「道性善」及「求放心」兩章，屢見於問答書中，蓋欲使人收斂安静，返其本心，以善其國性，其意至深遠矣。

仁説

天地以生物爲心者也，而人物之生，又各得夫天地之心以爲心者也。故語心之德，雖其總攝貫通，無所不備，然一言以蔽之，則曰仁而已矣。請試詳之：蓋天地之心，其德有四，曰元、亨、利、貞，而元無不統；其運行焉，則爲春、夏、秋、冬之序，而春生之氣無所不通。故人之爲心，其德亦有四，曰仁、義、禮、智，而仁無所不包；其發用焉，則爲愛、恭、宜、别之情，而惻隱之心無所不貫。故論天地之心者，則曰「乾元」、「坤元」，則四德之體用，不待悉數而足；論人心之妙者，則曰「仁，人心也」，則四德之體用亦不待遍舉而該。蓋仁之爲道，乃天地生物之心，即物而在。情之未發，而此體已具；情之既發，而其用不窮。誠能體而存之，則衆善之源、百行之本，莫不在是。此孔門之教所以必使學者汲汲於求仁也。其言有曰「克己復禮爲仁」，言能克去己私，復乎天理，則此心之體無不在，而此心之用無不行也。又曰「居處恭，執事敬，與人忠」，則亦所以存此心也。又曰「事親孝，事兄弟，及物恕」，則亦所以行此心也。又曰「求仁得仁」，則以讓國而逃，諫伐而餓，爲能不失乎此心也。又曰「殺身成仁」，則以欲甚於生，惡甚於死，爲能不害乎此心也。此心何心也？在天地則坱然生物之心，在人則溫然愛人利物之心，包四德而貫四端者也。或曰：「若子之言，則程子所謂『愛情仁性，不可以愛爲仁』者，非與？」曰：「不然。程子之所訶，以愛之發而名仁者也。吾之所論，以愛之理而名仁者也。蓋所謂情性者，雖其分域之不同，然其脈絡之通，各有攸屬者，則曷嘗判然離絶而不相管哉？吾方病夫學者誦程子之言而不求其意，遂至於判然離愛而言仁。故特論此以發明其遺意，而子顧以爲異乎程子之說，不亦誤哉？」或曰：「程氏之徒，言仁多矣。蓋有謂愛非仁，而以『萬物與我爲一』爲仁之體者矣；亦有謂愛非仁，而以心有知覺釋仁之名者矣。今子之言若是，然則彼皆非歟？」曰：「彼謂物我爲一者，可以見仁之無不愛矣，而非仁之所以爲體之真也。彼謂心有知覺者，可以見仁之包乎智矣，而非仁之所以得名之實也。觀孔子答子貢『博施濟衆』之問，與程子所謂『覺不可以訓仁』者，則可見矣。子尚安得復以此而論仁哉？抑泛言同體者，使人含胡昏緩而無警切之功，其弊或至於認物爲己者有之矣。專言知覺者，使人張皇迫躁而無沈潛之味，其弊或至於認欲爲理者有之矣。一忘一助，二者蓋胥失之。而知覺之云者，於聖門所示『樂山』、『能守』之氣象，尤不相似，子尚安得復以此而論仁哉？」因並記其語，作《仁說》。

文治案：黄薇香先生《朱子〈仁説〉説》云：「朱子《仁説》何以作乎？當時程門高言仁，如謝顯道謂『孝弟非仁』，『知此心則知仁』，是陸子静斥有子之支離。謝氏已開其漸，其與吕晉伯言仁，晉伯思之久未悟。論辨既窮，晉伯乃知其説仁同於説禪。楊中立教其壻李光祖、陳默堂求仁。光祖自言累請累不合，十八年而論契，而其説入禪。默堂斥以愛言仁之本於王氏新學，而説亦入禪。朱子慮仁道爲禪所幪，學者無以識仁，何由行仁，不得已而作《仁説》也。朱子既斥離愛言仁之弊，直言仁者『在天則坱然生物之心，在人則温然愛人利物之心』，可謂明析矣！今仁論諸書迭出，見阮氏《揅經室集》而學者仍未信，則由仁性、愛情之分，仁包四德之説，尚有以幪之也。夫仁者何？聖心視天下如一體而已，人有心有體，心必愛護其體，聖人憫天下之凋殘，如手足之痿痺，耳目之聾暗，本其心之不容已而竭力救之，性與情統之矣。仁合外内以成德，所以孟子辨仁本於性，不言發情之非仁也。昔李泰伯重禮，而云禮之『温厚而廣愛者』曰仁；『決斷而從宜者』曰義；『疏達而能謀者』曰智；『固守而不變者』曰信。朱子申程叔子之『仁包四德』，而云『義則仁之斷制也；禮則仁之節文也；智則仁之分别也』。是二説也，在學者融貫之，奈何拘泥之乎？五德一不足，則四者皆有所歉；四德備者所行之一乃無弊，仁如是，禮亦如是，義、信、智無不如是。」案：黄説邃矣！竊謂朱子之功在以愛言仁。人苟無愛情，則於性乎何有？愛者，不忍之本原也。説見末篇。

又攷：真西山先生嘗以朱子與張欽夫先生論仁往復四篇，彙而附於《仁説》之後，以資學者參攷。前已選入《朱子大義》，兹不復録。

答張敬夫書

類聚孔孟言仁處，以求夫仁之説，程子爲人之意，可謂深切。然專一如此用功，卻恐不免長欲速好徑之心，滋入耳出口之弊，亦不可不察也。大抵二先生之前，學者全不知有「仁」字，凡聖賢説仁處不過只作「愛」字看了。自二先生以來，學者始知理會「仁」字不敢只作「愛」説。然其流復不免有弊者。蓋專務説仁，而於操存涵泳之功不免有所忽略，故無復優柔厭飫之味、克己復禮之實，不但其蔽也愚而已。而又一向離了「愛」字懸空揣摸，既無真實見處，故其爲説，恍惚驚怪，弊病百端，殆反不若全不知有「仁」字而只作「愛」字看卻之爲愈也。熹竊嘗謂：若實欲求仁，固莫若力行之近。但不學以明之，則有擿埴冥行之患，故其蔽愚。若主敬、致知交相爲助，則自無此蔽矣。若且欲曉得仁之名義，則又不若且將「愛」字推求。若見得仁之所以愛而愛之所以不能盡仁，則仁之名義意思瞭然在目矣，初不必求之於恍惚有無之間也。此雖比之今日高妙之説稍爲平易，然《論語》中已不肯如此迫切注解説破，至《孟子》方間有説破處。然亦多是以愛爲言，如惻隱之類。殊不類近世學者驚怪恍惚、窮高極遠之言也。今此録所以釋《論語》之言，而首章曰仁其可知，次章曰仁之義可得而求，其後又多所以明仁之義云者，愚竊恐其非聖賢發言之本意也。又如首章雖列二先生之説，而所解實用上蔡之意，正伊川説中問者所謂由孝弟可以至仁而先生非之者，恐當更詳究之也。

文治案：黄薇香先生《阮氏〈仁論〉説》云：「昔朱子讀《中庸》『仁者，人也』，鄭君注不能明其義，致書吕公伯恭問『人耦』之説，吕公不能答，朱子自作《仁説》以明之。《説文》段公注解『人耦』之義甚詳。阮公因而推衍之，作《〈論語〉仁論》、《〈孟子〉仁論》，以朱、吕所不能解者，而段、阮二公能申解之。所謂前賢畏後生者，非邪」云云。文治竊謂阮文達《論語》、《孟子》論仁，實即本程子「類聚孔孟言仁」之説，惟所論偏於攷據爲多，似未得由淺入深之法，學者無從下手。竊謂《論語》中如「博學篤志，切問近思」，「苟志於仁矣，無惡也」，「我欲仁，斯仁至矣」，言仁之淺者也；至於「君子無終食之間違仁」，「三月不違仁」，「一日克己復禮，天下歸仁」，言仁之深者也。《孟子》論仁，有就學問言者，「求放心」，「强恕而行」，言仁之淺者也；「由仁義行，非行仁義」，言仁之深者也。有就治道言者，「今之諸侯有好仁者」，「仁者無不愛也，急親賢之爲務」，此言仁之淺者也；「既竭心思焉，繼之以不忍人之政，而仁覆天下」，言仁之深者也。倘排比用功先後次第，則更可樂而玩，可居而安矣。文治常欲輯述之而未能也。

答陳安卿書

來書云淳嘗作《心説》云：「『維天之命，於穆不已』，所以爲生物之主者，天之心也。人受天命而生，因全得夫天之所以生我者以爲一身之主，渾然在中，虚靈知覺，常昭昭而不昧，生生而不可已，是乃所謂人之心。其體則即所謂元、亨、利、貞之道，具而爲仁、義、禮、智之性；其用則即所謂春、夏、秋、冬之氣，發而爲惻隱、羞惡、辭讓、是非之情。故體雖具於方寸之間，而其所以爲體則實與天地同其大，萬理蓋無所不備，而無一物出乎是理之外；用雖發乎方寸之間，而其所以爲用則實與天地相流通，萬事蓋無所不貫，而無一理不行乎事之中。此心之所以爲妙，貫動静、一顯微、徹表裏，終始無間者也。人惟拘於陰陽五行所值之不純，而又重以耳、目、口、鼻四支之欲爲之累，於是此心始梏於形器之小，不能廓然大同無我，而其靈亦無以主於心矣。人之所以欲全體此心而常爲一身之主者，必致知之力到，而主敬之功專，使胸中光明瑩净，超然於氣稟物欲之上，而吾本然之體所與天地同大者，皆有以周徧昭晰，而無一理之不明；本然之用與天地流通者，皆無所隔絶間斷，而無一息之不生。是以方其物之未感也，則此心澄然惺惺，如鑑之虚，如衡之平，蓋真對越乎上帝，而萬理皆有定於其中矣。及夫物之既感也，則妍媸高下之應，皆因彼之自爾，而是理固周流該貫，莫不各止其所。如乾道變化，各正性命，自無分數之差，而亦未嘗與之俱往矣。静而天地之體存，一本而萬殊；動而天地之用達，萬殊而一貫。體常涵用，用不離體，體用渾淪，純是天理，日常呈露於動静間。夫然後向之所以全得於天者，在我真有以復其本，而維天於穆之命亦與之爲不已矣。此人之所以存夫心之大略也。」以上《心説》前篇。王丞子正云：「看得儘有功，但所謂心之體與天地同大，而用與天地流通，必有徵驗處。更幸見教。」以上引王丞「評語」請益。淳因復有後篇：「所謂『體與天地同其大』者，以理言之耳。蓋通天地間，惟一實然之理而已，爲造化之樞紐，古今人物之所同得。但人爲物之靈，極是體而全得之，總會於吾心，即所謂性。雖會在吾之心，爲我之性，而與天固未嘗間。此心之所謂仁，即天之元；此心之所謂禮，即天之亨；此心之所謂義，即天之利；此心之所謂智，即天之貞。其實一致，非引而譬之也。天道無外，此心之理亦無外；天道無限量，此心之理亦無限量。天道無一物之不體，而萬物無一之非天，此心之理亦無一物之不體，而萬物無一之非吾心，天下豈有性外之物而不統於吾心是理之中也哉？但以理言，則爲天地公共，不見其切於己，謂之吾心之體，則即理之在我有統屬主宰，而其端可尋也。此心所以至靈至妙，凡理之所至，其思隨之，無所不至，大極於無際而無不通，細入於無倫而無不貫，前乎上古、後乎萬古而無不徹，近在跬步、遠在萬里而無不同。雖至於位天地、育萬物，亦不過充吾心體之本然，而非外爲者。此張子所謂『有外之心不足以合心』者也。所謂『用與天地相流通』者，以是理之流行言之耳。蓋是理在天地間流行圓轉，無一息之停。凡萬物萬事小大精粗，無一非天理流行。吾心全得是理，而是理之在吾心，亦本無一息不生生而不與天地相流行。人惟欲净情達，不隔其所流行，然後常與天地流通耳。且如惻隱一端，近而發於親親之間，親之所以當親，是天命流行者然也，吾但與之流行而不虧其所親者耳。一或少有虧焉，則天理隔絶於親親之間而不流行矣；次而及於仁民之際，如老者之所以當安，少者之所以當懷，入井者之所以當怵惕，亦皆天命流行者然也；吾但與之流行而不失其所懷、所安、所怵惕者耳。一或少有失焉，則天理便隔絶於仁民之際而不流行矣；又遠而及於愛物之際，如方長之所以不折，胎之所以不殺，殀之所以不夭，亦皆天命流行者然也；吾但與之流行而不害其所長、所胎、所殀者耳。一或少有害焉，則天理便隔絶於愛物之際而不流行矣；凡日用間，四端所應皆然。但一事不到，則天理便隔絶於一事之下；一刻不貫，則天理便隔絶於一刻之中。惟其千條萬緒皆隨彼天則之自爾，而心爲之周流貫匝，無人欲之間焉，然後與元、亨、利、貞流行乎天地之間者同一用矣。此程子所以指天地變化草木蕃以形容恕心充擴得去之氣象也。然亦必有是天地同大之體，然後有是天地流通之用；亦必有是天地流通之用，然後有是天地同大之體。則其實又非兩截事也。」以上《心説》後篇。王丞批：「此篇後截稍近。」又曰：「天命性心，雖不可謂異物，然各有界分，不可誣也。今且當論心體，便一向與性與天滚同説去，何往而不可？若見得脱灑，一言半句亦自可見。更宜涵養體察。淳再思之。『體與天地同大，用與天地流通』，自原頭處論，竊恐亦是如此。然一向如此，則又涉於過高而有不切身之弊，不若且只就此身日用見定言『渾然在中者爲體，感而應者爲用』爲切實也。又覺聖賢説話如平常，然此二篇辭意恐皆過當，並望正之。」以上引王丞「評語」請益。

此説甚善。更寬著意思涵養，則愈見精密矣。然又不可一向如此向無形影處追尋，更宜於日用事物、經書指意、史傳得失上做工夫，即精粗表裏融會貫通，而無一理之不盡矣。

文治按：朱門高弟，天資聰穎，窮理精深者，以安卿先生爲最，當在滄洲諸儒之上。其問仁、問心説共有數篇，而此書尤爲廣大，讀之深得《中庸》「肫肫其仁」、「浩浩其天」氣象。一切私欲，自然净盡。而程子、張子之論仁、論心，亦無不融會貫通矣。且其論天理流行與愛物之情，尤與《仁説》爲近。故不入心性學而特録於此，藉以自家體驗焉。

答袁機仲書

前書所論仁義禮智分屬五行四時。此是先儒舊説，未可輕詆。蓋天地之間，一氣而已，分陰分陽便是兩端，故陽爲仁而陰爲義。然陰陽又各分而爲二，故陽之初爲木、爲春、爲仁，陽之盛爲火、爲夏、爲禮；陰之初爲金、爲秋、爲義，陰之極爲水、爲冬、爲智。蓋仁之惻隱方自中出，而禮之恭敬則已盡發於外;義之羞惡方自外入,而智之是非則已潛伏於中。故其象類如此,非是假合附會。若能默會於心,便自可見。元、亨、利、貞,其理亦然。《文言》取類,尤爲明白,非區區今日之臆説也。五行之中,四者既各有所屬。而土居中宫,爲四行之地、四時之主;在人則爲信,爲真實之義,而爲四德之地、衆善之主也。五聲、五色、五臭、五味、五藏、五蟲,其分放此。蓋天人一物,内外一理,流通貫徹,初無間隔。若不見得,則雖生於天地間而不知所以爲天地之理;雖有人之形貌而亦不知所以爲人之理矣。

文治案:讀此篇可見四德運行,周流貫徹,無所間隔。而結處四句,更足鞭策身心。

答胡伯逢書 節録

以名義言之,仁特愛之未發者而已。程子所謂「仁,性也;愛,情也」,又謂「仁,性也;孝弟,用也」,此可見矣。其所謂「豈可專以愛爲仁」者,特謂不可指情爲性耳,非謂仁之與愛了無交涉,如天地、冠履之不相近也。而或者因此求之太過,便作無限玄妙奇特商量。此所以求之愈切,而失之愈遠。如或以覺言仁,是以智之端爲仁也;或以是言仁,是以義之用爲仁也。夫與其外引智之端、義之用而指以爲仁之體，則孰若以愛言仁，猶不失爲表裏之相須，而可以類求也哉！故愚謂欲求仁者，先當大概且識此名義氣象之彷彿與其爲之之方，然後就此慤實下工［功］，尊聞行知以踐其實，則所知愈深而所存益熟矣。此所謂「知之甚淺而便可行，又以知與爲爲一事」者也。

文治案：讀此篇尤見以愛言仁之真切。

玉山講義

按：此篇在甲寅，朱子六十五歲，洪本《年譜》云：「邑宰司馬邁請爲諸生講說，先生辭不獲，乃就縣庠賓位，因學者所請問而發明道要，聞者興起，邁刻講義一篇，以傳於世。此乃先生晚年親切之訓，讀者其深味之。」

先生曰：「熹此來得觀學校鼎新，又有靈芝之瑞，足見賢宰承流宣化、興學誨人之美意，不勝慰喜。又承特設講座，俾爲諸君誦説，雖不敢當，然區區所聞，亦不得不爲諸君言之。蓋聞古之學者爲己，今之學者爲人。故聖賢教人爲學，非是使人綴緝言語、造作文辭，但爲科名爵禄之計，須是格物、致知、誠意、正心、修身，而推之以至於齊家、治國，可以平治天下，方是正當學問。諸君肄業於此，朝夕講明於此，必已深有所得，不然亦須有疑。今日幸得相會，正好商量，彼此之間，皆當有益。」時有程珙起而請曰：「《論語》多是説仁，《孟子》卻兼説仁義，意者夫子説元氣，孟子説陰陽。仁恐是體，義恐是用。」先生曰：「孔、孟之言有同有異，固所當講。然今且當理會何者爲仁？何者爲義？曉此兩字，義理分明，方於自己分上有用力處，然後孔、孟之言有同異處，可得而論。如其不曉自己分上元無工夫，説得雖工，何益於事？且道如何説箇『仁、義』二字底道理。大凡天之生物，各付一性，性非有物，只是一箇道理之在我者耳，故性之所以爲體，只是『仁、義、禮、智、信』五字，天下道理不出於此。韓文公云：『人之所以爲性者五。』其説最爲得之，卻爲後世之言性者多雜佛、老而言，所以將『性』字作知覺心意看了，非聖賢所説『性』字本指也。五者之中，所謂『信』者，是箇真實無妄底道理，如仁、義、禮、智皆真實而無妄者也。故『信』字更不須説，只仁、義、禮、智四字於中各有分別，不可不辨。蓋仁則是箇温和慈愛底道理，義則是箇斷制裁割底道理，禮則是箇恭敬撙節底道理，智則是箇分別是非底道理。凡此四者具於人心，乃是性之本體。方其未發，漠然無形象之可見；及其發而爲用，則仁者爲惻隱，義者爲羞惡，禮者爲恭敬，智者爲是非，隨事發見，各有苗脈，不相淆亂，所謂情也。故孟子曰：『惻隱之心，仁之端也；羞惡之心，義之端也；恭敬之心，禮之端也；是非之心，智之端也。』謂之端者，猶有物在中而不可見，必因其端緒發見於外，然後可得而尋也。蓋一心之中，仁、義、禮、智各有界限，而其性情、體用又自各有分别，須是見得分明，然後就此四者之中又自見得『仁、義』兩字是箇大界限，如天地造化、四序流行，而其實不過於一陰一陽而已。於此見得分明，然後就此又自見得『仁』字是箇生底意思，通貫周流於四者之中。仁固仁之本體也，義則仁之斷制也，禮則仁之節文也，智則仁之分别也。正如春之生氣，貫徹四時，春則生之生也，夏則生之長也，秋則生之收也，冬則生之藏也。故程子謂『四德之元，猶五常之仁，偏言則一事，專言則包四者。』正謂此也。孔子只言仁，以其專言者言之也；故但言仁，而仁、義、禮、智皆在其中。孟子兼言義，以其偏言者言之也，然亦不是於孔子所言之外添入一箇「義」字，但於一理之中分别出來耳。其又兼言禮、智，亦是如此。蓋禮又是仁之著，智又是義之藏，而仁之一字未嘗不流行乎四者之中也。若論體用，亦有兩説。蓋以仁存於心而義形於外言之，則曰：『仁，人心也；義，人路也。』而以仁、義相爲體用。若以仁對惻隱、義對羞惡而言，則就其一理之中，又以未發、已發相爲體用。若認得熟、看得透，則玲瓏穿穴，縱横顛倒，無處不通，而日用之間，行著習察，無不是著工[功]夫處矣。」珙又請曰：「三代以前只是説中説極，至孔門答問，説著便是仁，何也？」先生曰：「説中説極，今人多錯會了他文義，今亦未暇一一詳説，但至孔門方説仁字，則是列聖相傳到此方漸次説親切處爾。夫子所以賢於堯、舜，於此亦可見其一端也。然仁之一字，須更於自己分上實下工[功]夫始得。若只如此草草説過，無益於事也。」先生因舉《孟子》「道性善，言必稱堯舜」一章，而遂言曰：「所謂性者，適固已言之矣。今復以一事譬之。天之生此人，如朝廷之命此官，人之有此性，如官之有此職。朝廷所命之職，無非使之行法治民，豈有不善。天之生此人，無不與之以仁義禮智之理，亦何嘗有不善。但欲生此物，必須有氣，然後此物有以聚而成質，而氣之爲物有清濁、昏明之不同。稟其清明之氣，而無物慾之累，則爲聖；稟其清明而未純全，則未免微有物慾之累，而能克以去之，則爲賢。稟其昏濁之氣，又爲物欲之所蔽而不能去，則爲愚爲不肖。是皆氣稟物慾之所爲，而性之善未嘗不同也。堯、舜之生，所受之性亦如是耳。但以其氣稟清明，自無物慾之蔽，故爲堯、舜，初非有所增益於性分之外也。故學者知性善，則知堯、舜之聖，非是强爲識得堯、舜做處，則便識得性善底規模樣子，而凡吾日用之間所以去人慾、復天理者，皆吾分内當然之事，其勢至順而無難。此孟子所以首爲文公言之，而又稱堯、舜以實之也。但當戰國之時，聖學不明，天下之人但知功利之可求，而不知己性之本善。聖賢之可學，聞是説者非惟不信，往往亦不復致疑於其間。若文公則雖未能盡信，而已能有所疑矣，是其可與進善之萌芽也。故孟子於其去而復來，迎而謂之曰：『世子疑吾言乎？』而又告之曰：『夫道一而已矣。』蓋古今聖愚同此一性，則天下固不容有二道，但在篤信力行，則天下之理，雖有至難，猶必可至，況善乃人之所本有而爲之不難乎！然或氣稟昏愚而物慾深固，則其勢雖順且易，亦須勇猛著力，痛切加功，然後可以復於其初。故孟子又引《商書》之言曰：『若藥弗瞑眩，厥疾弗瘳。』若但悠悠似做不做，則雖本甚易而反爲至難矣。此章之言雖甚簡約，然其反復曲折，開曉學者，最爲深切。諸君更宜熟讀深思，反復玩味，就日用間便著實下工[功]夫始得。《中庸》所謂『尊德性』者，正謂此也。然聖賢教人，始終本末，循循有序，精粗巨細，無有或遺，故才尊德性，便有箇『道問學』一段事，雖當各自加功，然亦不是判然兩事也。《中庸》曰：『大哉聖人之道！

洋洋乎發育萬物，峻極於天。優優大哉！禮儀三百，威儀三千。待其人而後行。故曰苟不至德，至道不凝焉。是故君子尊德性而道問學，致廣大而盡精微，極高明而道中庸。温故而知新，敦厚以崇禮。』蓋道之爲體，其大無外，其小無内，無一物之不在焉。故君子之學，既能尊德性以全其大，便須道問學以盡其小。其曰致廣大、極高明、温故而敦厚，則皆尊德性之功也；其曰盡精微、道中庸、知新而崇禮，則皆道問學之事也。學者於此固當以尊德性爲主，然於道問學亦不可不盡其力，要當使之有以交相滋益，互相發明，則自然該貫通達，而於道體之全無欠缺處矣。今時學者，心量窄狹，不耐持久，故其爲學，略有些少影響見聞，便自主張以爲至足，不能遍觀博玫，反復參驗。其務爲簡約者，既蕩而爲異學之空虚；其急於功利者，又溺而爲流俗之卑近，此爲今日之大弊，學者尤不可以不戒。」

文治按：王白田先生《〈玉山講義〉攷》云：「按果齋李氏云：『晚年始指示本體，令人深思而自得之。』蓋指《玉山講義》及答陳器之、林德久諸書而言，不知《講義》之説，因問者言孔孟之言同異，而發明性之所有仁、義、禮、智四者，即《孟子》『非由外鑠我，我固有之』之意。如韓子《原性》『人之所以爲性者五，人之所以爲情者七』之例，非指示本體，令人深思而自得之謂也。故下文云：就日用間便著實下工夫始得；《中庸》所謂尊德性也，然尊德性便有道問學一段事，雖當各自加功，然亦不是判然兩事；學者於此固當以尊德性爲主，然於道問學亦不可不盡其力。其歸宿處只在於此，亦可謂明白而無疑矣。答陳器之、林德久兩書，亦只發明前段之意，而於下工夫處卻未之及。至吕燾所記，則直以識認得裏面物事模樣作工夫，且謂『敬』是第二節事，明與《玉山講義》相背。此記録之誤，不可以不辨也。」吴竹如先生亦云：「朱子晚年，爲學者指示本體之語，起自果齋，蓋指《玉山講義》而言。自果齋已失朱子之意，而晚年定論由朱門有以啓之。」文治謂王、吴二家之説，意在杜空虚之弊。然要知吾儒之言本體，與釋氏迥不相同。朱子注《大學》「在明明德」句云：「其本體之明，有未嘗息者。」又「補格物傳」云：「吾心之全體大用無不明。」全體，即本體，是朱子未嘗諱言本體也。學者讀《玉山講義》祇須參攷陳器之、林德久二書。至於吕燾所記，乃門人記録之誤，儘可無庸研究。章實齋先生謂後人所以毁朱子者，大半由於《語録》，實則《語録》出於門人之手，多非朱子本意也。其論最爲確當。故文治嘗謂：講漢學者，當掃支離之習；講宋學者，亦當掃支離之習。

附：唐文治　**讀朱子《仁説》諸篇**

凡生於天地之間者，皆曰命。「天命之謂性」，命者，生也；「生之謂性」，性者，生也。萬物芸芸，所欲莫甚於生，所惡莫甚於死，故人於其生也，謂之性命。仁也者，所以自保其性命，而即擴充之以保人之性命者也。故《中庸》曰：「仁者，人也。」《説文》曰：「仁，相人偶也。」相人偶者，相親相愛之謂。人能相親相愛，則人道全，人類於以成；不能相親相愛，則人道苦，人類於以滅。是故人而能仁，則其心生而可以謂之人；人而不仁，則其心死而不得謂之人。《周易》生生之書也，故孔子作《易傳》曰：「生生之謂易」；「天地之大德曰生」。論乾之德，則曰大生；論坤之德，則曰廣生。蓋人生天地之間，不獨自全其生，且當有以大人之生、廣人之生也。故「君子體仁足以長人」也。《尚書》仁政之書也。《帝典》曰：「百姓昭明。」古者因人所生之地，而賜之姓，遂稱之爲百姓。姓者，生也。故《商書・盤庚》稱民曰：「往哉生生。」又曰：「無總於貨寶，生生是庸。」聖人好生之德，洽於民心；繼之以不忍人之政，而仁覆天下矣。周道衰，王迹熄，在上者失其本心，罔知輕重，誅求無厭，方命虐民。但有「以身發財」之不仁人，而無「以財發身」之仁人。馴至戰國，諸侯放恣，干戈相尋，孟子生於其間，慨然歎曰：「天下之生久矣，一治一亂。」蓋言世有治亂，而生生之理終不絶於天下也。其論禮樂仁義之實，而總括之，曰：「樂則生矣，生則惡可已也。」生者，不容已之性，不容已之情，而必推本於親親之仁，以立性命之綱紀，然後推而放諸東西海而準，推而放諸南北海而準。心理之大同，即生理之大同也。無如天未欲平治天下，生民刼運，方興未艾。孟子早見及此，痛心礪齒，大聲疾呼曰：「天子不仁，不保四海；諸侯不仁，不保社稷。」又曰：「不仁者可與言哉？安其危而利其災，樂其所以亡者。」自是厥後，亡國破家相隨屬。數十年後，秦始皇出，焚書坑儒，殺人如草芥，此爲有天地以來最不仁之慘禍，人道幾絶於天下。由是而三國，而六朝，而五季，閱數百年，未有不大亂者。痛乎！不仁之爲害也。朱子生南宋之時，蒿目時艱，覩有國者積弱日深，勢將淪爲異域，於是本其惻隱之心，發爲大文，曰《仁説》，曰《玉山講義》。其言謂：「天地以生物爲心，而人物之生，因各得夫天地生物之心以爲心。」又曰：「在天地則坱然生物之心；在人則温然愛人利物之心。」又曰：「性者，真實無妄之理。仁、義、禮、智，皆真實而無妄。」迺於性善之旨，反復申明告戒。嗚呼，何其言之仁也！蓋朱子之心，猶孟子之心也，無如吾道晦盲，道學懸爲厲禁。國必自伐而後人伐之，故其後雖有文文山、謝疊山、陸秀夫之仁人，而卒無救於宋代之滅亡。此豈天運使然哉？實人心爲之也。人而能仁，天下化之，則栽者培之，天亦生成而煦育之；人而不仁，天下化之，則傾者覆之，天即禽獮而草薙之。夫天何所私愛於人哉？且夫宇宙之殺機，不過起於二三人心術之壞，其禍遂蔓延及於億兆；而其所以消弭於無形者，惟學説有以拯之。仁者，愛情也，亦公理也。韓子曰：「博愛之謂仁。」而論者乃曰：「愛不足以名仁。」朱子之言曰：「仁者，愛之理。」離愛不可以言仁。斯言一出，而天下之愛情不泯矣。昔孔子曰：「汎愛衆，而親仁。」樊遲問仁，答曰：「愛人。」作《易傳》曰：「安土敦乎仁，故能愛。」獨非以愛言仁乎？孟子曰：「仁者愛人。」仁者無不愛也，獨非以愛言仁乎？夫天地之所以不陸沈者，人心中愛情而已矣。而説者又曰：「公不足以名仁。」朱子之言曰：「擴然而大公者，仁之所以爲體也。」《定性説》見程子注。又曰：「人或不公，則於其所當愛者，又有所不愛。惟公則視天地萬物皆爲一體而無所不愛。」見《答張敬夫》書。斯言一出，而天下之公理不滅矣。昔孔子答子張問仁，曰：「恭、寬、信、敏、惠。」而於《堯曰》篇，言天下之民歸心，終之以寬、信、敏、公，獨非以公言仁乎？周子曰：「天地公而已矣。」獨非以公言仁乎？夫世界之所以不銷毀者，人心中公理而已矣。是故宋代雖亡，而朱子之學説不亡，千古之人心，亦遂不亡。士君子之於學説，不可不慎也。文治嘗於静中平旦清明之時，動中世途荊棘之會，體驗所以求仁之方，與所以失仁之故。蓋有二關鍵焉：一曰人己之分；一曰義利之界。孔子「己欲立而立人，己欲達而達人，能近取譬，可謂仁之方也已」。生人心理，彼此相同。己欲如是，人亦欲如是。近取譬者，以己譬人，以人譬己也。凡民有血氣之性，形骸之隔，即不能無争；争而不已，於是但知有己而不知有人。己欲樂而不顧人之苦；己欲安而不顧人之危；己欲生而不顧人之死。聖人以天下爲一家，中國爲一人，其視天下皆如吾之身體髮膚。夫然，心體生理流行貫徹而無所間，此仁之通乎人己關者也。義者，禮之所由起，發而皆中節者也；非義，則無以行仁。三代而下，澆純散樸，先利後義，不奪不饜，於是機械變詐之心萌焉，穿窬害人之事滋焉，刼奪之端紛紜而無底止焉。孟子曰：「孳孳爲善者，舜之徒」；「孳孳爲利者，跖之徒」。聖人以義制之，乃有以範圍萬民之欲，而使之不過乎法則，此仁之判乎義、利關者也。二關轇轕，利欲薰天，剥膚敲髓，民生輾轉溝壑，行將同歸於盡。老子曰：「樂殺人者，不可以得志於天下。」孟子曰：「苟不志於仁，終身憂辱，陷於死亡。」自古以來，未有天下人受害而少數人可以得利者也；亦未有天下人皆死而少數人可以獨生者也。而不仁者，恃其武力，專務殺人以求逞。以齊宣王之昏庸，乃欲以一服八，動天下之兵，後災立至。孟子曰：「不仁而得國者，有之矣；不仁而得天下，未之有也。」此爲求武力統一者，破其迷惑也。然不仁而得國，亦未有享國久長者，何也？以其害吾民而死吾民，上干天地之和也。悲夫！《小雅》之詩曰：「苕之華，其葉青青。知我如此，不如無生。」夫人民至於自怨其生，則人道將絶，而天下無可辦之事矣。唐李華之文曰：「蒼蒼烝民，誰無父母？誰無夫婦，誰無兄弟？生也何恩，殺之何咎？」夫人民至於互相殺戮，則人類將滅而天下無可避之地矣。嗚呼！吾民之顛連困苦，水深火熱，呼號宛轉，奔走無門。求生不能，求死不得之情狀，尚忍言哉？殺人之父，人亦殺其父；殺人之兄，人亦殺其兄。天網恢恢，出爾反爾之情狀，尚忍述哉？民今方殆，視天夢夢，憂心如焚，不覺形諸夢寐，恍焉四鄰孺子，俱病將死，其父母撫之，飲泣號哭之聲，四達於户外，迺大慟，曰：「嗚呼！死而如是，當日何爲而有生乎？」倏焉醒，不禁涕淚之盈枕也，哀哉！《康誥》曰：「如保赤子，唯民其康乂。」孟子曰：「赤子匍匐將入井，非赤子之罪也。」又問梁惠王曰：「殺人以梃，與刃有以異乎？」曰：「無以異也。」「以刃與政，有以異乎？」曰：「無以異也。」夫古人言保民以赤子爲喻者，蓋以百姓天良未泯，不啻赤子之天真，莫能告語，而乃終日操刃以殺之，行政以殺之，猶以爲未足。以近世不仁之器，日新月異，每數千萬發，即殺數千萬人，吾民飲泣號哭之聲，周達於郊野河山之外。終夜以思，良心猶在，寧不大痛？曰：「嗚呼！死而如是，當日何爲而有生乎？」哀哉！然吾謂天地好生惡殺之心，雖當至否極塞，終有剥而必復之時，而此一陽生生之機，實根於仁人之心理與其學説。故特録朱子《仁説》諸篇，以維人道。兼録陳安卿先生《心説》，欲人之廣大其心，與天地萬物爲一體也。世之治天下者，尊信朱子之學説，當必有取於斯文。

紫陽學術發微卷五

朱子經學發微

目録

紫陽學術發微卷五

朱子經學發微

後學太倉唐文治蔚芝編輯

文治案：漢宋學派，意見紛歧，一則鉤稽訓詁，一則崇尚義理，各有專長，遂至互分門户。近曾文正謂漢儒之「實事求是」，即宋儒之「即物窮理」。其說最爲允當。按漢代大儒，無過鄭君；宋代大儒，無過朱子。朱子之於學，靡不登峯造極，而其尤要者，在博通羣經。繹其學說，安往而非實事求是哉？鄭君說《易》主爻辰；朱子說《易》尚占筮。雖家法不同，而朱子作《易五贊》，於易簡中寓精微之旨，不可及也。《書傳》口授蔡九峯先生，其疑古文《尚書》之僞，爲唐以來學者所未逮；遂開閻百詩、江艮庭、王西莊、孫淵如諸家之先河。讀《書》深細至此，厥功豈不偉歟？《詩集傳》雖不可與鄭箋同日而論，然興、觀、羣、怨，所以涵養性情者備矣！孔孟說《詩》，不以文害辭，不以辭害志，僅點綴數虚字而義理、志意自見。朱子真得聖門之家法者也。《儀禮經傳通解》雖黄勉齋、楊信齋兩先生所續成，而實係朱子之命意。其以冠義、昏義、祭義、射義、鄉飲酒義諸篇作爲十七篇之傳義，宏見卓識，知類通達，遠紹鄭君《目録》、劉子政《七略》。學者分類讀《禮》，舍此奚由？朱子嘗論《儀禮》曰：「讀此書，乃知漢儒之學有補於世教者不小。」書討論喪禮《奏稿後》云：「禮經之文，誠有闕略，不無待於後人。向使無鄭康成，則此事終未有斷決。」其虚心審慎，推尊先哲也如此。至於《大學》、《中庸》，鄭《目録》本屬之通論，朱子特輯録合《語》、《孟》爲「四書」。天德、王道、聖功一以貫之，其於世道人心，豈小補哉，豈小補哉！友人曹君叔彦謂鄭君「三禮」注與朱子「四書」注，同爲日月經天、江河行地之書，後世學者所必讀，可謂知言。朱止泉先生曰：「朱子聖學，全從『四書』得力，研究體驗，身行心得，無處不到。」又謂其「統『五經』之理，會而歸之身心，渾然無間」。文治按朱子又嘗掇羣經性理之菁華，輯《小學》、《近思録》，示學者躬行實踐之方。此二書者，實足繼『四書』之後。嗚呼，何其大而精也！兹特録朱子傳經大綱，並附《小學》、《近思録》題辭跋語。學者誠能體之於身，驗之於心，既敦品以力行，復通經而致用，庶不負朱子之苦心。而彼斷斷焉争漢宋學之界者，自當奉前賢爲依歸，修其人格斯可矣。

書臨漳所刊《周易》後 《文集》：淳熙九年壬寅五十三歲作

右古文《周易》經傳十二篇。亡友東萊吕祖謙伯恭父之所定。而《音訓》一篇，則其門人金華王莘叟之所筆受也。熹嘗以謂《易經》本爲卜筮而作，皆因吉凶以示訓戒，故其言雖約而所包甚廣。夫子作傳，亦略舉其一端，以見凡例而已。然自諸儒分經合傳之後，學者便文取義，往往未及玩心全經，而遽執傳之一端以爲定説。於是一卦一爻僅爲一事，而《易》之爲用，反有所局，而無以通天下之故。若是者，熹蓋病之，是以三復伯恭父之書而有發焉，非特爲其章句之近古而已也。《音訓》則妄意其猶或有所遺脱。莘叟蓋言書甫畢而伯恭父没。是則固宜，然亦不敢輒補也，爲之别見於篇後云。

易五贊 原本共五篇，附《周易本義》後，曰「原象」、「述旨」、「明筮」、「稽類」、「警學」。今録一首。《年譜》：丁酉四十八歲作

述旨

昔在上古，世質民淳，是非莫別，利害不分。風氣既開，乃生聖人，聰明睿智，出類超羣。仰觀俯察，始畫奇偶，教之卜筮，以斷可否。作爲君師，開鑿户牖，民用不迷，以有常守。降及中古，世變風移，淳澆質喪，民僞日滋。穆穆文王，身蒙大難，安土樂天，惟世之患。乃本卦義，繫此彖辭。爰及周公，六爻是資。因事設教，丁甯詳密，必中必正，乃亨乃吉。語子惟孝，語臣則忠，鈎深闡微，如日之中。曁乎末流，淫於術數，僂句成敗，黄裳亦誤。大哉孔子，晚好是書，韋編既絶，八索以祛。乃作《彖》、《象》，「十翼」之篇，專用義理，發揮經言。居省象辭，動察變占，存亡進退，陟降飛潛。曰毫曰釐，匪差匪謬，加我數年，庶無大咎。恭惟三古，四聖一心，垂象炳明，千載是臨。惟是學者，不本其初，文辭象數，或肆或拘，嗟予小子，既微且陋，鑽仰没身，奚測奚究？匪警滋荒，匪識滋漏，維用存疑，敢曰垂後。

警學

讀易之法，先正其心，肅容端席，有翼其臨。於卦於爻，如筮斯得，假彼象辭，爲我儀則。字從其訓，句逆其情，事因其理，意適其平。曰否曰臧，如目斯見，曰止曰行，如足斯踐。毋寬以略，毋密以窮，毋固而可，毋必而通。平易從容，自表而裏，及其貫之，萬事一理。理定既實，事來尚虚，用應始有，體該本無。稽實待虚，存體應用，執古御今，由静制動。潔静精微，是之謂易，體之在我，動有常吉。在昔程氏，繼周紹孔，奥旨宏綱，星陳極拱。惟斯未啓，以俟後人，小子狂簡，敢述而申。

易學啓蒙序　《年譜》：丙午五十七歲作

聖人觀象以畫卦，揲蓍以命爻，使天下後世之人，皆有以決嫌疑、定猶豫，而不迷於吉凶悔吝之塗，其功可謂盛矣。然其爲卦也，自本而榦，自榦而枝，其勢若有所迫，而自不能已；其爲蓍也，分合進退，縱横順逆，亦無往而不相值焉。是豈聖人心思智慮之所得爲也哉！特氣數之自然，形於法象，見於圖書者，有以啓於其心而假手焉耳。近世學者類喜談《易》，而不察於此。其專於文義者，既支離散漫，而無所根著；其涉於象數者，又皆牽合傅會，而或以爲出於聖人心思智慮之所爲也。若是者，予竊病焉。因與同志，頗輯舊聞，爲書四篇，以示初學，使毋疑於其説云。

文治按：朱子邃精《易》學。其注《易》之書，爲目有五：曰《易傳》十一卷，曰《易本義》十二卷，曰《易學啓蒙》三卷，曰《古易音訓》二卷，曰《著卦攷誤》一卷。最後朱子之長孫鑑，又輯有《朱文公易説》二十三卷。攷《易傳》著録於《宋志》，今已散佚。見《四庫全書提要》。通行者爲《本義》、《啓蒙》二書。《啓蒙》闡明邵子數學，後人或假借此書，轉相推衍，至於支離轇轕，殊失朱子之意。至《本義》則崇尚占筮，使讀《易》者知如何則吉，如何則凶，不啻羲、文、周、孔耳提面命。謹讀《五贊》，誠所謂「无有師保，如臨父母」者也。友人曹君叔彦云：「《易》者，聖人贊化育寡過之書，而其明得失以濟民行，則存乎卜筮。」其書在周時不列於樂正四術，而掌於太卜。故朱子以占言《易》，而名其書曰「本義」。《本義》篇次，復孔門十二篇之舊。先儒興復古學，皆由朱子開之，可謂探本之論。又按《本義》無序，文首列九圖，爲後人假託。王白田先生辨之甚詳，夏弢甫先生析之尤精，學者宜詳細參攷。

書臨漳所刊《書經》後

《文集》：淳熙九年壬寅五十三歲作

世傳孔安國《尚書序》，言伏生口傳《書》二十八篇：堯典、皋陶謨、禹貢、甘誓、湯誓、盤庚、高宗肜日、西伯戡黎、微子、牧誓、洪范、金縢、大誥、康誥、酒誥、梓材、召誥、洛誥、多士、無逸、君奭、多方、立政、顧命、吕刑、文侯之命、費誓、秦誓。孔氏壁中《書》增多二十五篇：大禹謨、五子之歌、胤征、仲虺之誥、湯誥、伊訓、太甲上、太甲中、太甲下、咸有一德、説命上、説命中、説命下、泰誓上、泰誓中、泰誓下、武成、旅獒、微子之命、蔡仲之命、周官、君陳、畢命、君牙、冏命。分伏生《書》中四篇爲九篇，又增多五篇：舜典、益稷、盤庚中、盤庚下、康王之誥，並序一篇，合之凡五十九篇。及安國作傳，遂引序以冠其篇首，而定爲五十八篇，今世所行公私版本是也。然漢儒以伏生之《書》爲今文，而謂安國之《書》

爲古文。以今攷之，則今文多艱澀，而古文反平易。或者以爲今文自伏生女子口授晁錯時失之，則先秦古書所引之文皆已如此；或者以爲記録之實語難工，而潤色之雅詞易好，則暗誦者不應偏得所難，而攷文者反專得其所易，是皆有不可知者。至諸序之文，或頗與經不合，如康誥、酒誥、梓材之類，而安國之序又絶不類西京文字，亦皆可疑。獨諸序之本不先經，則賴安國之序而可見。故今别定此本，一以諸篇本文爲經，而復合序篇於後，使覽者得見聖經之舊，而不亂乎諸儒之説；又論其所以不可知者如此，使讀者姑務沉潛反復乎其所易，而不必穿鑿傅會於其所難者云。

文治案：讀《書》難易之論，發自朱子，可謂精密無倫。二十八篇之真寶書，於是乎顯。蓋梅賾古文之僞，實自朱子發之。又謂《書序》「不類西京文字」，而改附於經文之後，亦卓識也。

詩集傳序

《年譜》：丁酉四十八歲作

或有問於予曰：「《詩》何爲而作也？」予應之曰：「人生而静，天之性也；感於物而動，性之欲也。夫既有欲矣，則不能無思；既有思矣，則不能無言；既有言矣，則言之所不能盡，而發於咨嗟詠歎之餘者，必有自然之音響節族而不能已焉。此《詩》之所以作也。」曰：「然則其所以教者何也？」曰：「詩者，人心之感物而形於言之餘也。心之所感有邪正，故言之所形有是非。惟聖人在上，則其所感者無不正，而其言皆足以爲教。其或感之之雜，而所發不能無可擇者，則上之人必思所以自反，而因有以勸懲之，是亦所以爲教也。昔周盛時，上自郊廟朝廷，而下達於鄉黨閭巷，其言粹然無不出於正者。聖人固已協之聲律，而用之鄉人，用之邦國，以化天下。至於列國之詩，則天子巡狩，亦必陳而觀之，以行黜陟之典。降自昭、穆而後，寖以陵夷。至於東遷，而遂廢不講矣。孔子生於其時，既不得位，無以行帝王勸懲黜陟之政，於是特舉其籍而討論之，去其重複，正其紛亂。而其善之不足以爲法，惡之不足以爲戒者，則亦刋而去之，以從簡約，示久遠，使夫學者即是而有以攷其得失，善者師之，而惡者改焉。是以其政雖不足行於一時，而其教實被於萬世，是則《詩》之所以爲教者然也。」曰：「然則國風、雅、頌之體，其不同若是何也？」曰：「吾聞之，凡《詩》之所謂風者，多出於里巷歌謠之作，所謂男女相與詠歌，各言其情者也。惟《周南》、《召南》親被文王之化以成德，而人皆有以得其性情之正。故其發於言者，樂而不過於淫，哀而不及於傷，是以二篇獨爲風詩之正經。自《邶》而下，則其國之治亂不同，人之賢否亦異，其所感而發者，有邪正、是非之不齊，而所謂先王之風者，於此焉變矣。若夫雅、頌之篇，則皆成周之世，朝廷郊廟樂歌之辭。其語和而莊，其義寬而密，其作者往往聖人之徒，固所以爲萬世法程而不可易者也。至於雅之變者，亦皆一時賢人君子，閔時病俗之所爲，而聖人取之。其忠厚惻怛之心，陳善閉邪之意，猶非後世能言之士所能及之。此《詩》之爲經，所以人事浹於下，天道備於上，而無一理之不具也。」曰：「然則其學之也，當奈何？」曰：本之二《南》以求其端，參之列國以盡其變，正之於雅以大其規，和之於頌以要其上，此學《詩》之大旨也。於是乎章句以綱之，訓詁以紀之，諷詠以昌之，涵濡以體之。察之情性隱微之間，審之言行樞機之始，則修身及家、平均天下之道，其亦不待他求而得之於此矣。」問者唯唯而退。余時方輯《詩傳》，因悉次是語以冠其篇云。

夏氏弢甫跋《詩集傳》云：「《詩》備興、觀、羣、怨、事父、事君之理，毛公傳《詩》，多詳訓詁，間有名言，不過百中之一二。鄭箋一本《小序》，名爲宗毛，違異不少；其强經就序糾纏傅會者，殊乏理趣。自朱子《集傳》出，或採先儒之説，或自下己意；精微博大，裨益名教；勸懲之功，於是爲至矣。宋茂陵在藩邸時，彭龜年爲官僚，因講魯莊公不能制其母，云：『母不可制，當制其侍御僕從。』上問：『此誰之説？』對曰：『朱某之説。』自是每講必問朱某之説云何，其感動當時人君之心如此。顧氏炎武《日知録》云：『朱子作《詩傳》，至秦《黄鳥》之篇，謂其初特出於戎翟之俗，而無明王賢伯以討其辠，於是習以爲常。則雖以穆公之賢而不免，論其事者亦徒閔三良之不幸，而歎秦之衰。至於王政不綱，諸侯擅命，殺人不忌，至於如此，則莫知其爲非也。歷代相沿，至先朝英廟始革千古之弊。而亦朱子《詩傳》有以發其天聰。嗚呼，仁哉！』觀顧氏之言，可謂能闡明《集傳》之功效矣。彼鄙儒小生，動據序説以訾議朱子，烏知大儒明道覺世之功哉？」

文治案：朱子《詩集傳》闡發義理，每以數虚字抑揚反覆，而詩人之意自見，最得孔子、曾子、子思、孟子説《詩》之家法，所謂道性情是也。説詳《讀〈詩經〉提綱》中。

儀禮經傳通解 《年譜》：丙辰六十七歲作

《年譜》：慶元二年丙辰，始修禮書。其書大要以《儀禮》爲本，分章附疏，而以《小戴》諸義各綴其後。其見於他篇及他書可相發明者，或附於經，或附於義。其外，如《弟子職》、《保傅傳》之屬，又自别爲篇以附其類。其目有《家禮》、《鄉禮》、《學禮》、《邦國禮》、《王朝禮》、《喪禮》、《祭禮》大傳、外傳，其大體已具者，蓋十七八。先是，具奏欲乞修「三禮」，會去國不及上，其劄子稿曰：「臣聞『六經』之道同歸，而禮樂之用爲急。遭秦滅學，禮樂先壞，漢、晉以來，諸儒補緝，竟無全書，其頗存者『三禮』而已。《周官》一書，固爲禮之綱領，至其儀法度數，則《儀禮》乃其本經，而《禮記·郊特牲》、《冠儀》等篇，乃其義説耳。前此猶有『三禮』通禮學究諸科，禮雖不行，而士猶得以誦習而知其説。熙甯以來，王安石變亂舊制，廢罷儀禮，而獨存《禮記》之科，棄經任傳，遺本宗末，其失已甚，而博士諸生又不過誦其虚文以供應舉。至於其間亦有因儀法度數之實而立文者，則咸幽冥而莫知其源，一有大議，率用耳學臆斷而已。若乃樂之爲教，則又絶無師授，律尺短長，聲音清濁，學士大夫莫有知其説者，而不知其爲闕也。故臣頃在山林，嘗與一二學者攷訂其説，欲以《儀禮》爲經，而取《禮記》及諸經史雜書所載有及於禮者，皆以附於本經之下，具列注疏諸儒之説，略有端緒。而私家無書檢閱，無人鈔寫，久之未成。會蒙除用，學徒分散，遂不能就。而鍾律之制，則士友間亦有得其遺意者，竊欲更加參攷，别爲一書，以補六藝之闕，而亦未能具也。欲望聖明特詔有司，許臣就秘書省太常寺關借禮樂諸書，自行招致舊日學徒數十人，踏逐空閒官屋數間，與之居處，令其編類。可以興起廢墜，垂之永久，使士知實學，異時可爲聖朝製作之助，則斯文幸甚。」

夏氏弢甫《跋〈儀禮經傳通解〉》云：「當日助編禮書諸儒，可攷見者：潘恭叔，《答吕子約》書云：「近日潘恭叔討取整頓。」又詳見《答潘恭叔》書。路德章，《答潘恭叔》書：「近見路德章，編得兩篇，頗有次第。」余正甫，見《答余正甫》書。劉貴溪，《答余正甫》書云：「近忽得劉貴溪書，欣然肯爲承當。」吕芸閣，趙致道，見《答余正甫》書，又云：「吕書甚精，潘、趙互有得失。」黄直卿，詳見《答黄直卿》書。吴伯豐，李寶之，《答黄直卿》書：「吴伯豐已寄得祭禮來，渠職事無暇。只是李寶之編集。」又詳見答吴伯豐、李寶之書。吕子約，《答黄直卿》書：「王朝禮已付子約，託其校定，仍令一面附疏。彼中更有祭禮，工夫想亦不多。」又詳見《答吕子約》書。劉履之、用之兄弟，《答黄直卿》書：「禮書今爲履之、用之不來亦不濟事，可使報之，就直卿處折衷。應仁仲，《答仁仲》書：「所喻編禮，如比甚佳。」趙恭父，見《答趙恭父》書。楊信齋，見《〈通解續編〉序》。浙中朋友，《答余正甫》書：「分付浙中朋友分手爲之。」明州諸人，《答黄直卿》書：「家鄉邦國四類，已付明州諸人，依此編入。」四明、永嘉諸人，《答黃直卿》書：「分付四明、永嘉諸人，依式爲之。」江右朋友，《答應仁仲》書：「覲禮以後，黃壻攜至廬陵與江右一、二朋友成之。」而卒成朱子之志者，勉齋、信齋兩先生，厥功偉矣。」

又云：「家鄉邦國禮凡四十二篇，二十三卷，謂之《經傳通解》，《王朝禮》十八篇，十四卷，猶沿舊名，謂之《集傳集注》。朱在《目録後記》云：『《經傳通解》者二十三卷。先君晚歲之所親定，而大射、聘、公食大夫、諸侯相朝八篇按：四篇皆各有義一篇，故稱八篇。猶未脱稿。』其曰：『《集傳集注》者凡十四卷，爲《王朝禮》，先君所草創而未暇删改者也。』按《答黃直卿》書云：『《王朝禮》初欲自爲整頓，今無心力看得，已送子約，託其校定，仍令一面附疏。』則《王朝禮》十四卷，吕子約之功居多。又《答廖子晦》書云：『禮書入疏者，此間已校定《聘禮》以前二當作三。十餘篇。』《答應仁仲》書云：『禮書方了得《聘禮》以前。』似《聘禮》以前，朱子皆曾校定税稿。敬之此記，亦未十分足據也。」

文治案：《四庫全書提要》云：朱子纂《儀禮經傳》，初名《儀禮集傳集注》，爲《王朝禮》，蓋未成之本。其喪、祭二門，則屬諸門人黃幹。然幹僅修《喪禮》十五卷而没，其後楊復修《祭禮》十四卷，「合前《經傳通解》及《集傳集注》，總六十有六卷。雖編纂不出一手，而端緒相因，規模不異，古禮之梗概節目亦備於此矣」云云。案：朱子《文集·答李季章》書云：「其修禮書，其目有《家禮》，有

《鄉禮》，有《學禮》，有《邦國禮》，有《王朝禮》，有《喪禮》，有《祭禮》，有大傳，有外傳，今其大禮已具者，蓋十七八。因讀此書，乃知漢儒之學有補於世教者不小。」然則朱子推崇漢儒禮教，可謂至矣。攷《年譜》修禮書，在丙辰六十七歲。答李書當在其後也。又朱子修禮書之前，曾擬作《〈儀禮〉附記》，見《文集·答潘恭叔》書；又擬作《〈禮記〉分類》，見《文集·答蔡季通》書。惟二者俱未成書，而《〈禮記〉分類》合於《儀禮》篇次。又與吕伯恭先生一再商榷。蓋著作之其難、其慎如此。

又案：《朱子語類》云：「『禮，時爲大。』使聖賢有作，必不一切從古之禮。疑祇是以古禮減殺，從今世俗之禮。令稍有防範節文，不至太簡而已。今所集禮書，祇是略存古之制度，使後人自爲減殺，求其可行者而已。若必欲一一盡如古人衣服冠履之纖悉必備，其勢不能行也。」其論閎通如此，後世之讀禮者，務達乎禮之意而不宜泥古也明矣。

家禮序

《爲學次第攷》：庚寅四十一歲作

凡禮有本有文。自其施於家者言之，則名分之守、愛敬之實，其本也；冠、昏、喪、祭儀章度數者，其文也。其本者有家日用之常體，固不可以一日而不修；其文又皆所以紀綱人道之終始，雖其行之有時，施之有所，然非講之素明，習之素熟，則其臨事之際，亦無以合宜而應節，是不可以一日而不講且習焉也。三代之際，禮經備矣，然其存於今者，宫廬器服之制，出入起居之節，皆已不宜於世。世之君子雖或酌以古今之變，更爲一時之法，然亦或詳或略，無所折衷。至或遺其本而務其末，緩於實而急於文，自有志好禮之士，猶或不能舉其要，而困於貧窶者尤患其終不能有以及於禮也。某之愚蓋兩病焉。是以嘗獨觀古今之籍，因其大體之不可變者，而少加損益於其間，以爲一家之書，大抵謹名分、崇愛敬以爲之本。至其施行之際，則又略浮文、敦本實，以竊自附於孔子從先進之遺意。誠願得與同志之士，熟講而勉行之，庶幾古人所以修身齊家之道、謹終追遠之心，猶可以復見，而於國家所以敦化導民之意，亦或有小補云。

文治案：黄薇香先生《讀白田草堂集》云：「王《集》卷二辨《家禮》非朱子所作。按朱子丁母祝令人憂，於苫塊之中，鈔集《家禮》。本未成之書，既而書亡，不能增損訂正，未爲完書。《家禮》之序，與朱子平日之文無不脗合。邱瓊山謂此序非朱子不能作，可謂知言。」云云。按黄勉齋先生作《朱子行狀》云：「所輯《家禮》，世多用之。然其後亦多損益，未暇更定。」黄説蓋即本此，攷覈至爲精析。今世禮學掃地無餘，士君子無所遵守，有能本朱子之意斟酌古今之宜續爲家禮者，其有功於世道，實非淺鮮。《易傳》言：「變則通，通則久。」蓋禮制當隨時變通，而禮意則千古不變，通人達士必不以此論爲迂也。

古今家祭禮跋

《年譜》：甲午四十五歲作

右《古今家祭禮》，熹所纂次，凡十有六篇。蓋人之生，無不本乎祖者，故報本反始之心，凡有血氣者之所不能無也。古之聖王，因其所不能無者，制爲典禮，所以致其精神，篤其恩愛，有義有數，本末詳焉。遭秦滅學，禮最先壞。由漢以來，諸儒繼出，稍稍綴緝，僅存一二。以古今異便，風俗不同，雖有崇儒重道之君、知經好學之士，亦不得盡由古禮，以復於三代之盛。其因時述作，隨事討論，以爲一家一國之制者，固未必皆得先王義起之意。然其存於今者，亦無幾矣。惜其散脱殘落，將遂泯没於無聞。因竊蒐輯叙次合爲一篇，以便觀覽，庶其可傳於後。然皆無别本可參校，往往闕誤不可曉知，雖《通典》、《唐書》博士官舊藏版本，亦不足據，則其他固可知已。諸家之書，如荀氏、徐暢、孟洗、周元陽、孟詵、徐潤、孫日周「周」，答鄭書作「用」，疑誤。等儀，有録而未見者，尚多有之。有能采集附益，并得善本通校而廣傳之，庶幾見聞有所興起，相與損益折衷，共成禮俗，於以上助聖朝敦化導民之意，豈不美哉！

文治案：曾子有言：「慎終追遠，民德歸厚矣。」《禮記》曰：「萬物本乎天，人本乎祖。」人生最大之過，莫如忘本。常讀《祭義》一篇，每爲之感動悽愴，雒誦往復而不能已。朱子此書，惜不可見；即吾鄉陸桴亭先生《家祭禮》，亦係節録本，未能詳備。有能踵朱子之意，因近世所宜，輯録成篇，志以義起，實厚風俗、正人心之大本也。

大學章句序

《年譜》：己酉六十歲作

《大學》之書，古之大學所以教人之法也。蓋自天降生民，則既莫不與之以仁義禮智之性矣。然其氣質之稟或不能齊，是以不能皆有以知其性之所有而全之也。一有聰明睿智能盡其性者出於其间，則天必命之以爲億兆之君師，使之治而教之，以復其性。此伏羲、神農、黄帝、堯、舜所以繼天立極，而司徒之職、典樂之官所由設也。三代之隆，其法寖備，然後王宫、國都以及閭巷，莫不有學。人生八歲，則自王公以下，至於庶人之子弟，皆入小學，而教之以灑掃、應對、進退之節，禮、樂、射、御、書、數之文。及其十有五年，則自天子之元子、衆子，以至公、卿、大夫、元士之適子，與凡民之俊秀，皆入大學，而教之以窮理、正心、修己、治人之道。此又學校之教、大小之節所以分也。夫以學校之設，其廣如此，教之之術，其次第節目之詳又如此，而其所以爲教，則又皆本之人君躬行心得之餘，不待求之民生日用彝倫之外，是以當世之人無不學。其學焉者，無不有以知其性分之所固有，職分之所當爲，而各俛焉以盡其力。此古昔盛時所以治隆於上，俗美於下，而非後世之所能及也！及周之衰，賢聖之君不作，學校之政不修，教化陵夷，風俗頽敗，時則有若孔子之聖，而不得君師之位以行其政教，於是獨取先王之法，誦而傳之，以詔後世。若《曲禮》、《少儀》、《内則》、《弟子職》諸篇，固小學之支流餘裔，而此篇者，則因小學之成功，以著大學之明法，外有以極其規模之大，而内有以盡其節目之詳者也。三千之徒，蓋莫不聞其説，而曾氏之傳獨得其宗，於是作爲傳義，以發其意。及孟子没而其傳泯焉，則其書雖存，而知者鮮矣！自是以來，俗儒記誦詞章之習，其功倍於小學而無用；異端虚無寂滅之教，其高過於大學而無實。其他權謀術數，一切以就功名之説，與夫百家衆技之流，所以惑世誣民、充塞仁義者，又紛然雜出乎其間。使其君子不幸而不得聞大道之要，其小人不幸而不得蒙至治之澤，晦盲否塞，反覆沉痼，以及五季之衰，而壞亂極矣！天運循環，無往不復。宋德隆盛，治教休明。於是河南程氏兩夫子出，而有以接乎孟氏之傳。實始尊信此篇而表章之，既又爲之次其簡編，發其歸趣，然後古者大學教人之法、聖經賢傳之指，粲然復明於世。雖以熹之不敏，亦幸私淑而與有聞焉。顧其爲書猶頗放失，是以忘其固陋，采而輯之，間亦竊附己意，補其闕略，以俟後之君子。極知僭踰，無所逃罪，然於國家化民成俗之意、學者修己治人之方，則未必無小補云。

夏氏弢甫《跋大學章句》云：「朱子所據《大學》舊本，即注疏中之鄭本。經文未嘗更動，只以末二句一爲衍文，『此謂知本』句。一屬『格物致知補傳』，『此謂知之至也』句。所更定者，自所謂『誠其意者」以下傳文耳。元董丞相槐以『知止而後有定』兩節，綴以『此謂知本』句，冠於『子曰聽訟』章之首，而又殿以『此謂知之至也』句，爲格物致知傳，本《黄氏日鈔》。後儒多踵其説。於是乎經文亦有更動矣。按《烝民之詩》云：『天生烝民，有物有則。』是民生日用飲食，有一物必有一理。『致知在格物』者，欲推極其知，在每物皆格其理之所以然，所謂『多學而識之』也。『物格而後知至』者，積累之久，物無不格，即『知無不盡』，所謂『一以貫之』也。洛閩之説合於洙泗如此。若謂一『知本』而即『知之至』，則《論語》之『多聞多見』，《孟子》之『博學詳説』，《中庸》之『學問思辨』，皆不免紆曲繁重，不如易簡者之直超頓悟矣。孔門有是學術乎？自有明以來，欲復古本諸儒，並不僅如董氏之説，其大旨皆以『知本』爲『知之至』，而其所認爲本者，遂有毫釐千里之謬，其弊未易更僕數也。總之，守《章句》之説，則傳雖朱子之所補，而教實孔門之所遺，遵朱子即所以遵孔子也；不守《章句》之説，則文雖《大學》之舊文，而解實後儒之剏解，遵古本反所以闢新説也。」

中庸章句序

《年譜》：己酉六十歲作

《中庸》何爲而作也？子思子憂道學之失其傳而作也。蓋自上古聖神，繼天立極，而道統之傳，有自來矣。其見於經，則「允執厥中」者，堯之所以授舜也；「人心惟危，道心惟微，惟精惟一，允執厥中」者，舜之所以授禹也。堯之一言，至矣，盡矣！而舜復益之以三言者，則所以明乎堯之一言，必如是而後可庶幾也。蓋嘗論之，心之虛靈知覺，一而已矣。而以爲有人心、道心之異者，則以其或生於形氣之私，或原於性命之正，而所以爲知覺者不同，是以或危殆而不安，或微妙而難見耳。然人莫不有是形，故雖上智不能無人心，亦莫不有是性，故雖下愚不能無道心。二者雜於方寸之間，而不知所以治之，則危者愈危，微者愈微，而天理之公卒無以勝夫人欲之私矣。精則察夫二者之間而不雜也，一則守其本心之正而不離也。從事於斯，無少間斷，必使道心常爲一身之主，而人心每聽命焉，則危者安，微者著，而動静云爲自無過不及之差矣。夫堯、舜、禹，天下之大聖也；以天下相傳，天下之大事也。以天下之大聖，行天下之大事，而其授受之際，丁甯告戒，不過如此，則天下之理，豈有以加於此哉！自是以來，聖聖相承，若成湯、文、武之爲君，皋陶、伊、傅、周、召之爲臣，既皆以此而接夫道統之傳，若吾夫子，則雖不得其位，而所以繼往聖、開來學，其功反有賢於堯、舜者。然當是時，見而知之者，惟顔氏、曾氏之傳得其宗；及曾氏之再傳，而復得夫子之孫子思，則去聖遠而異端起矣。子思懼夫愈久而愈失其真也，於是推本堯、舜以來相傳之意，質以平日所聞父師之言，更互演繹，作爲此書，以詔後之學者。蓋其憂之也深，故其言之也切；其慮之也遠，故其説之也詳。其曰「天命率性」，則道心之謂也；其曰「擇善固執」，則精一之謂也；其曰「君子時中」，則執中之謂也。世之相後，千有餘年，而其言之不異，如合符節。歷選前聖之書，所以提挈綱維、開示藴奥，未有若是其[之]明且盡者也。自是而又再傳以得孟氏，爲能推明是書，以承先聖之統，及其没而遂失其傳焉。則吾道之所寄，不越乎言語文字之間，而異端之説，日新月盛，以至於老、佛之徒出，則彌近理而大亂真矣。然而尚幸此書之不泯，故程夫子兄弟者出，得有所攷，以續夫千載不傳之緒；得有所據，以斥夫二家似是之非。蓋子思之功於是爲大，而微程夫子，則亦莫能因其語而得其心也。惜乎！其所以爲説者不傳，而凡石氏之所輯録，即石重子《集解》。僅出於其門人之所記，《四庫全書提要》載《中庸輯略》二卷：「宋石𡼏編，朱子删定，𡼏字子重，號克齋，新昌人」，「𡼏輯是編，斷自周子、二程子、張子，而益以吕大臨、謝良佐、游酢、楊時、侯仲良、尹焞之説。初名《集解》。乾道癸巳，朱子爲作序」；「淳熙己酉，朱子作《中庸章句》，重爲删定，更名《輯略》」；「其後《章句》孤行，而是編漸晦矣」。是以大義雖明，而微言未析。至其門人所自爲説，則雖頗詳盡而多所發明，然倍其師説而淫於老、佛者，亦有之矣。某自早歲，即嘗受讀而竊疑之，沈潛反復，蓋亦有年，一旦怳然似有以得其要領者，然後乃敢會衆説而折其衷[中]，既爲定著章句一篇，以竢後之君子。而一二同志復取石氏書，删其繁亂，名以《輯略》，且記所嘗論辯取舍之意，别爲《或問》，以附其後。然後此書之旨，支分節解，脈絡貫通，詳略相因，巨細畢舉，而凡諸説之同異得失，亦得以曲暢旁通，而各極其趣。雖於道統之傳，不敢妄議，然初學之士，或有取焉，則亦庶乎行遠升高之一助云爾。

文治案：「四書」注以《大學》、《中庸》爲尤精，而《中庸》首章注「不覩」、「不聞」兩節與「喜怒哀樂」兩節，更爲精密無間。蓋朱子固得力於「已發未發」、「敬義夾持」之學，故於《章句》外復作《〈中庸〉首章説》，舉「敬以直内，義以方外」之説以發明之，見《文集》卷六十七。所謂「體用一原，顯微無間」，作聖之基，實本於此。學者千萬注意。

又案：朱子最重章句注疏之學，陳蘭甫先生表揚之最詳，見《東塾讀書記》。所以《學》、《庸》取名「章句」，《論》、《孟》取名「集注」者，蓋《學》、《庸》摘取《禮記》，又於鄭君章句稍有變易，故定名「章句」，《論》、《孟》則采取先儒説較多，故定名「集注」也。

論孟集義序 《年譜》：壬辰四十三歲作

《論》、《孟》之書，學者所以求道之至要，古今爲之説者，蓋已百有餘家。然自秦漢以來，儒者類皆不足以與聞斯道之傳，其溺於卑近者，既得其言而不得其意，其鶩於高遠者，則又支離踳駁，或乃并其言而失之，學者益以病焉。宋興百年，河洛之間有二程先生者出，然後斯道之傳有繼。其於孔子、孟氏之心，蓋異世而同符也，故其所以發明二書之説，言雖近而索之無窮，指雖遠而操之有要。使夫讀者非徒可以得其言，而又可以得其意；非徒可以得其意，而又可以并其所以進於此者而得之。其所以興起斯文，開悟後學，可謂至矣。間嘗蒐輯條流，以附本章之次，既又取夫學之有同於先生者，若横渠張公、范氏、二吕氏、謝氏、游氏、楊氏、侯氏、尹氏，凡九家之説，以附益之，名曰《論孟精義》，以備觀省，而同志之士有欲從事於此者，亦不隱焉。抑嘗論之，《論語》之言無所不包，而其所以示人者，莫非操存涵養之要；七篇之指無所不究，而其所以示人者，類多體驗充擴之端。夫聖賢之分，其不同固如此，[然]而體用一源也，顯微無間也，是則非夫先生之學之至，其孰能知之？嗚呼，兹其所以奮乎百世絶學之後，而獨得夫千載不傳之傳也與！若張公之於先生，論其所至，竊意其猶伯夷、伊尹之於孔子；而一時及門之士，攷其言行，則又未知其孰可以爲孔氏之顔、曾也。今録其言，非敢以爲無少異於先生，而悉合乎聖賢之意，亦曰大者既同，則其淺深疏密、毫釐之間，正學者所宜盡心耳。至於近歲以來，學於先生之門人者，又或出其書焉，則意其源遠末分醇醨異味而不敢載矣。或曰：然則凡説之行於世而不列於此者，皆無取已乎？曰：不然也。漢魏諸儒正音讀，通訓詁，攷制度，辨名物，其功博矣。學者苟不先涉其流，則亦何以用力於此？而近世二三名家，與夫所謂學於先生之門人者，其攷證推説亦或時有補於文義之間。學者有得於此而後觀焉，則亦何適而無得哉？特所以求夫聖賢之意者，則在此而不在彼爾。若夫外自託於程氏，而竊其近似之言，以文異端之説者，則誠不可以入於學者之心。然以其荒幻浮夸足以欺世也，而流俗頗已鄉之矣，其爲害豈淺淺哉？顧其語言氣象之間，則實有不難辨者。學者誠用力於此書而有得焉，則於其言雖欲讀之，亦且有所不暇矣。然則是書之作，其率爾之誚，雖不敢辭，至於明聖傳之統，成衆説之長，折俗流之謬，則竊亦妄意其庶幾焉。

夏氏炘甫《跋〈論語〉、〈孟子〉集注》云：「朱子始作《論語要義》，又作《論語訓蒙口義》，序之皆在隆興初年。《要義序》隆興元年，《訓蒙口義序》不著年日，亦相去不遠。《要義序》云：『獨取二先生及其門人朋友數家之説，補緝訂正，以爲一書。』《訓蒙序》云：『余既序次《論語要義》，又以其訓詁略而義理詳，非啓蒙之要，因删録以成此編。本之注疏以通其訓詁，參之釋文以正其音讀，然後會之於諸老先生之説以發其精微。一句之義，繫之本句之下；一章之指，列之本章之左。又以平生所聞於師友而得於心思者，間附見一二條焉。』後二書皆不傳。炘按《論孟精義》，其體例本之《要義》而加詳。《論孟集注》，其體例本之《訓蒙口義》而屢經修改以成書者也。《要義》取二先生及門人朋友數家之説，今不可得見。《精義》則自二先生而下，横渠張子、成都范祖禹淳夫、滎陽吕希哲原明、藍田吕大臨與叔、上蔡謝良佐顯道、建安游酢定夫、延平楊時中立、河東侯仲良師聖、河南尹焞彦明共九家，是本之《要義》而加詳也。《集注》訓詁多用注疏，音讀多用釋文，《孟子》用孫奭音義。義理本二程及九家外，又博採數十家益之，師如延平、白水，友如敬夫、叔京，罔不搜集。至於自爲之説，則稱『愚按』以别之，所謂會之於諸老先生之説以發其精微，又以平日所聞於師友而得於心思者附見，非與？至於句解節訓，章又有總説，無一不與《訓蒙口義》之體例相符。然則二書即《精義》、《集注》之底本雖不存無憾也。」

又云：「朱子成《論語要義》，在隆興癸未，年三十四歲；成《論孟精義》，在乾道壬辰，年四十三歲；《論孟集註》無序，不知成於何時。《年譜》：丁酉，《論孟集註》、《或問》成，年四十八歲。按張元德問曰：『《論孟或問》乃丁酉本，不知後來修改如何？』《或問》既成於丁酉，則《集注》亦成於丁酉可知。又楊道夫己酉後録云：『《論語集注》，蓋某十年前本，爲朋友傳去，鄉人遂不告而刊，及知覺，則已分裂四出，而不可收矣。其間多所未穩，煞誤看讀。』由丁酉至己酉，與十年前合，是《集注》丁酉成後，即刊行矣；後又刊於南康，《答孫敬甫》書云：『南康《語》、《孟》，是後來所定本，然比讀之，尚有合修改處。』又曾祖道丁巳録云：朱子六十八歲。『某所解《語》、《孟》，自三十歲便下工夫，到而今改猶未已。』又三年而朱子卒。王過録：某於《論》、《孟》四十餘年理會。終其身於訓解以詔後學，而後之學者徒以爲作文之用，並注之詞句未能盡解，鹵莽滅裂，其辜負朱子深矣。」

文治案：朱子之於《論》、《孟》，先作《要義》，次作《訓蒙口義》，又其次作《精義》，後改名《集義》，最後乃改名《集注》，又別爲《或問》，相輔而行。蓋朱子自幼學後，讀《論》、《孟》以至於老，幾於終身不離，信乎萬世之師法也。篇中漢魏諸儒數句，朱子尊漢儒如此，後學者安得有門户之分哉？余嘗謂：《四書集注》不獨兼備訓詁義理，實吾中國文法最要之書也。以《論語》「學而」篇言之，「有子孝弟」章注「善事父母爲孝」數句，明訓詁也；下文「此言人能孝弟」云云，明義理也。

「巧言令色」章注「巧，好；令，善」，明訓詁也；下文「好其言」云云，明義理也。學者沈潛反復乎此，文理自能貫通。從前老師宿儒，以《集注》授童蒙，仍不免失之過高，然亦有深意存焉。後世教師善用之斯可矣。

又案：篇内云：《論語》之言，「莫非操存涵養之要」；七篇之指，『類多體驗擴充之端』。文治嘗深思之，《論語》亦未嘗不言「擴充」；孟子亦未嘗不言「涵養」。然譬如以《論語》論仁諸章由淺及深比類而熟玩之，自「仁遠乎哉」、「苟志於仁」諸章起，至「克己復禮」、「三月不違仁」章止，則所以「涵養」者備矣。又以《孟子》論心性諸章由淺及深比類而熟玩之，自「物皆然，心爲甚」起。至「良知良能達之天下」章止，則所以「擴充」者備矣。楊龜山先生論讀書法曰：「以身體之，以心驗之。」如此而已。

《小學》題辭

《年譜》：丁未五十八歲作

元亨利貞，天道之常；仁義禮智，人性之綱。凡此厥初，無有不善；藹然四端，隨感而見。愛親敬兄，忠君弟長，是曰秉彝，有順無强。惟聖性者，浩浩其天；不加毫末，萬善足焉。衆人蚩蚩，物欲交蔽;乃頹其綱,安此暴棄。惟聖斯惻[則],建學立師;以培其根,以達其枝。小學之方,灑掃應對;入孝出弟,動罔或悖。行有餘力,誦詩讀書;詠歌舞蹈,思罔或逾。窮理修身,斯學之大;明命赫然,罔有内外。德崇業廣,乃復其初;昔非不足,今豈有餘。世遠人亡,經殘教弛;蒙養弗端,長益浮靡。鄉無善俗,世乏良材;利欲紛拏,異言喧豗。幸兹秉彝,極天罔墜;爰輯舊聞,庶覺來裔。嗟嗟小子,敬受此書;匪我言耄,惟聖之謨。

文治案:洪本《年譜》云:「先生既發揮《大學》以開悟學者,又懼其失序無本而不能以有進也,乃輯此書以訓蒙士,使培其根以達其支。《内篇》四:曰『立教』,曰『明倫』,曰『敬身』,曰『稽古』;《外篇》二:曰『嘉言』,曰『善行』。雖已進乎大學者,亦得以兼補之於后。」云云。然則此書蓋立人極之根本也。《文集》有《題〈小學〉書》,應參攷。

書《近思録》後

《年譜》:乙未四十六歲作

淳熙乙未之夏,東萊吕伯恭來自東陽,過予寒泉精舍,留止旬日,相與讀周子、程子、張子之書。歎其廣大閎博,若無津涯,而懼夫初學者不知所入也。因共掇取其關於大體而切於日用者,以爲此編,總六百一十二條,分十四卷。蓋凡學者所以求端用力處己治人之要,與夫辨異端觀聖賢之大略,皆粗見其梗概,以爲窮鄉晚進,有志於學,而無明師良友以先後之者,誠得此而玩心焉,亦足以得其門而入矣。如此,然後求諸四君子之全書,沈潛反復,優柔厭飫,以致其博而反諸約焉,則其宗廟之美、百官之富,庶乎其有以盡得之。若憚煩勞,安簡便,以爲取足於此而可,則非今日所以纂集此書之意也。

附:吕氏東萊 近思録跋

《近思録》既成,或疑首卷陰陽變化性命之説,大抵非始學者之事。祖謙竊嘗與聞次輯之意,後出晚進於義理之本原,雖未容驟語,苟茫然不識其梗概,則亦何所底止,列之篇端,特使之知其名義,有所嚮望而已。至於餘卷所載講學之方,日用躬行之實,具有科級。循是而進,自卑升高,自近及遠,庶幾不失纂集之指。若乃厭卑近而騖高遠,躐等凌節,流於空虛,迄無所依據,則豈所謂近思者耶? 覽者宜詳之。淳熙三年四月四日東萊吕祖謙謹識。

文治按:先師王文貞公有言:「《小學》、《近思録》爲近時捄世之萬金良藥。」蓋是二書實可繼「四書」之後,平易之中有無窮之意味,修己治人之道,不外乎此矣!

又案:朱子著書本孔子「述而不作,信而好古」之旨,纂述羣經外,復有若《資治通鑑綱目》,

若《名臣言行録》，若《楚辭集注》、《韓文攷異》，其於歷史攷据詞章，網羅賅洽，從横億萬里，上下數千年，未有著書若是之多者。不獨爲我中國一人已也，蓋古人著書，尚拘於簡册之刊刻，故成書也難；後世楮墨通行，成書較易，此後人之所以勝於前賢也。以上不過撮舉其大凡，若夫攷全書目録，則有及門王蘧常瑗仲所著《朱子全書存佚真僞攷》；編傳經年歲及授受源流，則有及門吴其昌子馨所著《朱子傳經史略》，二子之於朱學，皆升堂之士也。

紫陽學術發微卷六

朱子政治學發微

目録

紫陽學術發微卷六

朱子政治學發微

後學太倉唐文治蔚芝編輯

文治按：吾人生於天地之間，講明氣節而已矣。孟子曰：「居天下之廣居，立天之正位，行天下之大道。」此言乎立身之氣節也。又曰：「惟大人爲能格君心之非。君仁莫不仁；君義莫不義；君正莫不正。一正君而國定。」此言乎立朝之氣節也。朱子一生出處，惟以氣節爲重。讀王白田先生所撰《朱子年譜》，夏弢甫先生所撰《朱子難進易退譜》，已大概可見。至於壬午、庚子、戊申、己酉《封事》諸篇，浩然正大之氣，溢於楮墨之表，奚亞於孟氏告君之言？嗚呼，盛矣！乃陳同甫告孝宗之言曰：「今世之儒者，自以爲得正心、誠意之學者，皆風痺不知痛癢之人也。舉一世安於君父之讎，方且低頭拱手高談性命之學，不知何者謂之性命乎？」朱竹垞先生辨之，以爲朱子上孝宗封事感奮激烈，殆有過於同甫之所云者，彼同甫之書蓋非爲朱子言之。嗚呼！同甫懷推倒一時豪傑之心，其言固隱，爲朱子而發。彼其平生之氣節，由君子觀之，果何如哉？攷文文山先生廷對策問，謂政治之本，在於帝王不息之心。其説實本於朱子《戊申封事》。厥後謝疊山、陸秀夫諸賢接踵而起，豈非講學之明效有以致此！然則宋末氣節之盛，實皆朱子提倡之功也。文治輯朱子政治學，凡分五類：曰「正君德」，曰「復讎」，曰「用人」，曰「紀綱風俗」，曰「恤民」，而「恤民」之中又分「總論」、「社倉」、「救荒」三要端。雖簡之又簡，然後世學者讀之，當知修身治人之道不外乎此；而要之必以氣節爲本。

正君德

戊申封事

節録。《年譜》：孝宗淳熙十五年，朱子年五十九歲

天下之事，所當言者不勝其衆，顧其序有未及者，臣不暇言，且獨以天下之大本與今日之急務，深爲陛下言之。蓋天下之大本者，陛下之心也。今日之急務，則輔翼太子、選任大臣、振舉綱維、變化風俗、愛養民力、修明軍政六者是也。臣請昧死而悉陳之，惟陛下之留聽焉。臣之輒以陛下之心爲天下

之大本者，何也？ 天下之事千變萬化，其端無窮而無一不本於人主之心者，此自然之理也。 故人主之心正，則天下之事無一不出於正；人主之心不正，則天下之事無一得由於正。 蓋不惟其賞之所勸，刑之所威，各隨所向，勢有不能已者，而其觀感之間，風動神速，又有甚焉。 是以人主以眇然之身，居深宫之中，其心之邪正，若不可得而窺者，而其符驗之著於外者，常若十目所視、十手所指而不可掩。 此大舜所以有「惟精惟一」之戒，孔子所以有「克己復禮」之云，皆所以正吾此心而爲天下萬事之本也。 此心既正，則視明聽聰，周旋中禮，而身無不正。 是以所行無過不及而能執其中，雖以天下之大而無一人不歸吾之仁者。

然邪正之驗著於外者，莫先於家人而次及於左右，然後有以達於朝廷而及於天下焉。 若宫闈之内，端莊齊肅。 后妃有關雎之德，後宫無盛色之譏，貫魚順序，而無一人敢恃恩私以亂典常，納賄賂而行請謁，此則家之正也。 退朝之後，從容燕息，貴戚近臣、攜僕奄尹陪侍左右，各恭其職，而上憚不惡之嚴，下謹戴盆之戒，無一人敢通内外、竊威福，招權市寵，以紊朝政，此則左右之正也。 内自禁省，外徹朝廷，二者之間洞然無有毫髮私邪之間，然後發號施令，羣聽不疑，進賢退姦，衆志咸服。 紀綱得以振而無侵撓之患，政事得以修而無阿私之失，此所以朝廷百官、六軍萬民無敢不出於正而治道畢也。 心一不正，則是數者固無從而得其正。 是數者一有不正，而曰心正，則亦安有是理哉？ 是以古先聖王兢兢業業，持守此心，雖在紛華波動之中、幽獨得肆之地，而所以精之、一之，克之、復之，如對神明，如臨淵谷，未嘗敢有須臾之怠。然猶恐其隱微之間或有差失而不自知也，是以建師保之官以自開明，列諫諍之職以自規正。而凡其飲食酒漿、衣服次舍、器用財賄，與夫宦官宮妾之政，無一不領於冢宰之官，使其左右前後，一動一静，無不制以有司之法，而無纖芥之隙、瞬息之頃，得以隱其毫髮之私。蓋雖以一人之尊，深居九重之邃，而懔然常若立乎宗廟之中，朝廷之上，此先王之治所以由内及外，自微至著，精粹純白，無少瑕翳，而其遺風餘烈猶可以爲後世法程也。

陛下試以是而思之，吾之所以精一、克復而持守其心者，果嘗有如此之功乎？所以修身齊家而正其左右者，果嘗有如此之效乎？宫省事禁，臣固有不得而知者，然不見其形而視其影，不覩其内而占其外，則爵賞之濫、貨賂之流，閭巷竊言，久已不勝其籍籍矣。臣竊以是窺之，則陛下之所以修之家者，恐其未有以及古之聖王也。至於左右便嬖之私，恩遇過當，往者淵、覿、説、抃之徒，勢焰薰灼，傾動一時，今已無可言矣。獨有前日臣所面奏者，雖蒙聖慈委曲開譬，然臣之愚終竊以爲此輩但當使之守門傳命，供掃除之役，不當假借崇長，使得逞邪媚、作淫巧於内以蕩上心，立門庭、招權勢於外以累聖政。而其有才無才、有罪無罪自不當論，况其有才適所以爲姦，有罪而不可復用乎？

陛下竭生靈之膏血，以奉軍旅之費，本非得已，而爲軍士者，顧乃未嘗得一温飽，甚者採薪織屨、掇拾糞壤以度朝夕，其又甚者，至使妻女盛塗澤、倚市門以求食也。怨詈謗讟，悖逆絶理，至有不可聞者。一有緩急，不知陛下何所倚仗。是皆爲將帥者巧爲名色，頭會箕斂，陰奪取其糧賜以自封殖，而行貨賂於近習，以圖進用。彼此既厭足矣，然後時以薄少號爲羨餘，陰奉燕私之費，以嫁士卒怨怒之毒於陛下。且幸陛下一受其獻，則後日雖知其罪，而不得復有所問也。出入禁闥腹心之臣，外交將帥，共爲欺蔽，以至於此，豈有一毫愛戴陛下之心哉！而陛下不悟，反寵暱之，以是爲吾［我］之私人，至使宰相不得議其制置之得失，給諫不得論其除授之是非，以此而觀，則陛下所以正其左右，未能及古之聖王又明矣。且私之得名，何爲也哉？据己分之所獨有，而不得以通乎其外之稱也。故自匹夫而言，則以一家爲私，而不得以通乎其鄉；自鄉人而言，則以一鄉爲私，而不得以通乎其國；自諸侯而言，則以一國爲私，而不得以通乎天下；至於天子，則際天之所覆，極地之所載，莫非己分之所有，而無外之不通矣，又何以私爲哉？今以不能勝其一念之邪而至於有私心，以不能正其家人近習之故而至於有私人，以私心用私人，則不能無私費，於是内損經費之入，外納羨餘之獻，而至於有私財。陛下上爲皇天之所子，全付所覆，使其無有私而不公之處，其所以與我者亦不細矣。乃不能充其大，而自爲割裂以狹小之，使天下萬事之弊莫不由此而出，是豈不可惜也哉！

文治案：朱氏止泉謂《戊申封事》是漢唐、宋明以來告君第一篇文字，其言正君心也。自君心敬畏以檢其身，直足繼二典、三謨、仲虺之誥、旅獒、召誥之後，其推崇如此。夫忠告善道，朋友之義且然，而況君乎？事上之道，合則留，不合則去。朱子惟以禄位爲輕，故敢於直言極諫。此疏實足爲萬世法則也。

正君德

己酉擬上封事

節録。《年譜》：孝宗淳熙十六年，朱子年六十歲

所謂講學以正心者，臣聞天下之事，其本在於一人，而一人之身，其主在於一心。故人主之心一正，則天下之事無有不正；人主之心一邪，則天下之事無有不邪。如表端而影直，源濁而流汙，其理有必然者。是以古先哲王欲明其德於天下者，莫不壹以正心爲本。然本心之善，其體至微，而利欲之攻，不勝其衆。嘗試驗之，一日之間，聲色臭味游衍馳驅，土木之華、貨利之殖雜進於前，日新月盛，其間心體湛然，善端呈露之時，蓋絶無而僅有也。苟非講學之功有以開明其心，而不迷於是非、邪正之所在，又必信其理之在我而不可以須臾離焉，則亦何以得此心之正、勝利欲之私，而應事物無窮之變乎？然所謂學，則又有邪正之别焉。味聖賢之言以求義理之當，察古今之變以驗得失之幾，而必反之身以踐其實者，學之正也；涉獵記誦而以雜博相高，割裂裝綴而以華靡相勝，反之身則無實，措之事則無當者，學之邪也。學之正而心有不正者鮮矣，學之邪而心有不邪者亦鮮矣。故講學雖所以爲正心之要，而學之邪正，其繫於所行之得失，而不可不審者又如此。《易》曰：「正其本，萬事理。差之毫釐，繆以千里。」惟聖明之留意焉，則天下幸甚。

夏氏炘《書己酉擬上封事後》曰：「此封事雖題曰『己酉擬上』，實非己酉所作。蓋在戊申之冬矣。何以明之？戊申冬十一月，上封事之後，除主管太乙宫，兼崇政殿説書。《行狀》云：『時上有倦勤之意，將爲燕翼之謀，先生嘗草奏疏十事，欲以爲新政之助。會執政有指道學爲邪氣者，力辭新命。即崇政殿説書之命，《文集》有《辭免崇政殿説書奏狀》。除秘閣修撰，仍奉外祠。十六年己酉正月，除秘閣修撰，依舊主管西京崇福宫。遂不果上。』孝宗以己酉二月朔内禪，倦勤之意。前一年戊申，中外皆已知之。是年皇太子初決庶務於議事堂。朱子於崇政殿説書命下之後，即草此封事，欲俟光宗新政上之，因道學邪氣之論，發於執政。知時未必可爲，故辭説書之命，而果除秘閣修撰，仍奉外祠。其時己酉正月，光宗尚未即位也，題曰「己酉」，因光宗己酉二月即位之故，其實封事之擬，實在前一年戊申之冬。《行狀》所敘最爲明白。」

正君德

甲寅行宫便殿奏劄二

節録。《年譜》：光宗紹熙五年，朱子年六十五歲

爲學之道，莫先於窮理；窮理之要，必在於讀書；讀書之法，莫貴於循序而致精；而致精之本，則

又在於居敬而持志。此不易之理也。夫天下之事，莫不有理。［爲君臣者有君臣之理，爲父子者有父子之理，爲夫婦、爲兄弟、爲朋友以至於出入起居、應事接物之際。亦莫不各有理焉。］有以窮之，則自君臣之大，以至事物之微，莫不知其所以然與其所當然。而亡纖芥之疑，善則從之，惡則去之，而無毫髮之累。此爲學所以莫先於窮理也。至論天下之理，則要妙精微，各有攸當，亘古亘今，不可移易。［唯古之聖人爲能盡之，而其所行所言，無不可爲天下後世不易之大法，其餘則順之者爲君子而吉，背之者爲小人而凶，吉之大者則能保四海而可以爲法，凶之甚者則不能保其身而可以爲戒。］是其粲然之跡、必然之效，蓋無不具於經訓史册之中。欲窮天下之理而不即是而求之，則是正牆面而立爾。此窮理所以必在乎讀書也。若夫讀書，則其不好之者固怠忽間斷而無所成矣；其好之者又不免乎貪多而務廣，往往未啓其端而遽已欲探其終，未究乎此而忽已志在乎彼，是以雖復終日勤勞，不得休息，而意緒怱怱，常若有所奔趨迫逐，無從容涵泳之樂。［是又安能深信自得，常久不厭，以異於彼之怠忽間斷而無所成者哉？］孔子所謂「欲速則不達」，孟子所謂「進鋭者退速」，正謂此也。誠能鑒此而有以反之，則心潛於一，久而不移，而所讀之書［文意接連、血脉通貫，］自然漸漬浹洽，心與理會，而善之爲勸者深，惡之爲戒者切矣。此循序致精所以爲讀書之法也。若夫致精之本，則在於心。心之爲物，至虚至靈，［神妙不測，］常爲一身之主，以提萬事之綱，［而不可有頃刻之不存者也。］一不自覺而馳騖飛揚，以徇物欲於軀殼之外，則一身無主，萬事無綱。雖其俯仰顧眄［盼］之間，蓋已不自覺其身之所在，而況能反覆聖言，參攷事物，以求義理至當之歸乎？ 孔子所謂「君子不重則不威，學則不固」，孟子所謂「學問之道無他，求其放心而已矣」〔者〕，正謂此也。 誠能嚴恭寅畏，常存此心，使其終日儼然不爲物欲之所侵亂，則以之讀書，以之觀理，將無所往而不通；以之應事，以之接物，將無所處而不當矣。此居敬持志所以爲讀書之本也。

夏氏炘《書〈甲寅行宫便殿奏劄二〉後》曰：「朱子一生學問，從讀書致知入門，中間與張宣公交，又從胡五峯先察識後涵養之説，己丑更定『中和舊説』。 一以程子『涵養須用敬，進學在致知』二語爲千古不易之則，自後教人不越斯旨。 自潭州召還時，年已六十四矣。《行宫便殿所奏第二劄》言：『爲學之道，莫先於窮理；窮理之要，必在於讀書；讀書之法，莫貴於循序而致精；而致精之本，則又在於居敬而持志。』將一生辛苦得力學問挈領提綱，一一拜獻於君父之前。 蓋讀書而不循序致精、居敬持志，則所讀之書鹵莽滅裂，不過説誦典故以爲攷據之資，採掇華藻以供詞章之用，其人則高視闊步，佻達放曠，顔氏之推所謂『讀數十卷書，便自高大；陵忽長者，輕慢同列；以學求益，今反自損；不如無學也』。 至於習静求心之士，稍知爲己，其人亦往往在規矩準繩之中，與居敬持志相似，然糟粕『六經』，唾洟載籍，欲以躐等超登而悟性天之奥，將來生心害政有不可勝言者。 又有因習静而致病狂，如傅子淵之徒，并其所守之一、二規矩準繩而失之，然後知朱子之學所以傳之萬世而無弊也。 又以此劄與隆興元年《垂拱殿第一劄》參看，則知朱子晚年論學之語益精矣。」

文治按：漢、唐以後，輒謂帝王之學異於儒者，其實大謬。攷《禮記・文王世子》教世子之法，詩書禮樂，干戈羽籥，與夫恭敬温文之道，無一不與凡民之俊秀者相同。而《學記》篇謂「師也者，所以學爲君也」，古者君師之道，合二爲一。然則帝王之學，豈與儒者有異？惟其判而爲二，此民生之所以日困也。是以朱子本篇末云：「此數語者，皆愚臣平生爲學艱難辛苦已試之效。竊意聖賢復生，所以教人不過如此，不獨布衣韋帶之士所當從事，蓋雖帝王之學殆亦無以易之。」其旨深矣！

復讎

壬午應詔封事

節録。《年譜》：高宗紹興三十二年，朱子年三十三歲

臣又聞之，爲天下國家者，必有一定不易之計。而今日之計，不過乎修政事、攘夷狄而已矣，非隱奥而難知也。然其計所以不時定者，以講和之説疑之也。夫金虜於我，有不共戴天之讎，則其不可和也，義理明矣。而或者猶爲是説者，其意必曰：今本根未固，形勢未成，進未有可以恢復中原之

策，退未有可以備禦衝突之方，不若縻以虚禮，因其來聘，遣使報之，請復土疆，示之以弱，使之優游驕怠，未遽謀我，而我得以其間從容興補而大爲之備。萬一天意悔禍，或誘其衷，則我之所大欲者，將不用一士之命，而可以坐得，何憚而不爲哉？臣竊以爲知義理之不可爲矣而猶爲之者，必以有利而無害故也。而以臣策之，所謂講和者，有百害無一利，何苦而必爲之？夫復讎討賊，自彊爲善之説見於經者，不啻詳矣。陛下聰明稽古，固不待臣一二言之，請姑陳其利害，而陛下擇焉。夫議者所謂本根未固，形勢未成，進不能攻，退不能守，何爲而然哉？正以有講和之説故也。此説不罷，則天下之事無一可成之理。何哉？進無生死一決之計，而退有遷延可已之資，則人之情，雖欲勉彊自力於進爲，而其氣固已涣然離沮而莫之應矣。其守之也必不堅，其發之也必不勇，此非其志之本然，氣爲勢所分，志爲氣所奪故也。故今日講和之説不罷，則陛下之勵志必淺，大臣之任責必輕，將士之赴功必緩，官人百吏之奉承必不能悉其心力，以聽上之所欲爲，然則本根終何時而固，形勢終何時而成，恢復又何時而可圖，守備又何時而可恃哉？其不可冀明矣。若曰以虚禮縻之，則彼雖仁義不足而凶狡有餘，誠有謀我之心，則豈爲區區之虚禮而驕？誠有兼我之勢，則亦豈爲區區之虚禮而輟哉？若曰「示之以弱」，則是披腹心、露情實而示之以本然之弱，非强而示之弱之謂也。適所以使之窺見我之底藴，知我之無謀而益無忌憚耳。縱其不來，我恃此以自安，勢分氣奪，日復一日，如前所云者，雖復曠日十年，亦將何計之可成哉？則是所以驕敵者，乃所以啓敵而自驕；所以緩寇者，乃所以養寇而自緩。爲虜計則善矣，而非吾臣子所宜言也。且彼盜有中原，歲取金幣，據全盛之勢以制和與不和之權。少懦則以和要我，而我不敢動；力足則大舉深入，而我不及支。蓋彼以從容制和，而其操術常行乎和之外，是以利伸否蟠而進退皆得。而我方且仰首於人，以聽和與不和之命，謀國者惟恐失虜人之驩，而不爲久遠之計，進則失中原事機之會，退則沮忠臣義士之心。蓋我以汲汲欲和，而志慮常陷乎和之中，是以跋前疐後，而進退皆失。自宣和、靖康以來，首尾三四十年，虜人專持此計，中吾腹心，決策制勝，縱横前却，無不如其意者；而我墮其術中，曾不省悟，危國亡師，如出一轍。去歲之事，人謂朝廷其知之矣，而解嚴未幾，虜使復至，彼何憚於我而遽爲若是？是又欲以前策得志於我，而我猶不悟也。受而報之，信節未還，而海州之圍已急矣。此其包藏反復，豈易可測？而議者猶欲以已試敗事之餘謀當之，其亦不思也哉！至於請復土疆而冀其萬一之得，此又不思之大者。夫土疆，我之舊也，雖不幸淪没，而豈可使彼仇讎之虜得以制其予奪之權哉？顧吾之德之力如何耳。我有以取之，則彼將不能有而自歸於我；我無以取之，則彼安肯舉吾力之所不能取者而與我哉？且彼能有之而我不能取，則我弱彼强，不較明矣？縱其予我，我亦豈能據而有之？彼有大恩，我有大費，而所得者未必堅也。向者燕、雲、三京之事，可以監矣，是豈可不爲之寒心也哉？假使萬有一而出於必不然之計，彼誠不我欺而不責其報，我必能自保而永無他虞，則固善矣。然以堂堂大宋，不能自力以復祖宗之土宇，顧乃乞丐於仇讎之戎狄以爲國家，臣雖不肖，竊爲陛下羞之。夫前日之遣使報聘，以是爲請，既失之矣。及陛下嗣位，天下之望，曰「庶幾乎」，而赦書下者，方且禁切諸將毋得進兵，申遣使介，告諭纂承之意，繼修和好之禮，亦若有意於和議之必成，而坐待土疆之自復者。遠近傳聞，頓失所望。臣愚不能識其何説，而竊歎左右者用計之不詳也。古語有之：「疑事無功，疑行無名。」今虜以好來而兵不戢，我所以應之者，常不免出於兩塗而無一定之計，豈非所謂疑事也哉？以此號令，使觀聽熒惑，離心解體，是乃未攻而已卻，未戰而已敗也。欲以此成恢復之功，亦已難矣！然失之未遠，易以改圖，往者不可諫，而來者猶可追也。願陛下疇咨大臣，總攬羣策，鑒失之之由，求應之之術，斷以義理之公，參以利害之實，罷黜和議，追還使人，苟未渡淮，猶將可及。自是以往，閉關絶約，任賢使能，立紀綱，厲風俗，使吾修政事、攘夷狄之外，了然無一毫可恃以爲遷延中已之資，而不敢懷頃刻自安之意，然後將相軍民、遠近中外無不曉然知陛下之志，必於復讎啓土而無玩歲愒日之心，更相激厲，以圖事功。數年之外，志定氣飽，國富兵强，於是視吾力之强弱，觀彼釁之淺深，徐起而圖之，中原故地不爲吾有而將焉往？此不過少遲數年之久，而理得勢全，名正實利，其與講和請地，苟且僥倖必不可成之虚計，不可同年而語也，明矣。惟陛下深留聖意毋忽，則天下幸甚。

文治案：宋南渡以後，講和之爲害烈矣！讀岳武穆、宗忠簡集，未嘗不爲之太息流涕也。朱子父韋齋先生，以不附秦檜和議，致遭貶黜。故朱子平生專以復讎爲旨，讀此篇與汪尚書二書，大概可見。迺無識之徒率以講道學者爲懦怯，何耶？惟是復讎之要，首在自强。朱子之言修攘也，謂必「敬以直内」，而後能内修政事；必「義以方外」，而後能外攘夷狄。然則，朱子自强之策，固在於本心方寸之間，其非虚憍浮夸之士所能僞託，明矣。後世之言外交者，當以此書爲金鑑也。

用人

戊申封事 節録

至於選任大臣之説，則臣前所謂勞於求賢而賢人不得用者，蓋已發其端矣。夫以陛下之聰明，豈不知天下之事必得剛明公正之人而後可任也哉？其所以常不得如此之人，而反容鄙夫之竊位者，非有他也，直以一念之間未能撤其私邪之蔽，而燕私之好、便嬖之流不能盡由於法度。若用剛明公正之人以爲輔相，則恐其有以妨吾之事、害吾之人而不得肆。是以選掄之際，常先排擯此等，寘之度外，而後取凡疲懦軟熟、平日不敢直言正色之人而揣摩之；又於其中得其至庸極陋，決可保其不至於有所妨者，然後舉而加之於位。是以除書未出而其物色先定，姓名未顯而中外已逆知其決非天下之第一流矣。故以陛下之英明剛斷，略不世出，而所取以自輔者，未嘗有如汲黯、魏徵之比，顧常反得如秦檜晚年之執政、臺諫者而用之。彼以人臣竊國柄而畏忠言之悟主以發其姦也，故專取此流以塞賢路、蔽主心，乃其勢之不得已者。陛下尊居宸極，威福自己，亦何賴於此輩而乃與之共天下之政，以自蔽其聰明、自壞其綱紀而使天下受其弊哉！夫其所以取之者如此，故其選之不得而精；選之不精，故任之不得而重；任之不重，則彼之所以自任者亦輕。夫以至庸之材當至輕之任，則雖名爲大臣，而其實不過供給唯諾奉行文書，以求不失其窠坐資級，如吏卒之爲而已。求其有以輔聖德、修朝政而振紀綱，不待智者而知其必不能也。下此一等，則惟有作姦欺、植黨與、納貨賂，以濁亂陛下之朝廷耳。其尤甚者，乃至十有餘年而後敗露以去，然其列布於後，以希次補者，又已不過此等人矣。蓋自其爲臺諫、爲侍從，而其選已如此，其後又擇其尤碌碌者而登用之，則亦無怪乎陛下常不得天下之賢材而屬任之也。然方用之之初，亦曰「姑欲其無所害於吾之私」而已，夫豈知其所以害夫天下之公者乃至於此哉！陛下試反是心以求之，則庶幾乎得之矣。蓋不求其可喜而求其可畏，不求其能適吾意而求其能輔吾德，不憂其自任之不重而常恐吾所以任之者之未重，不爲燕私近習一時之計而爲宗社生靈萬世無窮之計。陛下誠以此取之，以此任之，而猶曰不得其人，則臣不信也。此今日急務之二也。

文治案：朱氏止泉云：「此篇論用大臣以剛正爲棟梁，以柔媚爲蛇蝎，直足繼舜典命官、皋陶九德、周公立政、三宅三俊之旨，而憂危懼亂，尤兼家父凡伯之苦衷矣。竊謂此段主腦，在『不求其可喜而求其可畏』八句。用人者能奉此以爲圭臬，則公私之途立判矣。」

用人

己酉擬上封事

所謂遠便嬖以近忠直者。臣聞蓬生麻中，不扶而直；白沙在泥，不染而黑。故賈誼之言曰：「習與正人居之，不能無正，猶生長於齊之地不能不齊言也；習與不正人居之，不能無不正，猶生長於楚之地不能不楚言也。」是以古之聖賢欲修身以治人者，必遠便嬖以近忠直。蓋君子、小人，如冰、炭之不相容，薰、蕕之不相入。小人進則君子必退，君子親則小人必疏，未有可以兼收並蓄而不相害者也。能審乎此以定取舍，則其見聞之益、薰陶之助，所以謹邪僻之防、安義理之習者，自不能已，而其舉措刑賞，所以施於外者，必無偏陂之失。一有不審，則不惟其妄行請託、竊弄威權，有以害吾之政事，而其導諛薰染使人不自知覺而與之俱化，則其害吾之本心正性又有不可勝言者。然而此輩其類不同，蓋有本出下流，不知禮義而稍通文墨者，亦有服儒衣冠，叨竊科第而實全無行檢者，是皆國家之大賊，人主之大蜮。苟非心正身修，有以灼見其情狀如臭惡之可惡，則亦何以遠之而來忠直之士、望德業之成乎？諸葛亮有言：「親賢臣，遠小人，此先漢所以興隆也。親小人，遠賢臣，此後漢所以傾頹也。先帝在時，每與臣論此事，未嘗不歎息痛恨於威靈也。」本朝大儒程頤在元祐間常進言於朝，以爲人主當使一日之中親賢士大夫之時多，親宦官、宮妾之時少，則可以涵養氣質，薰陶德性，此皆切至之言也。然後主不能用亮之言，故卒以黄皓、陳祇而亡其國；元祐大臣亦不能白用頤説，故紹聖、元符之禍至今言之，猶可哀痛。前事不遠，惟聖明之留意焉，則天下幸甚。

夏氏炘《書〈己酉擬上封事〉後》曰：封事中，「『遠便嬖以近忠直』一條，曲寫小人情狀，勸帝以諸葛武侯『親賢臣，遠小人』之言爲戒，其後帝果寵任姜特立、陳源、楊舜卿、林億年諸人。雖宰臣臺諫攻之不能從，封事擬於未即位之先，而弊皆立見於即位之後。然後知聖賢之訓，炳若蓍龜矣。」

文治案：便嬖之爲害烈矣！其所以諂我、諛我、求我、誘我者，皆將以戕吾心、賊吾性、殺吾身也。《易·泰卦·象傳》曰：「君子道長，小人道消。」《否卦·象傳》曰：「小人道長，君子道消。」自古以來，所以亂日多而治日少，而民之憔悴於虐政者，皆由在上者不知君子與小人之辨也。可不痛哉？

用人

與陳丞相書

古之君子有志於天下者，莫不以致天下之賢爲急。而其所以急於求賢者，非欲使之綴緝言語、譽道功德以爲一時觀聽之美而已。蓋將以廣其見聞之所不及、思慮之所不至，且慮夫處己接物之間或有未盡善者，而將使之有以正之也。是以其求之不得不博，其禮之不得不厚，其待之不得不誠，必使天下之賢，識與不識，莫不樂自致於吾前以輔吾過，然後吾之德業得以無愧乎隱微而寖極乎光大耳。然彼賢者其明既足以燭事理之微，其守既足以遵聖賢之轍，而其自處必高而不能同流合汙以求譽，自待必厚而不能陳詞飾説以自媒，自信必篤而不能趨走唯諾以苟容也。是以王公大人，雖有好賢樂善之誠，而未必得聞其姓名，識其面目，盡其心志之底蘊。又況初無此意而其所取特在乎文字言語之間乎？［恭惟明公以厚德重望爲海内所宗仰者有年矣，而天下之賢士大夫似未得盡出於門下也。豈明公所以好之者未至歟？所以求之者未力歟？所以待之者未盡歟？此則必有可得而言之者矣。］蓋好士而取之文字言語之間，則道學德行之士吾不得而聞之矣；求士而取之投書獻啓之流，則自重有恥之士吾不得而見之矣；待士而雜之妄庸便佞之伍，則志節慷慨之士甯有長揖而去耳。而況乎所謂對偶駢儷、諛佞無實，以求悦乎世俗之文，又文字之末流，非徒有志於高遠者，鄙之而不爲。若乃文士之有識者，亦未有肯深留意於其間者也。而間者竊聽於下風，似聞明公專欲以此評天下之士。若其果然，則某竊以爲誤矣。江右舊多文士，而近歲以來，行誼志節之士有聞者亦彬彬焉。惟明公留意，取其彊明正直者以自輔，而又表其惇厚廉退者以厲俗，毋先文藝以後器識，則陳太傅不得專美於前，而天下之士亦庶乎不失望於明公矣。

紀綱風俗

戊申封事 節録。

夫綱紀不振於上，是以風俗頹弊於下，蓋其爲患之日久矣，而浙中爲尤甚。大率習爲軟美之態，依阿之言，而以不分是非、不辨曲直爲得計。下之事上，固不敢少忤其意；上之御下，亦不敢稍咈其情。惟其私意之所在，則千塗萬轍，經營計較，必得而後已。甚者以金珠爲脯醢，以契券爲詩文，宰相可啗則啗宰相，近習可通則通近習，惟得之求，無復廉恥。父詔其子，兄勉其弟，一用此術而不復知有忠義名節之可貴。其俗已成之後，則雖賢人君子亦不免習於其説，一有剛毅正直、守道循理之士出乎其間，則羣譏衆排，指爲道學之人，而加以矯激之罪，上惑聖聰，下鼓流俗。蓋自朝廷之上以及閭里之間，十數年來，以此二字禁錮天下之賢人君子，復如崇、宣之間所謂元祐學術者，排擯詆辱，必使無所容措其身而後已。嗚呼，此豈治世之事而尚復忍言之哉！又其甚者，乃敢誦言於衆，以爲陛下嘗謂今日天下幸無變故，雖有仗節死義之士亦何所用。此言一播，大爲識者之憂，而臣有以知其必非陛下之言也。夫仗節死義之士，當平居無事之時，誠若無所用者。然古之人君所以必汲汲以求之者，蓋以如此之人，臨患難而能外死生，則其在平世必能輕爵禄；臨患難而能盡忠節，則其在平世必能不詭隨。平日無事之時得而用之，則君心正於上，風俗美於下，足以逆折姦萌，潛消禍本，自然不至真有仗節死義之事，非謂必知後日當有變故而預蓄此人以擬之也。惟其平日自恃安寧，便謂此等人材必無所用，而專取一種無道理、無學識、重爵禄、輕名義之人以爲不務矯激而尊寵之，是以綱紀日壞，風俗日偷，非常之禍伏於冥冥之中，而一旦發於意慮之所不及，平日所用之人交臂降叛而無一人可同患難，然後前日擯棄流[留]落之人始復不幸而著其忠義之節。以天寶之亂觀之，其將相貴戚近幸之臣皆已頓顙賊庭，而起兵討賊卒至於殺身湛族而不悔，如巡、遠、杲卿之流則遠方下邑，人主不識其面目之人也。使明皇早得巡等而用之，豈不能銷患於未萌？巡等早見用於明皇，又何至真爲仗節死義之舉哉！「殷鑒不遠，在夏后之世」，此識者所以深憂於或者之言也。雖以臣知陛下聖學高明，識慮深遠，決然不至有此議論，然每念小人敢託聖訓以蓋其姦，而其爲害至於足以深沮天下忠臣義士之氣，則亦未嘗不痛心疾首，而不敢以識者之慮爲過計之憂也。陛下視此風俗爲如何？可不反求諸身而亟有以變革之耶？此今日急務之三、四也。

文治案：此條敷陳時事，尤爲痛切。朱氏止泉謂「實足繼《詩》『姻亞膴仕』、『車馬徂向』之刺，而垂涕泣以道之矣」。

紀綱風俗

己酉擬上封事

所謂振綱紀以厲風俗者。臣聞四海之廣，兆民至衆，人各有意，欲行其私。而善爲治者，乃能總攝而整齊之，使之各循其理而莫敢不如吾志之所欲者，則以先有綱紀以持之於上，而後有風俗以驅之於下也。何謂綱紀？辨賢否以定上下之分，核功罪以公賞罰之施也。何謂風俗？使人皆知善之可慕而必爲，皆知不善之可羞而必去也。然綱紀之所以振，則以宰執秉持而不敢失，臺諫補察而無所私，人主又以其大公至正之心恭己於上而照臨之。是以賢者必上，不肖者必下；有功者必賞，有罪者必刑，而萬事之統無所缺也。綱紀既振，則天下之人自將各自矜奮，更相勸勉以去惡而從善，蓋不待黜陟刑賞一一加於其身，而禮義之風、廉恥之俗已丕變矣。惟至公之道不行於上，是以宰執、臺諫有不得人，黜陟刑賞多出私意，而天下之俗遂至於靡然不知名節行檢之可貴，而唯阿諛軟熟、奔競交結之爲務。一有端言正色於其間，則羣譏衆排，必使無所容於斯世而後已。此其形勢，如將傾之屋，輪奐丹雘，雖未覺其有變於外，而材木之心已皆蠹朽腐爛而不可復支持矣。苟非斷自聖志，洒濯其心，而有以大警敕之，使小大之臣各舉其職，以明黜陟以信刑賞，則何以振已頹之綱紀而厲已壞之風俗乎？管子曰：「禮義廉恥，是謂四維；四維不張，國乃滅亡。」賈誼嘗爲漢文誦之，而曰：「使管子而愚人也則可，使管子而少知治體，是豈可不爲寒心也哉？」二子之言明白深切，非虛語者。惟聖明之留意焉，則天下幸甚。

文治案：此條雖似老生常談，而實爲建國之根本。

恤民 通論

庚子應詔封事 節録。《年譜》：孝宗淳熙七年，朱子年五十一歲

夫民之不可不恤，不待智者而後能知，亦不待明者然後能言也，然欲知其憔悴困窮之實，與其

所以致此之由，則臣請以所領之郡推之，然後以次而及其所以施置之方焉。臣謹按南康爲郡，土地瘠薄，生物不暢；水源乾淺，易得枯涸；人民稀少，穀賤農傷，固已爲貧國矣。而其賦稅偏重，比之他處，或相倍蓰。民間雖復盡力耕種，所收之利或不足以了納稅賦，須至別作營求乃可陪貼輸官。是以人無固志，生無定業，不肯盡力農桑以爲子孫久遠之計。幸遇豐年，則賤糶禾穀，以苟目前之安；一有水旱，則扶老攜幼，流移四出，視其田廬無異逆旅之舍。蓋出郊而四望，則荒疇敗屋在處有之。故臣自到任之初，即嘗具奏，乞且將星子一縣稅錢特賜蠲減。又嘗具申提點坑冶司，乞爲敷奏，將夏稅所折木炭價錢量減分數。其木炭錢，已蒙聖慈曲賜開允。獨減稅事，漕司相度方上版曹，若得更蒙聖恩特依所請，則一方憔悴困窮之民，自此庶幾復有更生之望矣。然以臣計之，郡之接境江、饒等州，土田瘠薄，類此者非一郡一縣而已也；稅賦重大如此者，非一料一色而已也。若不大爲經理，深加隱恤，雖復時於其間少有縱舍，如以杯水捄一車薪之火，恐亦未能大有所濟，而剥膚椎髓之禍，必且愈深愈酷，而不可救。元氣日耗，根本日傷，一旦不幸而有方數千里之水旱，則其横潰四出，將有不可如何者。未知陛下何以處此？此臣之所謂民之憔悴困窮而不可不恤者然也。

文治按：孔子言「節用愛人」，孟子屢言「薄稅斂」，《周易》大義，「損上益下」則爲益，「損下益上」則爲損。故薄賦稅一事，實爲愛民經國之大本。或謂國用不足將奈何？不知君民一體，百姓足，君孰與不足？ 且財聚民散。 若壹意聚斂，怨謗繁興，倒戈者將踵起矣。 此篇剥膚椎髓之禍數語，可爲千古殷鑒。

恤民 社倉法

建甯府崇安縣五夫社倉記 節録。《年譜》：辛卯作，朱子年四十二歲

乾道戊子春夏之交，建人大饑。 知縣事諸葛侯廷瑞以書來，屬予及鄉之耆艾劉如愚，勸豪民發藏粟，下其直以賑之。 俄而盗發浦城，人情大震，藏粟亦且竭，乃請於府。 時知府事余公嘉以粟六百斛來，於是籍民口大小仰食者若干人，以率受粟，民遂得無饑亂以死，無不悦喜。 而浦城之盗，亦以無復隨和而就禽。 是冬有年，民願以粟償官，將輦載以歸有司，而知府事王公淮俾留里中，而上其藉於府。

又曰：「劉侯與余既奉王公教，留民所償官粟貯里中，次年夏，又請於府，曰：『山谷細民無蓋藏之積，新陳未接，雖樂歲不免出倍稱之息貸食豪右，而官粟積於無用之地，後將紅腐不復可食。 願自今以來，歲一斂散，既以紓民之急，又得易新以藏，俾願貸者出息什二，不欲者勿强，歲小饑則弛半息，大祲則盡蠲之。 請著爲例。』既而又請曰：『粟分貯民家，於守視出納不便，請放

古法，爲社倉以儲之。』經始於七年五月，而成於八月。爲倉三，亭一，門牆、守舍，無一不具。又講求倉之利病，具爲條約，揭之楣間，以視來者。於是倉之庶事，細大有程，可久而不壞矣。」

夏氏炘曰：「古者，藏富於民，耕三餘一，『耕九餘三。』是以年有凶荒，而民無餓殍。社倉起於隋唐，即《周禮》『縣都委積』之意，宋世已不復存。常平義倉，掌於官吏，有名無實。朱子所居崇安縣開耀鄉，每歲春夏之交，豪户閉糶牟利，細民或相强奪。朱子嘗帥鄉人置社倉賑貸，立法詳備，民以爲便。辛丑奏事延和殿，乞推行之，得旨，詔行社倉於諸郡。其時紹興府會稽縣鄉官、嘉興主簿諸葛修職，即乞官米置倉給貸。台州司户王迪功、衢州龍游縣袁承節等，又各出本家米穀置倉。淳熙丙午，陸文安公在勅局編社倉法於廣賑恤門，梭山先生倣而置之於青田。他如婺州之金華，建陽之長灘，大闈邵武之光澤，常州之宜興，南城之吴氏，莫不聞朱子之風而興起。今近七百年，奉行遍於天下，又或不免滋弊，於是豐備積穀諸名相繼而起，而其實皆無能越乎朱子之範圍也。

文治案：社倉積穀，法良意美，吾國民生命脈實係乎此。惟職掌者，貴乎得人。近世以來，無論積穀積錢，多爲豪强經理者所侵蝕。浸至凶年饑歲，閉而不發，殃百姓而害子孫，可爲深痛。有社會之責者，急宜注意。

恤民救荒法

與星子諸縣議荒政書

《年譜》：庚子作，朱子年五十一歲

熹爲政不德，致此旱灾，雖已究心，多方措置，庶幾吾民得以保其生業而免於飢餓流離之苦，然竊自念智力淺短，不惟精神思慮多所不周，而事體次第亦須由軍而縣，方能推以及民。若非三縣同官各存至公至誠之心，深念邦本民食之重，相與協力，豈能有濟？今有愚見，懇切布聞，條具如後：

一、逐縣知佐既是同在一縣，協力公家，當以至公至誠之心相與。凡百事務，切要通情子細商量，從長措置，自然政修事舉，民受其賜。苟或上忽其下，唯務私己吝權，下慢其上，但知偷安避事，則公家之務何由可濟？况今災數非常，民情危迫，經營措置當如拯溺救焚之急，不可小有遲緩齟齬，有誤民間性命之計。切告深體此意，盡革前弊，庶幾事有成功，民受實惠。

一、檢放之恩，著在令甲，謹已遵奉施行。今請同官當其任者少帶人從，嚴切戒約，給與糧米錢物，不得縱容需索搔擾。又須不憚勞苦，逐一親到地頭，不可端坐寬涼去處，止憑鄉保撰成文字。又須依公檢定分數，切不可將荒作熟，亦不可將熟作荒。其間或有疑似去處，或有用力勤苦之人，寧可分明過加優恤，不可縱令隨行胥吏受其計囑，别作情弊。

一、勸諭上户，請詳本軍立去帳式，令鄉衆依公推舉，約定所蔭客户、所糴米穀數目，縣司略備酒果，延請勸諭，厚其禮意，諭以利害，不可縱令胥吏非理搔擾。上户既是富足之家，必能體悉此意。其間恐有未能致悉之人，亦當再三勸諭，審其虚實，量與增減。如更詐欺抵拒，即具姓名申軍切待，别作施行。

一、根括貧民，請詳本軍所立帳式，行下諸都隅官保正，子細抄劄，著實開排。再三叮嚀説諭，不得容情作弊，妄供足食之家，漏落無告之人。將來供到，更於本都唤集父老貧民逐一讀示，公共審實。衆議平允，即與保明；如有未當，就令改正，將根括隅官保正重行責罰。

一、將來糴米，亦請一面早與上户及糴米人户公共商議置場去處，務令公私貧富遠近之人各得其便。大抵官米只於縣市出糴，上户米穀即與近便鄉村置場出糴，不須般載往來，徒有勞費。如有大段有餘不足去處，及將來發糴常平米斛，即具因依申來切待，别行措置。

一、凡郡中行下寬恤事件，各請誠心公共推行。如有未當，或未盡事宜，更望子細示諭，當行改正。

右件如前，各請痛察。如或未蒙聽從，尚仍前弊，致此飢民一有狼狽，即當直以公法從事，不容更奉周旋矣。千萬至懇至懇！

勸諭救荒　年歲同上

契勘本軍營内，久闕雨澤，祈禱未應，田禾已有乾損去處。皆由長吏不明，政刑乖錯，致此災殃。永念厥愆，實深悼懼。除已具申朝省及諸監司乞行寬恤賑濟，及檢計軍倉兩縣常平米，見管萬數不少，又已多方招邀米船，日近出糶，仍兑借諸色錢往外州循環收糴，準備賑濟。今有預行勸諭將來事件下項：

一、本軍日前災傷人户，多致流移，一離鄉土，道路艱辛，往往失所。甚者，横有死亡，拋下墳墓、田園、屋宇，便無人爲主，一向狼藉，至今遺跡尚有存者。詢問來歷，令人痛心。況今淮南、湖北等路亦不甚熟，舍此往彼，等是飢餓，有何所益？今勸人户各體州縣多方救恤之意，仰俟朝廷非常寬大之恩，各宜安心著業。更切祈禱神明，車戽水漿，救取見存些少禾穀，依限陳訴所傷田段頃畝，聽候官司減放税租，賑濟米斛。不可容易流移，别致後悔。

一、今勸上户有力之家，切須存恤接濟本家地客，務令足食，免致流移，將來田土拋荒，公私受弊。

一、今勸上户接濟佃火之外，所有餘米，即須各發公平廣大仁愛之心，莫增價例，莫減升蚪，日逐細民告糴，即與應副。則不惟貧民下户獲免流移飢餓之患，而上户之所保全，亦自不爲不多。其糶米數多之人，官司必當施行保明申奏推賞。其餘措借出放，亦許自依鄉例，將來填還。不足，官司當爲根究。如有故違不肯糶米之人，即仰下户經縣陳訴，從官司究實。

一、今勸貧民下户，既是平日仰給於上户，今當此凶荒，又須賴其救接，亦仰各依本分，凡事循理。遇闕食時，只得上門告糴。或乞賒借生穀舉米。如妄行需索，鼓衆作鬧，至奪錢米，如有似此之人，定當追捉根勘，重行決配遠惡州軍。其尤重者，又當别作行遣。

一、早禾已多損旱，無可奈何，只得更將早田多種蕎麥及大、小麥接濟食用。

夏氏炘曰：「淳熙庚子，南康軍旱災，朱子大修荒政。《年譜》紀其凡活飢民大人一十二萬七千六百七口，小兒九萬二百七十六口。其設施次第，人争傳録以爲法。辛丑淛東大旱，較南康尤甚，孝宗專倚朱子以救荒之事。朱子自十二月視事西興，至明年九月歸，所活至不可勝計。浙東户歌朱子之德，孝宗亦以煞究心稱之。自古救荒之治，未有過於朱子者也。」

文治按：居今之世，惟以正人心、救人命兩端爲急務。欲正人心，宜讀朱子心性學；欲救人命，宜讀朱子社倉法與救荒策。往者，余讀程伊川先生與人論賑濟事，心竊佩之。蓋程子論賑，其要端在放時宜擇寬廣處所，不令飢民擁擠；而朱子論賑，要端如濟溺救焚不容遲誤。二説皆宜書紳服膺者也。而文治更有進者，竊謂放賑要旨，在「救命不救窮」五字。蓋我國窮人頗多，勢難普及，惟極窮者亦宜速救；蓋極窮不救，其後亦必至於廢命也。惟統計學亟宜研究，預計吾之財力可放至何時，飢民至何時方可耕種得食，必籌劃至得食時始止，庶無餓莩之患。若財力不足，宜速勸捐，或請他善團繼之。否則，爲善不終矣。若夫未放之前，以調查爲入手要務，最急者若干户、若干口，次急者若干户、若干口，先給與證據，寧少寬勿過刻；總以其家有無儲食糧爲斷。臨時或放錢、或放米宜分途散給之；其有老病及饑餓不能行走者，則宜擔粥施送；煮粥時必須親自監視，防司爨者，有偷減米糧、並攙和石灰之弊。其餓將死者，灌以粥湯，勿使食粥，蓋恐其腸細致斃也；若饑荒略輕之處，宜先分定區域各值一處散放。先期榜示開放日期時刻，切須如程子言，覓寬曠處所，或左進右出，或前進後出，勿使老幼婦女有擁擠傾跌及落後之虞；且宜於近處派人巡查，勿使流氓匪徒搶奪，則善矣！至朱子所謂「如濟溺救焚」之説，即諺云：「放賑如救火」是也。往年，余嘗振本鄉水災，捐得棉衣二千襲，經海關留難護照，遲到一日，新豐鄉凍死一老嫗，鹿湖鄉凍死一小孩，至今引爲大疚。又嘗賑湖南兵災，有某鉅紳勸捐得十數萬，靳而不放，詢之，則曰吾以寬籌緩放爲宗旨，迨後稍稍發放，餓死者無數。我輩力薄款少，亦引爲大疚。而如某鉅紳者，救人而適以造孽矣。於此可見，凡事皆以得人爲主，朱子所謂「以至誠至公之心相與」，尤屬探本之論。賑友之中性剛者，宜濟之以柔；性寬者，宜濟之以嚴，則調劑之適得其平。孟子曰：「人皆有不忍人之心。」感動而激發之，首在良知之學。能致良知，則天下皆善人矣。

又案：近時西國多主以工代賑，其法固善。吾國荒地、荒山甚多，尤以移墾開礦爲宜，但必須有見成之工程、工廠方爲適當。若因某方有饑荒而始謀工程、開工廠，則饑民多餓死，何如放急振之爲善乎！持高論而不究事實，作孽大矣。

紫陽學術發微卷七

朱子論道釋二家學發微

目録

紫陽學術發微卷七

朱子論道釋二家學發微

後學太倉唐文治蔚芝編輯

文治案：朱子初時，嘗出入於老釋者十餘年。夏弢甫先生攷之詳矣。然文治攷朱子晚年，頗參用道家而力闢釋氏。其參用道家者，取其爲存心養性之助也；其力闢釋氏者，以其廢人倫而蔑天理也。讀本篇所載《參同契説》、《調息箴》、《與汪尚書》諸篇，大概可見，而《釋氏論》下篇謂釋氏剽竊莊、列之緒餘，尤足資攷古者之研究。夫朱子之所以頗信道家者，蓋自有説，先儒謂神農傳《連山易》，黄帝傳《歸藏易》，而老子爲柱下史實傳黄帝之學，其《道德經》曰「谷神不死，是爲玄牝；玄牝之門，是爲天地根」，即引黄帝之言。文王作《坤卦・彖辭》曰「利牝馬之貞」，周公作坤上六爻辭曰「其血玄黄」，孔子《文言傳》贊之曰「天玄而地黄」，蓋皆本《歸藏易》之義，即所謂玄牝之門爲天地根也。孔子觀殷禮而得坤、乾，即《歸藏易》也。《繫辭傳》曰：「闔户謂之坤，闢户謂之乾。」以坤先乾，亦用《歸藏易》之義，是文王、周公、孔子皆通黄帝之學，實即後世道家之學。故朱子取之以爲存養之助，實即《易傳》「无思、无爲，寂然不動」之旨。惟儒家之用，則重在開物成務，冒天下之道；而道家之學，則以爲神大用則竭，形大勞則敝，故欲使人精神專一，動合無形而與天地長久。此則其始同而終異者爾。故班氏《藝文志》謂道家者流，「秉要執本，清虚自守，卑弱自持」，「合於堯之『克讓』，《易》之『嗛嗛』」，此其所長也；「及放者爲之，則欲絶去禮學，兼棄仁義，曰獨任清虚，可以爲治」。是説也，可謂能探其本矣。朱子其亦有取於斯乎！爰發其微，以質世之君子。

參同契説

按：魏書首言乾、坤、坎、離四卦，橐籥之外，其次即言屯、蒙六十卦，以見一日用功之早晚，又次即言納甲六卦，以見一月用功之進退，又次即言十二辟卦，以分納甲六卦而兩之，蓋内以詳理月節，而外以兼統歲功。其所取於《易》以爲説者，如是而已，初未嘗及夫三百八十四爻也。今世所傳火候之法，乃以三百八十四爻爲一周天之數，以一爻直一日，而爻多日少，則不免去其四卦二十四爻，以俟二十四氣之至而漸加焉，已非出於自然脗合之度矣。且當日所用之爻，或陰或陽，初無次第，不知功夫有何分別。又況一日之間已周三百六十之數，而其一氣所加僅得一爻，多少重輕不相權準。及此二十四者，進增微漸，退減暴疾，無復往來循環之勢。恐亦後人以意爲之，未必魏君之本指也。竊意此書大要在於「坎」、「離」二字，若於此處得其綱領，則功夫之節度，魏君所不言者，自可以意爲之。但使不失其早晚之期，進退之節便可用功，不必一一拘舊說也。故今推得策數一法，似亦齊整，其與爻數之法，雖皆魏君所不言，然此爲粗有理也。蓋月以十二卦分之，卦得二日有半，各以本卦之爻行本爻之策。自八月觀卦以後，至正月泰卦，陽用少二十八策，陰用老二十四策。自四月大壯以後，至七月否卦，陽用老三十六策，陰用少三十二策。陽即注意運行，陰即放神冥寂。一爻已足，即一開目舒氣以休息之。十二卦周即爲一月之功，十二月周即爲一歲之運。反復循環，無有餘欠。其數如左方：

震一至五	復一至三半	一陽二十八	五陰百二十	陽生
	臨三半至五	二陽五十六	四陰九十六	
兑六至十	泰六至八半	三陽八十四	三陰七十二	
	壯八半至十	四陽百四十四	二陰六十八	
乾十一至十五	夬十一至十三半	五陽百八十	一陰三十二	

乾十三半至十五　六陽二百一十六　陽極無陰

巽十六至二十

姤十六至十八半　一陰三十二　五陽百八十　陰生

遯十八半至二十　二陰六十八　四陽一百四十四

艮二十一至二十五

否二十一至二十三半　三陰九十六　三陽一百八

觀二十二半至二十五　四陰九十六　二陽五十六

坤二十六至三十

剝二十六至二十八半　五陰百二十　一陽二十八

坤二十八半至三十　六陰一百四十四　陰極無陽

此説欲與季通講之，未及寫寄而季通死矣。偶閲舊藁，爲之泫然。戊午臘月二十六日。

文治案：季通先生之殁，在朱子六十八歲。而此篇之作，則朱子六十九歲矣。朱子以《參同契》詞韻皆古、奥雅難通，因合諸本讎正，爲《攷異》一卷。元人廬陵黄瑞節刻入朱子成書中，原跋空同道士鄒訢作。黄氏及《四庫全書提要》皆謂「鄒訢」二字，朱子之託名。《提要》並舉《年譜》載：慶元三年，蔡元定將編管道州，與朱子會，宿寒泉精舍，夜論《參同契》事。《文集》又有《與蔡季通》曰「《參同契》更無縫隙，亦無心思量」云云，蓋遭逢世難，不得已而託諸神仙，殆與韓愈謫潮州時邀大顛同游之意相類。文治竊謂《提要》之論，可備一説，然朱子晚年涵養深沈，未嘗不採取《參同契》之説以爲存養之方。故嘗謂：《參同契》雖非爲明《易》而設，然《易》中無所不有。苟其言自成一家，可推而通，則亦無害於《易》（見朱子成書），於此可見朱子之學，廣大而無不賅矣。

又案：本文謂「陽即注意運行，陰即放神冥寂」二語，可爲槖籥。《易·繫辭傳》言「天下何思何慮」下，繼之曰：「日往則月來，月往則日來，日月相推而明生焉。」此即晝夜不息之序也。又曰：「寒往則暑來，暑往則寒來，寒暑相推而歲成焉。」此即積日月相而成歲功也。又曰：「往者，屈也；來者，伸也。屈伸相感而利生焉。」往、屈爲陰，即「放神冥寂」也；來、伸爲陽，即「注意運行」也。又曰「尺蠖之屈」、「龍蛇之蟄」，即「放神冥寂」也；又曰「精義入神」、「利用安身」，即「注意運行」也。然陰中有陽，陽中有陰，故曰：「夫乾，其靜也專，其動也直」；「夫坤，其靜也翕，其動也闢」。此則陰陽相需爲用，動靜交相養也。《老子》首章曰：「常無欲以觀其妙。」即所謂「放神冥寂」也；「常有欲以觀其徼」，即所謂「注意運行」也。《莊子·在宥》篇曰：「吾爲女遂於大明之上矣，致彼至陽之原也；爲女入於窈冥之門矣，至彼至陰之原也。」此即《人間世》篇所謂「無門無毒」，陰陽相養之義也。惟道家所謂「常無觀妙」者，實與儒家「放神冥寂」同；而所謂「常有觀徼」者，實與儒家「注意運行」異。蓋儒家之「注意運行」，在處事接物，窮究理要；而道家之「觀徼」則仍是本心冥想之功也。然則吾儒兼取道家之學，何諱言之有？即如《陰符經攷異》，元人刻入朱子成書，而年譜不載，後人亦謂之諱。夫孔子問禮老聃，亦曷嘗諱言哉？

又案：古人推算時刻，未有鐘表，故本文以策數言之。若以近時鐘表推之，每卦值兩日半，合六十點鐘，每爻正當十點鐘也。惟鄙意陰爻陽爻似亦不可過拘。蓋人之一生，猶天道之元亨利貞，譬如一日，晝間運行之時多，夜間冥寂之時多，乃自然之理，老子所謂「天法道，道法自然」是也。若過於拘泥，則煩而不能行，《易》所謂「頻復，厲」，司馬談所謂「使人拘而多所畏」矣。

養生主説

莊子曰：「爲善無近名，爲惡無近刑。緣督以爲經。」督，舊以爲中，蓋人身有督脈，循脊之中，貫徹上下，見醫書。故衣背當中之縫亦謂之督，見《深衣》注。皆中意也。老莊之學，不論義理之當否，而但欲依阿於其間，以爲全身避患之計，正程子所謂閃姦打訛者，故其意以爲爲善而近名者，爲善之過也；爲惡而近刑者，亦爲惡之過也。唯能不大爲善，不大爲惡，而但循中以爲常，則可以全身而盡年矣。然其「爲善無近名」者，語或似是而實不然。蓋聖賢之道，但教人以力於爲善之實，初不教人以求名，亦不教人以逃名也。蓋爲學而求名者，自非爲己之學，蓋不足道；若畏名之累己而不敢盡其爲學之力，則其爲心亦已不公而稍入於惡矣。至謂「爲惡無近刑」，則尤悖理。夫君子之惡惡，如惡惡臭，非有所畏而不爲也。今乃擇其不至於犯刑者而竊爲之，至於刑禍之所在，巧其途以避之而不敢犯，此其計私而害理。又有甚焉，乃欲以其依違苟且之兩間爲中之所在而循之，其無忌憚亦益甚矣！客嘗有語余者曰：昔人以誠爲入道之要，恐非易行；不若以中易誠，則人皆可行而無難也。予應之曰：誠而中者，君子之中庸也；不誠而中，則小人之無忌憚耳。今世俗苟偷恣睢之論，蓋多類此，不可不深察也。或曰：然則莊子之意，得無與子莫之執中者類耶？曰：不然，子莫執中，但無權耳，蓋猶擇於義理而誤執此一定之中也。莊子之意，則不論義理，專計利害，又非子莫之比矣。蓋跡其本心，實無以異乎世俗鄉原之所見，而其揣摩精巧、校計深切，則又非世俗鄉原之所及，是乃賊德之尤者。所以清談盛而晉俗衰，蓋其勢有所必至。而王通猶以爲非老莊之罪，則吾不能識其何説也。既作《皇極辨》，因感此意有相似者，謾筆之於其後云。

文治案：朱子作《調息箴》，取《莊子·在宥》篇「守一處和」之説，而於此篇駁莊子，何也？竊意莊子所謂「爲善無近名，爲惡無近刑」二語，蓋近程子「善惡皆天理」之説，而更進焉。其意以爲戰國時人之爲善，無有不近名者，其爲惡亦無有不近刑者，不如不爲善亦不爲惡爾。至「緣督以爲經」，「督，舊以爲中」二語，朱子解「緣督」爲督脈，「循脊之中，貫徹上下」，可謂精極。蓋「緣督」、「爲經」，乃循督脈以守竅，即《人間世》篇所謂「無門無毒，壹宅而寓於不得已」是也。「督，舊爲中」，即老子所謂「多言數窮，不如守中」是也。中者何？「玄牝之門，是爲天地根」。此儒家所謂「喜怒哀樂未發之中」，非事理之中也。朱子以爲非子莫執中之比，更非世俗鄉原之所及，蓋誤解莊子之意矣。

觀《列子》偶書

向所謂未發者，即《列子》所謂「生之所生者死矣，而生生者未嘗終；形之所形者實矣，而形形者未嘗有」爾，豈子思《中庸》之旨哉！丙申臘日，因讀《列子》書此，又觀其言「精神入其門，骨骸反其根，我尚何存」者，即佛書「四大各離，今者妄身當在何處」之所由出也。他若此類甚衆，聊記其一二於此，可見剽掠之端云。

王氏懋竑曰：「朱子嘗言佛書皆剽掠《莊》、《列》之言以佐其説，與此跋同。今自言舊未發説同於《列子》，則毫釐之間與禪有近似者。薛書『馳心空妙之域』，蓋指此類。此時已深闢禪，又未識象山學，《學蔀通辨》謂其與禪、陸合，殊不其然；而或又謂『馳心空妙』，統指佛學，則亦誤也。」

童氏能靈曰：「《中和舊説序》所謂『未嘗發』者，實即《列子》『未嘗終』、『未嘗有』之説。而彼書所謂『覺性不動嘗自寂滅』者，正此旨也。朱子特記之以自識其誤，而兼爲學者戒焉。此亦可見明季諸人皆掇拾朱子之所棄也。」

夏氏炘曰：或問朱子「中和舊説」與釋道同乎？曰：絶不同。又問既絶不同，朱子《觀〈列子〉偶書》云「向所謂未發者，即《列子》所謂『生之所生者死矣，而生生者未嘗終；形之所形者實矣，而形形者未嘗有』，豈子思《中庸》之旨哉」，其言果何謂也？曰：此朱子極言之。謂其與《列子》之言無異，其實言不異，而所指者實大異。何以明之？《列子》所謂「生」與「形」，指知覺運動言也，「生生」、「形形」，指天地之氣言也；朱子未發之性，指理言也。發者方往而未發者方來，與「生生未嘗終」之言同；一日之間萬起萬滅，而寂然之本體未嘗不寂然，與「形形未嘗有」之言同。學者不察，則必流入於彼。因觀《列子》，遂書以爲戒，不可以詞害意，遂謂其真與《列子》無異也。不觀朱子丙戌之《答羅參議》書乎？其書云：「原來此事與禪家十分相似，所争毫末耳，然此毫末卻甚占地位。」其時朱子新悟「中和舊説」，云「十分相似」者，即觀《列子》之所書也；云「所争毫末」者，謂一理一氣所争者只此些子耳；云「此毫末甚占地位」者，謂此些子之理，占地位甚多，此地位一失，即大《易》所謂「差之毫釐，繆以千里」也。朱子書不易讀，須觀其會通，始不昧於疑似。苟因觀《列子》數語，遂謂「中和舊説」之同於釋、陸，又謂《答薛士龍》書「馳心空妙之域」即指此類，不亦誤乎？

文治案：王、童、夏三家之説，愈進而愈精。然《列子》書多爲後人僞託，先哲已詳言之。近姚氏際恒並謂其書言西方聖人直指佛氏，遂疑劉向《〈列子〉序》亦係僞造者所假託，則其書中所言之義理殆不足深辨也。

調息箴

鼻端有白，我其觀之；隨時隨處，容與猗移。静極而噓，如春沼魚；動極而翕，如百蟲蟄。氤氳開闢，其妙無窮；孰其尸之，不宰之功。雲卧天行，非予敢議；守一處和，千二百歲。

文治案：人之所以生者，惟在於氣。氣足則神自裕，而精益固。故孟子論「養氣」曰「勿忘勿助」，董子亦曰「君子甚愛氣」，則氣之寶貴可知。《莊子·人間世》篇曰：「無聽之以耳，而聽之以心；無聽之以心，而聽之以氣」；「氣也者，虚而待物者也」。此數語爲養生要旨。凡人於静時或動時，專壹於氣則心不外放；氣不外散，自漸沉入丹田之内。老子所謂「虚其心，實其腹」是也。「息」字從自從心。自者，鼻之省文，心與鼻相應謂之息。「鼻端有白」二句，即莊子所謂「虚室生白，吉祥止止」也。虚室，鼻也；白者，氣也；「吉祥止止」者，止而又止，氣由粗而入於細，由細而歸於無也。我其觀之，莊子所謂「瞻彼闋者」也。均見《人間世》篇。「隨時隨處」二句，老子所謂「綿綿若存，用之不勤」也。「静極而噓」四句，白樂天所謂「動静交相養」，周子所謂「一動一静，互爲其根」，即虚而待物之法也。「氤氳開闢」四句，乃與天地之氣同其呼吸。《易傳》曰：「天下何思何慮？〔天下同歸而殊塗，一致而百慮。天下何思何慮？〕日往則月來，月往則日來，日月相推而明生焉。寒往則暑來，暑往則寒來，寒暑相推而歲成焉。〕往者屈也，來者伸也，屈伸相感而利生焉。」孟子言性曰：「以利爲本。〔所惡於智者，爲其鑿也。如智者若禹之行水也，則無惡於智矣。禹之行水也，〕行其所無事。」利者，自然也。老子曰：「天法道，道法自然。」不宰則純乎天而出於自然矣。老子又曰：「專氣致柔，能嬰兒乎？」嬰兒之在母胎也，順母之氣以爲呼吸；人之生於天下也，順天之氣以爲呼吸。不宰之功，自然之極也。「雲臥天行」二句，未知出處。「守一處和」二句，見《莊子·在宥》篇廣成子對黄帝語。雖係寓言，亦養生之要旨，宜熟味而心體之。

答汪尚書第二書

節録。前書旁注云：癸未六月九日。此書蓋一時所作

別紙示及釋氏之説，前日正以疑晦未袪，故請其説。方虞僭越，得罪於左右，不意貶損高明，與之醻酢如此，感戢亡已。熹於釋氏之説，蓋嘗師其人、尊其道，求之亦切至矣，然未能有得。其後以先生

君子之教，校夫先後緩急之序，於是暫置其説而從事於吾學。其始蓋未嘗一日不往來於心也，以爲俟卒究吾説而後求之，未爲甚晚耳，非敢遽絀絶之也。而一二年來，心獨有所自安，雖未能即有諸己，然欲復求之外學以遂其初心，不可得矣。然則前輩於釋氏未能忘懷者，其心之所安，蓋亦必有如此者，而或甚焉，則豈易以口舌争哉？竊謂但當益進吾學以求所安之是非，則彼之所以不安於吾儒之學而必求諸釋氏然後安者，必有可得而言者矣。所安之是非既判，則所謂反易天常、殄滅人類者，論之亦可，不論亦可，固不即此以定取舍也。上蔡所云止觀之説，恐亦是借彼修行之目，以明吾進學之事，若曰彼之參請猶吾所謂致知，彼之止觀猶吾所謂克己也。以其《語録》攷之，其不以止觀與克己同塗共轍明矣。後之好佛者遂掇去首尾，孤行此句以爲己援。正如孔子言「夷狄之有君，不如諸夏之亡」也，豈真慕夷狄？明道適僧舍，見其方食，而曰「三代威儀，盡在是矣」，豈真欲入叢林耶？胡文定所以取楞嚴、圓覺，亦恐是謂於其術中猶有可取者，非以爲吾儒當取之以資己學也。孔子曰：「攻乎異端，斯害也已。」吕博士謂：「君子反經而已矣，經正，斯無邪慝。今惡邪説之害正而攻之，則適所以自敝而已。」此言誠有味者。故熹於釋學雖所未安，然未嘗敢公言詆之。特以講學所由，有在於是，故前日略扣其端。既蒙垂教，復不敢不盡所懷，恐未中理，乞賜開示，不憚改也。更願勿以鄙説示人，要於有定論而已。

夏氏炘《讀朱子〈答汪尚書〉第二書》云：「《文集》載《答汪尚書》書十一首，此雖第二首，實第一首之别紙也。前書專論經史諸子，此專論釋氏，故開首即云：『别紙示及釋氏之説』也。旁注云『癸未六月九日』，則朱子未入對之先，自崇安寄至京師者也。書中語特謙抑，疑過其實。攷朱子幼年之學，求之最切至者，無如《學》、《庸》、《語》、《孟》，程蔡諸書。見錢木之郭友仁諸録。至於禪道二氏，不過與文章、楚詞、詩、兵法同在無所不好之中。見楊方録。究不如理學諸書之篤。在劉病翁所見一僧與之語，即用其言以得舉。此偶爾之事，朱子原不諱。然觀輔漢卿所録，語氣抑揚，一則曰『只相應和説了，也不説是不是』；再則曰『見他説得也煞好，便用他意思去胡説』，豈師人、尊道之謂乎？至於篇中所云『不敢公言詆之』，王白田遂有詞未甚决，與壬辰癸巳見道益親，其詞益厲不同之疑，不知汪尚書聖錫與吕居仁、張子韶皆從僧宗杲遊，又勸焦援登徑山見宗杲，其於釋氏之學，真所謂『師其人，尊其道』也。聖錫長朱子十二歲，不惟締交延平，聖錫請延平至閩帥治講學，遂卒於閩。兼與韋齋爲友。朱子祭胡籍溪、汪尚書文，皆稱『先友』，又自稱曰『表姪』。十八歲以進士第一人及第。朱子時甫六歲。歷官中外已數十年，氣節文章爲一時之望。朱子以後生晚學與之辨論，勢不能不委婉曲折，以寓納約自牖之意，必欲據跡以求之，是刻舟而求劍也。嗚呼！朱子初識金谿之時，尚欲集短取長，多方接引，而況齒德爵位俱尊之汪尚書哉！」

答汪尚書第三書 節録。甲申十月二十二日

熹兹者累日侍行，得以親炙。竊惟道德純備，固非淺陋所能窺測。而於謙虚好問、容受盡言之際，尤竊有感焉。蓋推是心以往，將天下之善皆歸之，其於任天下之重也何有？愚恐他日之事常人所不能任者，閣下終不得而辭也。是以不勝拳拳，每以儒、釋邪正之辨爲説，冀或有助萬分。而猶恐其未足於言也，請復陳之，幸垂聽焉。大抵近世言道學者，失於太高，讀書講義，率常以徑易超絶、不歷階梯爲快，而於其間曲折精微正好玩索處，例皆忽略厭棄，以爲卑近瑣屑，不足留情。以故雖或多聞博識之士，其於天下之義理亦不能無所未盡。蓋以多聞博識自爲一事，不甚精察其理之所自來，卻謂別有向上一著，與此兩不相關。此尹和靖所以有「此三事中一事看破，則此患亡矣」之説，可謂切中其病矣。理既未盡，而胸中不能無疑，乃不復反求諸近，顧惑於異端之説，益推而置諸冥漠不可測知之域，兀然終日，味無義之語，以俟其廓然而一悟。殊不知物必格而後明，倫必察而後盡。格物只是窮理，物格即是理明，此乃《大學》功夫之始，潛玩積累，各有淺深，非有頓悟險絶處也。近世儒者，語此似亦太高矣。吕舍人書，別紙録呈。彼既自謂廓然而一悟者，其於此猶懵然也，則亦何以悟爲哉！儒者爲此學而自謂有悟者，雖不可謂之懵然，其察之亦必不詳者矣。又况俟之而未必可得，徒使人抱不決之疑，志分氣餒，虚度歲月而

悵悵耳。曷若致一吾宗循下學上達之序，口講心思，躬行力究，甯煩毋略，甯下毋高，甯淺毋深，甯拙毋巧，從容潛玩，存久漸明，衆理洞然，次第無隱，然後知夫大中至正之極、天理人事之全，無不在是，初無迥然超絶不可及者。而幾微之間，毫釐畢察，酬酢之際，體用渾然，雖或使之任至重而處所難，亦沛然行其所無事而已矣，又何疑之不決而氣之不完哉！縱言至此，亦可謂躐等矣。然以閤下之明，勉而進之，恐不足以爲難也。此其與外學所謂「廓然而一悟」者，雖未知其孰爲優劣，然此一而彼二，此實而彼虚，則較然矣。就使其説有實非吾儒之所及者，是乃所以過乎大中至正之矩，而與不及者亡以異也。窮極幽深，過也；反倫悖理，不及也。蓋大本既立，準則自明，此孟子所以知言，而詖淫邪遁接於我者皆不能逃其鑒也。生於其心，害於其政，發於其政，害於其事，可不戒哉！可不懼哉！愚意如此，不識高明以爲如何？如其可取，幸少留意焉，既以自任，又以是爲格非定國之本，則斯言之發，庶不得罪於君子矣。或未中理，亦乞明賜誨喻，將復思而請益焉，固無嫌於聽納之不弘也。孤陋寡聞，企望之切。

夏氏炘《讀〈答汪尚書〉第三書》云：此書旁注云「甲申十月二十二日」，篇首云「某茲者累日侍行，得以親炙」，或九月朱子送張魏公匶至豐城，汪尚書亦自福州送魏公匶，途中相值同行也。前書因聖錫以齒德兼尊之大老，迷於釋學，猝然答書，不便徑直規諫，故貶抑謙沖，語多從容而不迫。此書又因聖錫「謙虚好問、容受盡言」，見書首數行。故抉摘近世儒者所以入釋之由，癥痞瘕結，無所不露，所謂不直則道不見也，然後知前書之詞未甚決者，非所見未親之故明矣。篇首又云「不勝拳拳，每以儒、釋邪正之辨爲説」，王白田反謂其不言釋氏何哉？自「曷若致一吾宗」以下、言入道階梯，明豁詳細，慤實精微，豈馳心空妙所見未親者之所能道其「隻」字？學者參互攷之，可無惑於諸儒之論矣。

答汪尚書第七書

節録。王云：在辛卯、壬辰間汪乞祠後

伏蒙垂教以所不及，反覆再四，開發良多。此足以見閒居味道，所造日深，而又謙虚退託，不自賢智如此。區區下懷，尤切欣幸。……《太極圖》、《西銘》，近因朋友商搉，嘗竊私記其説。見此抄録，欲以請教，未畢而明仲之僕來索書，不欲留之，後便當拜呈也。然頃以示伯恭，渠至今未能無疑。蓋學者含糊覆冒之久，一旦遽欲分剖曉析而告語之，宜其不能入也。又蒙語及前此妄論平易蹉過之言，稱許甚過，尤切皇恐。然竊觀來意，似以爲先有見處，乃能造夫平易，此則又似禪家之説，熹有所不能無疑也。聖門之教，下學上達，自平易處講究討論，積慮潛心，優柔饜飫，久而漸有得焉，則日見其高深遠大而不可窮矣。程夫子所謂善學者求言必自近，易於近者，非知言者也，亦謂此耳。今曰此事非言語臆度所及，必先有見然後有以造夫平易，則是欲先上達而後下學，譬之是猶先察秋毫而後睹山岳，先舉萬石而後勝匹雛也。夫道固有非言語臆度所及者，然非顔、曾以上幾於化者不能與也。今日爲學用力之初，正當學、問、思、辨而力行之，乃可以變化氣質而入於道。顧乃先自禁切，不學不思，以坐待其無故忽然而有見，無乃溺心於無用之地，玩歲愒日而卒不見其成功乎！就使僥倖於恍惚之間，亦與天理人心、敘秩命討之實了無交涉，其所自謂有得者適足爲自私自利之質［資］而已。此則釋氏之禍横流稽天而不可遏者，有志之士所以隱憂浩歎而欲火其書也。舊讀《明道行狀》，記其學行事業累數千言，而卒道其言不過力排釋氏，以爲必闢之而後可以入道。後得《吕滎公家傳》，則以爲嘗受學於二程，而所以推尊稱美之辭甚盛。攷其實，亦誠有以大過人者。然至其卒章而誦其言，則以爲佛之道與聖人合，此其師生之間分背矛盾，一南一北，不審台意平日於此是非之際何以處之？天之生物，使之一本，此是則彼非，此非則彼是，蓋不容並立而兩存也。愚昧無知，誤蒙誘進，敢竭愚慮，庶幾決疑。伏望恕其狂易而終教之，幸甚幸甚。

夏氏炘《讀答汪尚書第七書》云：此書不知何時所答。篇首云「足以見閒居味道，所造日深」，則庚寅以後書也。《續通鑑綱目》：乾道六年，罷吏部尚書汪應辰。書中又云「《太極圖》、《西銘》，近因朋友商搉，嘗竊私記其説。現此鈔録，未畢」云云，據《年譜》：乾道八年《西銘解義》成，九年《太極圖説解》、《通書解》成，則必在壬辰、癸巳間無疑。聖錫交朱子以後十餘年來，反覆究辨，漸明儒、釋之分，已逃釋而入於儒矣。其「先有見處，乃造平易」之論，仍未脱釋氏窠臼，故朱子箴之曰：「則又似禪家之説，某不能無疑也。」下極言釋氏之禍比於「横流稽天」者，乃爲汪氏盡抉藩籬，徹其壅蔽，故不嫌言之嚴厲如此。若謂朱子之見道至是而益真，豈第三書之所言猶有未真之見乎？

讀大紀

宇宙之間，一理而已，天得之而爲天，地得之而爲地，而凡生於天地之間者，又各得之以爲性。其張之爲三綱，其紀之爲五常，蓋皆此理之流行，無所適而不在。若其消息盈虚，循環不已，則自未始有物之前以至人消物盡之後，終則復始，始復有終，又未嘗有頃刻之或停也。儒者於此，既有以得於心之本然矣，則其内外精粗自不容有纖毫之間，而其所以脩己治人、垂世立教者，亦不容其有纖毫造作輕重之私焉。是以因其自然之理而成自然之功，則有以參天地、贊化育而幽明巨細無一物之遺也。若夫釋氏則自其因地之初而與此理已背馳矣，乃欲其所見之不差、所行之不繆，則豈可得哉！蓋其所以爲學之本心，正爲惡此理之充塞無間而使己不得一席無理之地以自安，厭此理之流行不息而使己不得一息無理之時以自肆也。是以叛君親、棄妻子，入山林、捐軀命，以求其所謂空無寂滅之地而逃焉。其量亦已隘，而其勢亦已逆矣。然以其立心之堅苦、用力之精專，亦有以大過人者，故能卒如所欲而實有見焉。但以其言行求之，則其所見雖自以爲至玄極妙有不可以思慮言語到者，而於吾之所謂窮天地、亘古今本然不可易之實理，則反瞢然其一無所覩也。雖自以爲直指人心，而實不識心；雖自以爲見性成佛，而實不識性。是以殄滅彝倫墮於禽獸之域，而猶不自知其有罪。蓋其實見之差有以陷之，非其心之不然而故欲爲是以惑世而罔人也。至其爲説之窮，然後乃有不舍一法之論，則似始有爲是遁詞以蓋前失之意。然亦其秉彝之善有終不可得而殄滅者，是以翦伐之餘而猶有此之僅存，又以牽於實見之差，是以有其意而無其理，能言之而卒不能有以踐其言也。凡釋氏之所以爲釋氏者，始終本末不過如此，蓋亦無足言矣。然以其有空寂之説而不累於物欲也，則世之所謂賢者好之矣；以其有玄妙之説而不滯於形器也，則世之所謂智者悦之矣；以其有生死輪回之説而自謂可以不淪於罪苦也，則天下之傭奴、爨婢、黥髡、盜賊亦匍匐而歸之矣。此其爲説所以張皇輝赫，震耀千古，而爲吾徒者，方且蠢焉鞠躬屏氣爲之奔走服役之不暇也。幸而一有間世之傑，乃能不爲之屈，而有聲罪致討之心焉。然又不能究其實見之差而詆以爲幻見空説，不能正之以天理全體之大而偏引交通生育之一説以爲主，則既不得其要領矣，而徒欲以戎狄之醜號加之。其於吾徒，又未嘗教之以内修自治之實，而徒驕之以中華列聖之可以爲重，則吾恐其不唯無以坐收摧陷廓清之功，或乃往遺之禽而反爲吾黨之詬也。嗚呼惜哉！

文治案：此篇精密之至，文氣之奔放嚴厲，雖不及韓子《原道》，而説理之委婉周至，則過於《原道》矣！

釋氏論上

或問：「孟子言盡心知性、存心養性，而釋氏之學亦以識心見性爲本，其道豈不亦有偶同者耶？」朱子曰：「儒、佛之所以不同，正以是一言耳。」曰：「何也？」曰：「性也者，天之所以命乎人而具乎心者也。情也者，性之所以應乎物而出乎心者也。心也者，人之所以主乎身而以統性情者也。故仁、義、禮、智者，性也，而心之所以爲體也。惻隱、羞惡、恭敬、辭讓者，情也，而心之所以爲用也。蓋所謂『降衷於民，有物有則』者，儒□□□□也。故其所以盡心知性者，以其窮理而極乎心之所□□□之所有者，無不識也。所謂□□養性□□□□已而不失其本□則性□□□□□□□□是則情之所發，亦無不□□正，而可以應物□□餘矣。□□□□□□□□性不見其分□□別□□□□給之□□□□與□□□□□□□□□□□□□善□□□□□□□□□其□指□□□□□者，實在精神魂魄之聚，而吾儒所謂形而下者耳。至其所以識心者，則必別立一心以識此心，而其所謂見性者，又未嘗睹夫民之衷、物之則也。既不睹夫性之本然，則物之所感、情之所發皆不得其道理，於是概以爲己累而盡絶之，雖至於反易天常、殄滅人理而不顧也。然則儒術之所以異其本，豈不在此一言之間乎？」曰：「釋氏之不得爲見性，則聞命矣。至於心，則吾曰盡之、存之，而彼曰識之，何以不同，而又何以見其別立一心耶？」曰：「心也者，人之所以主於身而統性情者也，一而不二者也，爲主而不爲客者也，命物而不命於物者也。惟其理有未窮而物或蔽之，故其明有所不照；私有未克而物或累之，故其體有所不存。是以聖人之教，使人窮理以極其量之所包、勝私以去其體之所害。是其所以盡心而存心者，雖其用力有所不同，然皆因其一者以應夫萬，因其主者以待夫客，因其命物者以命夫物，而未嘗曰反而識乎此心、存乎此心也。若釋氏之云識心，則必收視反聽，以求識其體於恍惚之中。如人以目視目，以口齕口，雖無可得之理，其勢必不能不相爾汝[汝爾]於其間也。此非別立一心而何哉？夫別立一心，則一者二而主者客，□□□□□□□□□□□分矣，而又塊然自守、滅情廢事，以自棄君臣父子之間，則心之用亦息矣。夫□□□□□□□所指以爲心性與其所以從事焉者乃如此，然則不謂之異端邪説而何哉？」曰：「然則其徒蓋有實能恍然若有所睹而樂之不厭，至於遺外形骸而死生之變不足動之者，此又何邪？」曰：「是其心之用既不交於外矣，而其體之分於內者，乃曰相伺而不舍焉。其志專而切，其機危而迫，是以精神之極，而一旦惘然若有失也。近世所謂看心之法，又其所以至此之捷徑，蓋皆原於莊周『承蜩』、『削鐻』之論，而又加巧密焉爾。然味於天理而特爲是以自私焉。」

釋氏論下

或問：「子之言釋氏之術原於莊子『承蜩』、『削鐻』之論，其有稽乎？」朱子曰：「何獨此哉，凡彼言之精者，皆竊取《莊》、《列》之説以爲之。宋景文公於《唐書》李蔚等傳，既言之矣。蓋佛之所生，去中國絶遠，其書來者，文字、音讀皆累數譯而後通。而其所謂禪者，則又出於口耳之傳，而無文字之可據，以故人人得竄其説以附益之，而不復有所攷驗。今其所以或可見者，獨賴其割裂裝綴之跡猶有隱然於文字之間而不可揜者耳。蓋凡佛之書，其始來者，如《四十二章》、《遺教》、《法華》、《金剛》、《光明》之類，其所言者不過清虚緣業之論、神通變見之術而已。及其中間，爲其學者如惠遠、僧肇之流，乃始稍竊《莊》、《列》之言以相之，然尚未敢正以爲出於佛之口也。及其久而恥於假借，則遂顯然篡取其意而文以浮屠之言，如《楞嚴》所謂自聞，即《莊子》之意，而《圓覺》所謂『四大各離，今者妄身當在何處』，即《列子》所謂『精神入其門，骨骸反其根，我尚何存者』也。凡若此類，不可勝舉。然其説皆萃於書首，其玄妙無以繼之，然後佛之本真乃見。如結壇誦呪、二十五輪之類，以至於大力金剛、吉盤荼鬼之屬，則其鱻鄙俗惡之狀，校之首章重玄極妙之指，蓋水火之不相入矣。至於禪者之言，則其始也，蓋亦出於晉、宋清談論議之餘習，而稍務反求静養以默證之，或能頗出神怪以衒流俗而已。如一葉五花之讖、隻履西歸之説，雖未必實有是事，然亦可見當時所尚者止於如此也。其後傳之既久，聰明才智之士或頗出於其間而自覺其陋，於是更出己意，益求前人之所不及者以陰佐之，而盡諱其怪幻鄙俚之談。於是其説一旦超然真若出乎道德性命之上，而惑之者遂以爲果非堯、舜、周、孔之所能及矣。然其虚夸詭譎之情、險巧儇浮之態，展轉相高，日以益甚，則又反不若其初清虚静默之説猶爲彼善於此也。以是觀之，則凡釋氏之本末真僞可知。而其所竊，豈獨『承蜩』、『削鐻』之一言而已哉！且又有一説焉，夫佛書本皆胡語，譯而通之，則或以數字爲中國之一字，或以一字而爲中國之數字，而今其所謂偈者，句齊字偶，了無餘欠。至於所謂二十八祖傳法之所爲者，則又頗協中國音韻，或用唐詩聲律。自其黨之稍黠如惠洪輩者，則已能知其謬，而强爲説以文之。顧服衣冠、通今古，號爲士大夫，如楊大年、蘇子由者，反不悟而筆之於書也。嗚呼！以是推之，則亦不必問其理之是非，而其增加之僞，跡狀明白，益無所逃矣。宋公之論，信而有證，世之惑者，於此其亦可以少悟也哉！

文治案：此二篇載於《大全·别集》，旁注云：建安吴應櫄家藏，湯東澗跋。不知所作在何年也。上篇缺字甚多，且其精義已見於《觀心説》，下篇敍源流甚詳。惟上篇實爲下篇根據，故並録之。

附：夏氏炘　朱子出入二氏論

朱子窮理之學實得之於性生。其喜讀禪學文字，凡出入二氏十餘年，與讀聖賢書齊頭並進者，雖不免爲高明之累，然亦即朱子格物致知之功也。格致之學，自身心、性命以至天地之高深、鬼神之幽隱、一草一木之瑣細，皆所當格。而況釋、老之學，溺之者以爲空靈元妙，迥出吾儒之上；闢之者以爲虛無寂滅，大異吾儒之教。苟不讀其書，不究其説，則所謂「空靈元妙」與夫「虛無寂滅」者又烏足以知之？朱子嘗説：程子「書無所不讀」，「觀其平日辨異端、闢邪説如此之詳，是豈不讀其書而以耳剽決之耶」。又曰：「金谿之學真正是禪。欽夫、伯恭緣不曾看佛書，所以看他不破，只某便識得他。試將《楞嚴》、《圓覺》之類一觀，亦可粗見大意。」是朱子所以能辨釋、老之學，正以其曾讀釋、老之書故也。使不讀其書而徒深斥其學，近於道聽塗説，不惟無以服釋、老之心，即返之吾心，亦有大不安者。故曰此「即朱子格致之功也」。後世因此遂謂朱子早年出入禪學，與金谿未會而同，豈所以論朱子哉？

或者曰：「朱子格致之功不遺二氏之學，既得聞其説矣，前此者亦有徵乎？」答之曰：「子不讀伊川先生之譔《明道行狀》乎？『先生自十五、六歲時，聞汝南周茂叔論道，遂厭科舉之學，慨然有求道之志。未知其要，泛濫於諸家，出入於老、釋者幾十年，返求諸六經而後得之』。夫『未知其要』者，非不得其門也，謂斯道之要奥，未能知至至之也。『泛濫』、『出入』，乃格致之功，求其心之所安耳。其見濂溪以後，與見延平以後，亦大約相同。然則朱子之自謂『後年歲間漸覺其非』者，豈得謂之晚乎？且亦不獨程子爲然也，吕與叔譔《張橫渠行狀》云：『年十八，范文正公勸讀《中庸》，先生讀其書，雖愛之，猶以爲未足，於是又訪諸釋、老之書。累年盡究其說。』是横渠窮理之學亦不遺釋、老之説如此。彼程、張者，又何嘗有所陷溺哉？且又不獨程、張爲然也，孔子不嘗云『吾嘗終日不食、終夜不寢以思』乎？夫日夜廢寢食以思，真不免馳心於空眇之域矣。聖人於異端之學，必身親其地、足履其庭，實知其無益之弊，其求其心之所安，其用意之微密，豈末學所能測？倘移陳氏『陷溺高明』之説以疑聖人，其可乎，其不可乎？」朱子《困學詩》云：「舊喜安心苦覓心，捐書絶學費追尋；困横此日安無地，始覺從前枉寸陰。」亦與孔子「終日不食、終夜不寢以思，無益，不如學也」同意。蓋朱子曾有一日、二日之間捐書絶學，講求安心、覓心之法，後因困横而知其枉寸陰也。《通辨》遂謂禪學近似亂真，能陷溺高明，朱子初猶捐書絶學，馳心二十餘年。不亦誣乎！

紫陽學術發微卷八

朱子辨金谿學發微

目録

紫陽學術發微卷八

朱子辨金谿學發微

後學太倉唐文治蔚芝編輯

文治案：《禮記·禮運》篇論「大順」曰：「事大積焉而不苑，並行而不繆，細行而不失。深而通，茂而有間。連而不相及也，動而不相害也。」甚矣！度量之大也。《中庸》篇之贊孔子曰：「萬物並育而不相害，道並行而不相悖。」甚矣！道體之大也。後世之學孔子者，孰不當以是爲法哉？若持門户之見，入主出奴，甚至黨同伐異，意氣囂然，恐失聖人之本意矣。朱陸異同之辨，數百年來，齗齗不已。如陳清瀾《學蔀通辨》、程氏曈啓暾《閑闢録》、陸清獻《三魚堂集》、陳定齋《明辨録》、劉虞卿《理學宗傳辨正》、吴竹如《拙修集》，皆力攻洛學以爲不得儕於儒者之列。文治始亦頗信其説。迨年稍長、學稍進，竊以爲學以救世爲主，而捄世尤以人心、世道爲先。其有益於人心、世道者，皆聖賢之徒也。何必自隘其門牆哉？若清瀾諸先生之言，未免太過矣！鵝湖之會，陸桴亭先生謂朱、陸異同，不必更揚其波，但讀兩家年譜所記：朱子則有謙謹求益之心，象山不無矜高揮斥之意。此誠確論。然陸之在白鹿洞書院講《論語》「義利」章，諸生爲之泣下，朱子未嘗不心折之。若夫朱子之學重在道問學、陸子之學重在尊德性之説，此蓋朱子謙抑之辭，見《語録》。豈可各標宗旨？而元吴草盧先生乃據爲事實，耳食之士靡然從之，貽誤非細。按朱子《中庸》注云：「尊德性，所以存心而極乎道體之大也；道問學，所以致知而盡乎道體之細也。」蓋非存心無以致知，而存心者又不可以不致知。是尊德性，即程子所謂「涵養須用敬」也；道問學，即程子所謂「進學則在致知」也。二者有兼營並進之功，無背道分馳之理。朱子道問學，即所以充其德性；而陸子尊德性，則不過明其昭昭靈靈之體而已。説見文治所撰《讀陸象山「先立乎其大」説》。此不可不辨也。雖然，吾儒尚論古人，析理貴乎精嚴，而立心歸於平恕。曾文正嘗謂君子之言，「平則致和，激則召争；詞氣之輕重，積久則移易世風，黨仇訟争而不知所止」。矧方今人士，沉溺於名利之私，利害得喪，情炎於中，營擾不釋，甚或穿窬害人，無所不至。苟得陸子發明本心之訓，以怵惕其天良，豈非捄世救心之善藥歟！語曰：「羣言殽亂質諸聖。」朱陸異同之説，儻能平心而折衷之，要所謂「連而不相及，動而不相害」，「道並行而不相悖」者也，抑豈獨論朱陸而已，由是推之天下之争端皆可以息矣。

又案：金谿陸氏，兄弟六人：長九思；次九敍；次九皐，號東齋；次九韶，字子美，號梭山；次九齡，字子壽，號復齋；次九淵，字子静，號存齋，又號象山。世稱其兄弟自相師友，和而不同，可謂極一門之盛。而子壽、子静爲尤著。黄梨洲先生《宋元學案》載梭山、復齋、象山均稱「金谿學案」，分爲三卷。而全謝山先生則合梭山、復齋學案爲一卷，象山學案爲一卷云。

朱陸年譜鵝湖大會

乙未淳熙二年，朱子四十六歲，陸子三十六歲。

五月，吕伯恭約陸子及兄子壽會朱子於鵝湖。論學不合，各賦一詩見志。陸子壽詩云：「孩提知愛長知欽，古聖相傳只此心；大抵有基方築室，未聞無址忽成岑。留情傳注翻榛塞，着意精微轉陸沉。珍重友朋勤琢切，須知至樂在於今。」子静和云：「墟墓興哀宗廟欽，斯人千古不磨心；涓流積至滄溟水，卷石崇成太華岑。易簡工夫終久大，支離事業竟浮沉。欲知自下升高處，真僞先須辨只今。」朱子續和云：「德義風流夙所欽，别離三載更關心。偶扶藜杖出寒谷，又枉籃輿度遠岑。舊學商量加邃密，新知培養轉深沈。只愁説到無言處，不信人間有古今。」

陳清瀾《學蔀通辨》云：「《朱子年譜》謂：『其後，子壽頗悔其非，而子静終身守其説不變。』是以子壽後五年卒，朱子祭之以文，有道合志同、降心從善之許，而於子静日益冰炭云。」文治案：《象山年譜》云：「鵝湖講道，誠當時盛事。伯恭蓋慮朱與陸〔議論〕猶有異同，欲令歸於一而定其所適從。」惜乎其未遂也。然《易・睽卦・象傳》曰：「君子以同而異。」君子之於學術，所以不苟同者，正以見直道之公，何必曲爲附和哉？

朱子答陸子静書

王白田先生云：丁未。程注：誤。《陸譜》：丙午

昨聞嘗有丐外之請，而復未遂。今定何如？莫且宿留否？學者後來更得何人？顯道得書云嘗詣見，不知已到未？子淵去冬相見，氣質剛毅，極不易得。但其偏處亦甚害事，雖嘗苦口，恐未必以爲然。今想到部，必已相見，亦嘗痛與砭礪否？道理雖極精微，然初不在耳目見聞之外，是非黑白，即在面前。此而不察，乃欲别求玄妙於意慮之表，亦已誤矣。熹衰病日侵，去年災患亦不少。此數日來，病軀方似略可支吾，然精神耗減，日甚一日，恐終非能久於世者。所幸邇來日用功夫頗覺有力，無復向來支離之病，甚恨未得從容面論，未知異時相見尚復有異同否耳？

文治按：程篁墩《道一編》採此書爲朱陸晚同，又自注云：「或疑書尾尚持異同之説。」然觀朱子於此，既自以支離爲病，而陸子《與傅子淵》書亦復以過高爲憂，則二先生胥會必無異同可知。惜其未及胥會而陸已下世矣。又趙東山亦云：「使其合并於晚歲，則其微言精義必有契焉。而子静則既往矣，抑朱子後來德盛仁熟，使子静見之，又當以爲何如也？」而陳清瀾先生則力詆之以爲非。按此書既係丙午所作，則朱子已五十七歲，未可謂爲中年矣。虚心謙謹，儒者之常，何必力加詆訶耶！

又答陸子静書 丁未五月二日

税駕已久，諸況想益佳。學徒四來，所以及人者在此而不在彼矣。來書所謂利欲深痼者已無可言，區區所憂，卻在一種輕爲高論，妄生内外精粗之别，以良心日用分爲兩截，謂聖賢之言不必盡信，而容貌詞氣之間不必深察者。此其爲説乖戾狠悖，將有大爲吾道之害者，不待他時末流之弊矣。不審明者亦嘗以是爲憂乎！此事不比尋常小小文義異同，恨相去遠，無由面論，徒增耿耿耳。李子甚不易，知向學，但亦漸覺好高。鄙意且欲其著實看得目前道理事物分明，將來不失將家之舊，庶幾有用。若便如此談玄説妙，卻恐兩無所成，可惜壞卻天生氣質，卻未必如乃翁樸實頭，無許多勞攘耳。

文治案：朱子此書針砭陸子之弊端甚切，其語意與中和第一説頗相同。恐陸子當時亦正如此用功耳。

又答陸子静書

程注：戊申正月十四日

學者病痛，誠如所諭，但亦須自家見得平正深密，方能藥人之病。若自不免於一偏，恐醫來醫去反能益其病也。所諭與令兄書辭費而理不明，今亦不記當時作何等語，或恐實有此病。承許條析見教，何幸如之！虚心以俟，幸因便見示。如有未安，卻得細論，未可便似居士兄遽斷來章也。

文治案：「與令兄書」云云，蓋即無極之辨，録後。

陸子静與朱子書

梭山兄謂：「《太極圖説》與《通書》不類，疑非周子所爲；不然，則［或］是其學未成時所作；

不然則或是傳他人之文，後人不辨也。蓋《通書·理性命》章言『中焉止矣。二氣五行，化生萬物，五殊二實，二本則一』，曰中，曰一，則太極也，未嘗於其上加『無極』字。《動靜》章言『五行陰陽、陰陽太極』，亦無『無極』之文。假令《太極圖説》是其所傳，或少時所作，則作《通書》時，蓋已知其説之非矣。」此言殆未可忽也。尊兄鄉與梭山書云：「不言無極，則太極同於一物，而不足爲萬化根本；不言太極，則無極淪於空寂，而不能爲萬化根本。」夫太極者，實有是理，聖人從而發明之耳，非以空言立論，使後人簸弄於頰舌紙筆之間也。其爲萬化根本固自素定，其足不足，能不能，豈以人言不言之故耶？《易大傳》曰：「易有太極。」聖人言有，今乃言無，何也？作《大傳》時不言無極，太極亦何嘗同於一物而不足爲萬化根本耶？《洪範》五皇極，列在九疇之中，不言無極，太極亦何尝同於一物，而不足爲萬化根本耶？太極固自若也。後書又謂：「無極即是無形，太極即是有理。周先生恐學者錯認太極别爲一物，故著『無極』二字以明之。」《易大傳》曰「形而上者謂之道」，又曰「一陰一陽之謂道」，一陰一陽已是形而上者，况太極乎？曉文義者舉知之矣。自有《大傳》，至今幾年未聞有錯認太極别爲一物者。設有愚謬至此，奚啻不能以三隅反，何足上煩老先生特地於太極上加「無極」二字以曉之乎？且「極」字亦不可以「形」字釋之。蓋極者，中也，言無極是猶言無中也，是奚可哉！若懼學者泥於形器而申釋之，則宜如《詩》云「上天之載」，而於下贊之曰「無聲無臭」可也，豈宜以「無極」字加於太極之上？朱子發謂濂溪得《太極圖》於穆伯長，伯長之傳出於陳希夷，其必有攷。希夷之學，老氏之學也。「無極」二字出於《老子・知其雄》章，吾聖人之書所無有也。《老子》首章言「無名天地之始，有名萬物之母」，而卒同之，此老氏宗旨也。「無極而太極」，即是此旨。老氏學之不正，見理不明，所蔽在此。兄於此學用力之深，爲日之久，曾此之不能辨，何也？《通書》「中焉止矣」之言，與此昭然不類，而兄曾不之察，何也？《太極圖說》以「無極」二字冠首，而《通書》終篇未嘗一及「無極」字，二程言論文字至多，亦未嘗一及「無極」字，假令其初實有是圖，觀其後來未嘗一及「無極」字，可見其學之進而不自以爲是也。兄今攷訂注釋，表顯尊信如此其至，恐未得爲善祖述者也。

朱子答陸子靜書

來書反復，其於無極、太極之辨詳矣。然以熹觀之，伏羲作《易》，自一畫以下，文王演《易》，自「乾元」以下，皆未嘗言「太極」也，而孔子言之。孔子贊《易》，自太極以下未嘗言「無極」也，而周子言之。夫先聖後聖，豈不同條而共貫哉！若於此有以灼然實見太極之真體，則知不言者不爲少，而言之者不爲多矣，何至若此之紛紛哉？今既不然，則吾之所謂理者，恐其未足以爲羣言之折衷，又況於人之言有所不盡者，又非一二而已乎？既蒙不鄙而教之，熹亦不敢不盡其愚也。且夫《大傳》之太極者，何也？即兩儀、四象、八卦之理具於三者之先而緼於三者之内者也。聖人之意正以其究竟至極，無名可名，故特謂之「太極」，猶曰「舉天下之至極無以加此」云爾，初不以其中而命之也。至如北極之「極」，屋極之「極」，皇極之「極」，民極之「極」，諸儒雖有解爲中者，蓋以此物之極常在此物之中，非指「極」字而訓之以「中」也。極者，至極而已。以有形者言之，則其四方八面合輳將來，到此築底更無去處；從此推出，四方八面都無向背，一切停匀，故謂之極耳。後人以其居中而能應四外，故指其處而以中言之，非以其義爲可訓中也。至於太極，則又初無形象方所之可言，但以此理至極而謂之極耳。今乃以中名之，則是所謂理有未明而不能盡乎人言之意者一也。《通書·理性命》章，其首二句言理，次三句言性，次八句言命，故其章内無此三字，而特以三字名其章以表之，則章内之言固已各有所屬矣。蓋其所謂「靈」，所謂「一」者，乃爲太極；而所謂「中」者，乃氣稟之得中，與「剛善」、「剛惡」、「柔善」、「柔惡」者爲五性而屬乎五行，初未嘗以是爲太極也。且曰「中焉止矣」，而又下屬於二氣五行、化生萬物之云，是亦復成何等文字義理乎！今來諭乃指其中者爲太極而屬之下文，則又理有未明而不能盡乎人言之意者二也。若論「無極」二字，乃是周子灼見道體迥出常情，不顧旁人是非，不計自己得失，勇往直前説出人不敢説底道理，令後之學者曉得見得太極之妙不屬有無，不落方體。若於此看得破，方見得此老真得千聖以來不傳之秘，非但架屋下之屋、疊牀上之牀而已也。今必以爲未然，是又理有未明而不能盡人言之意者三也。至於《大傳》既曰「形而上者謂之道」矣，而又曰「一陰一陽之謂道」，此豈真以陰陽爲形而上者哉？正所以見一陰一陽雖屬形器，然其所以一陰而一陽者，是乃道體之所爲也。故語道體之至極，則謂之太極；語太極之流行，則謂之道。雖有二名，初無兩體。周子所以謂之「無極」，正以其無方所、無形狀，以爲在無物之前，而未嘗不立於有物之後；以爲在陰陽之外，而未嘗不行乎陰陽之中；以爲通貫全體，無乎不在，則又初無聲臭影響之可言也。今乃深詆無極之不然，則是直以太極爲有形狀、有方所矣。直以陰陽爲形而上者，則又昧於道器之分矣。又於「形而上者」之上復有「況太極乎」之語，則是又以道上別有一物爲太極矣。此又理有未明而不能盡乎人言之意者四也。至熹前書所謂「不言無極，則太極同於一物而不足爲萬化根本；不言太極，則無極淪於空寂而不能爲萬化根本」，乃是推本周子之意，以爲當時若不如此兩下説破，則讀者錯認語意，必有偏見之病，聞人説有即謂之實有，見人説無即以爲真無耳。自謂如此説得周子之意已是太煞分明，只恐知道者厭其漏泄之過甚，不謂如老兄者乃猶以爲未穩而難曉也。謂［請］以熹書上下文意詳之，豈謂太極可以人言而爲加損者哉？是又理有未明而不能盡乎人言之意者五也。來書又謂《大傳》明言「易有太極」，今乃言無，何耶？此尤非所望於高明者。今夏因與人言《易》，其人之論正如此。當時對之不覺失笑，遂至被劾。彼俗儒膠固，隨語生解，不足深怪，老兄平日自視爲如何，而亦爲此言耶？老兄且謂《大傳》之所謂「有」，果如兩儀、四象、八卦之有定位，天地五行萬物之有常形耶？周子之所謂「無」，是果虛空斷滅都無生物之理耶？此又理有未明而不能盡乎人言之意者六也。老子「復歸於無極」，「無極」乃無窮之義，如「莊生入無窮之門以遊無極之野」云爾，非若周子所言之意也。今乃引之而謂周子之言實出乎彼，此又理有未明而不能盡乎人言之意者七也。高明之學超出方外，固未易以世間言語論量、意見測度。今且以愚見執方論之，則其未合有如前所陳者，亦欲奉報又恐徒爲紛紛重使世俗觀笑。既而思之，若遂不言，則恐學者終無所取正。較是二者，寧可見笑於今人，不可得罪於後世。是以終不獲已而竟陳之，不識老兄以爲如何？

文治按：無極之辨，朱子答陸子美、子静，共書數通，兹特録一首，然其精義已具備於此。朱子《答程正思》書云：「答子静書無人寫得，聞其已謄本四出久矣。此正不欲暴其短，渠乃自如此。可歎，可歎！然得渠如此，亦甚省力，且得四方學者略知前賢立言本旨，不爲無益。」云云。所謂「前賢立言本旨」，蓋即指《太極圖説》而言。

陸子静白鹿洞書院《論語》「喻義」、「喻利」章講義

此章以義利判君子、小人，辭旨曉白，然讀之者苟不切己觀省，亦恐未能有益也。某平日讀此，不無所感，竊謂學者於此，當辨其志。人之所喻由其所習，所習由其所志。志乎義，則所習者必在於義，

所習在義，斯喻於義矣；志乎利，則所習者必在於利，所習在利，斯喻於利矣。故學者之志不可不辨也。科舉取士久矣，名儒鉅公皆由此出。今爲士者固不能免此。然場屋之得失，顧其技與有司好惡如何耳，非所以爲君子、小人之辨也。而今世以此相尚，使汩没於此而不能自拔，則終日從事者，雖曰聖賢之書，而要其志之所鄉，則有與聖賢背而馳者矣。推而上之，則又惟官資崇卑、禄廪厚薄是計，豈能悉心力於國事民隱以無負於任使之者哉？從事其間，更歷之多，講習之熟，安得不有所喻？顧恐不在於義耳。誠能深思是身，不可使之爲小人之歸，其於利欲之習，怛焉爲之痛心疾首，專志乎義而日勉焉，博學、審問，謹思、明辨而篤行之。由是而進於場屋，其文必習道其平日之學、胸中之藴，而不詭於聖人。由是而仕必皆共其職，勤其事，心乎國，心乎民，而不爲身計，其得不謂之君子乎？秘書先生起廢以新斯堂，其意篤矣。凡至斯堂者，必不殊志。願與諸君勉之，以毋負其志。

淳熙辛丑春二月，陸兄子静來自金谿，其徒朱克家、陸麟之、周清叟、熊鑑、路謙亨、胥訓實從。十日丁亥，熹率寮友諸生與俱至於白鹿洞書院，請得一言以警學者。子静既不鄙而惠許之。至其所以發明敷暢，則又懇到明白，而皆有以切中學者隱微深痼之病，蓋聽者莫不悚然動心焉。熹猶懼其久而或忘之也，復請子静筆之於簡而受藏之。凡我同志，於此反身而深察之，則庶乎其可不迷於入德之方矣。新安朱熹識。

文治按：陸子此篇，可謂萬世法戒。科舉之説，特爲一時之習俗言耳，推之爲選舉，爲徵辟，爲超擢，其奔走詭遇者，皆嗜利之徒也。天下多嗜利之人，百姓豈有安甯之日？寰宇甯有太平之望耶！《易·臨卦》之三爻曰：「甘臨，无攸利。」竊謂凡甘心於利者，終必无利。讀陸子之言，亦有良心發見而通身汗下者乎！

附：夏氏炘　陸文安公張宣公論

陸文安公少朱子九歲，張宣公少朱子三歲，皆以聰明絶世之資，聞道甚早，又得朱子爲之友而成就各不同者，何哉？宣公受學於胡五峯。五峯爲伊川三傳弟子，《知言》一書，五峯所講授，宣公所奉爲準繩者也。朱子於性無善惡心無已發、仁以用言心以用盡、不事涵養先務知識諸論，力辨其非，而宣公一一翻然從之。吕成公稱其事師，未嘗如世俗學一先生之言暖暖姝姝，不復更求其進學之力者，可謂真知宣公者矣。觀朱子與宣公諸書，一義之合違，一言之同異，必反覆辨證，不遺餘力，卒乃同歸而一致。然則宣公之爲學，其用心也虚，其親賢也篤，其集益也廣，其從善也勇。乾淳諸老之中，學足以肩隨建安而傳之後世無弊者，不得不於宣公首屈一指也。若夫陸文安公之學，一門兄弟，自相師友，非有先正名師之指授也。世無朱子則已，即有之而或道里遼遠、華彝隔絶，則亦已矣。乃相望數百里之間，而又有吕成公爲之介紹，一會講於鵝湖，再會講於白鹿。朱子之德盛禮恭，情深心苦，欲挽注脚「六經」之習，以爲干城吾道之功，所以誘掖而接引者，亦不可謂不至矣。當復齋先生之未没也，轍雖歧而陷之未深，跡雖偏而轉之尚易。迨復齋先生之既没也，王荊公之祠記、曹立之之墓表，無往不開其争憤之端。至於無極、太極之辨，各尊所聞，各行所知，而文安公之學遂於鄒魯、伊洛以外，別樹一幟矣。明高忠憲公以無我、有我論朱與陸曰：「學爲聖賢，必自無我入，無我而後能虚，虚而後能知過，知過而後能日新，日新而後能光大。有我者，反是。」然則文安公之學，所由與宣公大異歟！

附：夏氏炘　陸文達公學術與文安公不同攷　節録

江西二陸並稱，後世因鵝湖之會文達、文安兄弟與朱子論學不合，遂統謂之曰朱陸，不復別文達於文安之外，不知文達之學晚年有就正之功。文安之學終身無轉移之境也，比而攷之，竊取君子之表微焉。

《朱子年譜》：淳熙二年乙未，吕伯恭來自東陽，過先生寒泉精舍。東萊歸，送之至信州鵝湖寺，江西陸九齡子壽、弟九淵子静及清江劉清之子澄皆來會。

嚴松年録象山語云：「吕伯恭爲鵝湖之會，先兄復齋謂某曰：『伯恭約元晦爲此集，正爲學術異同。我兄弟先自不同，何以望鵝湖之同？』先兄遂與某議論致辨，又令某自説，至晚罷。先兄云：『子静之説是。』次早某請先兄説，先兄云：『某無説。夜來思之，子静之説極是。方得一詩云：孩提知愛長知欽，古聖相傳只此心；大抵有基方築室，未聞無址忽成岑。留情傳注翻蓁塞，着意精微轉陸沈。

珍重友朋相切琢，須知至樂在於今。』某云：『詩甚佳，但第二句微有未安。』先兄云：『説得恁地，又道未安，便要如何？』某云：『不妨。』一路起行，某沿途卻和此詩。及至鵝湖，伯恭首問先兄别後新功，先兄舉詩方四句，元晦顧伯恭曰：『子壽早已上子静船了。』舉詩罷，遂致辨於先兄。某云：『途中和得家兄此詩云：墟墓生哀宗廟欽，斯人千古不磨心。涓流滴到滄溟水，拳石崇成泰華岑。易簡功夫終久大，支離事業竟浮沈。』舉詩至此，元晦失色。至『欲知自下升高處，真僞先須辨只今』，元晦大不懌。於是各休息。異日，二公商量數十折議論來，莫不悉破其説。繼日凡致辨，其説隨屈。」

王氏懋竑云：「按《象山語録》，子壽與子静學問原有不同，及將會鵝湖，子静再三辨論，而子壽乃以子静之言爲是，遂作『孩提知愛』一詩。子静以爲然。故鵝湖之會，子壽舉詩四句，朱子曰：『子壽早已上子静船了。』其時二陸與朱子辨論，皆不合。」

炘按：春秋重主盟，此會雖陸氏兄弟同來，實文安主之。文達與文安之學，平日本不同，是以文安謂文達曰：「我兄弟先自不同，何以望鵝湖之同？」則其家庭之旨趣可知矣！未會之前，文安先與文達講論者，蓋必求其同，欲文達之從己也。文達知文安之意，故令其先説。又知文安不可屈，故但云「子静之説是」也。次日文安仍恐其不合，故再問之。文達益知其不可屈，故云「子静之説極是」也。「孩提知愛」一詩，即就文安之所説而詠之，以明己之必不異於文安。而文安猶以第二句爲未安者，推其意，以爲孩提知愛、既長知欽，途人之心皆有之，不必古聖人之相傳，故和詩易之云「斯人千古不磨心」，隱以規文達之不足也。後世良知之學，即從鵝湖詩首二句悟入。陸氏兄弟本東萊之友，與朱子不相識，東萊留止寒泉數十日，必爲朱子言二陸梗概，并文達與文安不同之處。故朱子一聞其詩，深訝子壽將登於岸之學竟爲子静一葦航之也，不然朱子何以知之哉？

《象山年譜》：先生更欲與元晦辨，以爲堯舜之前何書可讀。復齋止之。

炘按：文達之止文安，有深意存焉。非徒爲一時辨難之不已也。

《東萊集·與元晦書》云：此書在庚子，張南軒既卒之後。「子壽前日經過，留此二十餘日，幡然以鵝湖所見爲非，甚欲着實看書講論，心平氣下，相識中甚難得也。」

炘按：文達去年詣鉛山，今年過東陽，即此兩年之間，僕僕於朱、吕之門，非幡然改悔，求道真切，其何能若是乎？

朱子《文集·答張敬夫》書云：即答敬夫前書。「子壽兄弟得書，子静約秋涼來遊廬阜，但恐此時已换却主人耳。朱子應詔上封事，孝宗大怒曰：「是以我爲亡也。」趙雄力爲救解乃已。渠兄弟今日豈易得？但子静似猶有些舊來意思。聞其門人説，子壽言其雖已轉步而尚未移身，然其勢久之亦必自轉。回思鵝湖講論時是甚氣勢？今何止十去八九耶？」

炘按：此書專説文安，不説文達，蓋文達去年會鉛山已改從朱子之教矣。文安之「雖已轉步而尚未移身」，出自文達之口，則文達勸戒之力居多，惜乎是年九月文達遂卒，而文安仍自守其學以終身也。

附：夏氏炘　朱子深戒及門不得無禮於金谿説

昔孔子初見老子，《史記》載其謂孔子之言甚倨，而孔子不以爲忤，且有猶龍之歎。非老子之賢過於孔子，孔子之聖果不免於老子之所譏也。其時老子年高而德尊，孔子適周問禮，方以弟子之禮事之，謙恭卑下，乃少事長之禮當如是耳。朱子一生，拳拳《小學》、《少儀》、《弟子職》諸篇采輯綦備，所以守尼山之家法，而爲後生小子之慮者，可不謂深乎！宋乾淳之間，陸文安公以聰明先覺之資崛起金谿，聚徒講學，與建安壇坫相望，一時英俊後學之士鮮有及者。是以朱陸之門互相切磋。劉淳叟者，學於陸氏而登朱子之堂者也，來相見時極口以子静之學爲大謬。朱子詰之曰：「子静學術自當付之公論。公不得遽如此説。」又朱子過江西，與文安之兄文達對語，而淳叟不顧而去，獨自默坐。朱子曰：「便是某與陸丈言不足聽？亦有數年之長，何得如此？」諸葛誠之者，亦遊於兩先生之門者也，朱子詒之書曰：「示喻競辨之端，三復惘然。愚意欲深勸同志者，兼取兩家之長，不得輕相詆議」；「向來講論之際，見諸賢往往有立我自是之意，無復少長之節、禮遜之容。〔蓋嘗竊笑以爲正，使真是仇敵亦何至此？但觀諸賢之氣方盛，未可遽以片詞取信，因默不言，〕至今常不滿也。」嗟乎！觀朱子之所以戒及門者，然後知朱子之於金谿，其心平，其氣下，其禮恭，其詞遜，既以禮自律，復以禮約束，及門之士其所以救金谿之失者，不徒在論説之異同也。後世學朱子之學者，矩矱宣尼，誦法《小學》，躬行實踐之餘抑然自下，不敢放言高論以取僭踰之咎，雖未必遽詣學之精微，而大本固已得矣。彼揚眉瞬目如傅子淵者，宜其喪心而失志，而朱子之學所以能傳之萬世而無弊與！

文治案：夏氏此文，最爲平正。朱子别有《答諸葛誠之》書云：「所喻子静不至深諱者，不知所諱何事？又云消融其隙者，不知隙從何生？愚意講論義理，只是大家商量，尋箇是處，初無彼此之間，不容更似世俗遮掩回護、愛惜人情，纔有異同便生嫌隙也。」云云。詞意尤極和平親切，可補夏氏所未録。

附：黄氏式三　讀陸氏《象山集》

陸氏象山之學，王陽明宗之，藉以樹敵於朱子，後儒遂稱之曰陸王。然而，陸氏與王氏有同有異，與朱子有異亦復有同。陸氏以爲仁義者人之本心，愚不肖則蔽於物欲而失本心；賢智者則蔽於意見而失本心。人必先立其志，躬行實踐，日充其本心之大，此一生論學之旨也。而其《與趙詠道》書則云：「《大學》致知、格物，《中庸》博學、審問、謹思、明辨，《孟子》始條理者智之事，固先乎講明矣。」「未嘗學、問、思、辨，而曰吾惟篤行之而已，是冥行者也。［自孟子言之，則事蓋未有無始而有終者。講明之未至，而徒恃其能力行，」是猶射不習於教法之巧，而徒恃其有力；能至於百步之外，而不計其未嘗中也。」講明有所未至，雖伊尹、伯夷之聖，而孟子顧有所不願學，拘儒瞽生安可以硜硜之必爲而傲知學之士？其與劉淳叟、包顯道、彭子壽書，皆言先知後行，是大綱本同於朱子矣。惟朱子承伊川之學，致知格物必盡窮天下之物理；陸氏以爲人情、物理之變，不可勝窮，是以堯舜之智不徧物，學者恥一物之不知，恥非所恥，終身習支離之學而義利未分，端緒未正，本心汩没，反將置之不恥，意蓋深憫乎此而有異於朱子耳。若王氏言知行合一，言行先於知，以格物爲正物，以致知爲致良知，以學、問、思、辨爲力行之功，以無善無惡爲心之本體，説皆異於陸氏，故其《答席元山》書既稱象山之學簡易，孟子之後一人，而又嫌其學問思辨、致知格物之説未免沿襲之累，則王氏直簡於陸氏而不顧其太簡邪！抑嘗讀朱子《與吕子約》書云：「孟子言學問之道，惟在求其放心。今一箸文字不知有己，是無知覺不識痛癢之人，雖讀書何益？」《與何叔京》書云：「因良心發見之微，猛省提撕，使此心不昧，則本領既立，自然下學而上達。」此其言與《大學》、《孟子》注同，豈不與陸氏若合符節乎？而後之爲朱子學者，必謂與吕、何書在年四十以前，猶非定論，抑又拘矣！讀先儒書不必泥於時之先後，而祇論其説之是非。説果未盡是邪，則當知其非；未盡非耶，則當知其是。朱子平日教學者，詳言自明誠，未嘗不言自誠明；陸氏平日教學者，詳言自誠明，未嘗不言自明誠。讀朱子書正當以所與吕、何諸書徵成其是；讀陸氏書亦當以所與趙、劉、包、彭諸書彌縫其闕。朱子謂學問所以求放心，正欲讀書者之輾轉歸己也；陸氏以宇宙事皆分内事，安得以攷訂經傳爲儒者分外事也？

文治按：陸子救世之志，與朱子同。薇香太夫子此篇，爲實事之求，平心之論。其意義精密周帀，後學所當奉爲圭臬者也。

附：唐文治　陸象山「先立乎其大」辨

陸象山説「先立乎其大」，散見於《文集》、《語録》者不可殫舉。吾攷其説，蓋有淺、有深，各宜區别。其淺焉者，足以制此心嗜欲之動，與孟子袪耳目之欲同；其深焉者，則欲一空其心之所有，并善念而屏絶之，乃與禪家浄智妙圓、體自空寂同，而與孟子「思則得之」之旨實背。蓋嘗論之，人之五性皆具於心，然心之爲物，飛揚馳騖，出入無時，一不自持，即逐物欲於軀殼之外，而不能自存。是以孟子言「立乎其大」而先之曰「思則得之，不思則不得」。夫人心亦豈有不思者哉！彼愚夫、愚婦，朝夕憧憧，何嘗不思？特其所思者皆耳目之欲，故猶之不思耳！夫耳目之欲，無與於心者也，而心反爲之役，則愈思愈昏而愈窒。聖人之思曰睿，睿者以無欲爲先。陸氏曰：「必有大疑大懼，深思痛省，決去世俗之習，如棄穢惡，如避寇讎，乃謂之先立乎其大者。」此誠學者入手之要，而治心之先務也。然究其終乃與孟子異者。孟子言「先立其大」，欲人決去世俗之習而用其思於理義之域，以養其心；象山言「先立其大」，欲人決去世俗之習而致其心於空蕩之鄉，并絶其思，此其説之歧乎孟子者也。夫孟子之學，得力於養氣而又歸本於集義。集義者察識四端之發，窮究事物之宜，即《大學》所謂「知止」，《中庸》所謂「明善」，大《易》所謂「窮理」，而仁者見之謂之仁，智者見之謂之智。蓋吾心之良知本足以辨善惡之端倪，特不致其體察之功則不免於認欲作理而有害於善念，即所念一出於善，而有偏而不中之處，於事亦終至於眊而不行，是以察識、格致之功由漸而進，則所謂立乎其大者乃亦由漸而精。孟子自言「不動心」，而要之以四十，此非四十以前未能自立其心也，蓋以積累之至者言也，而象山乃謂「決去世俗之習」。則此心之靈，自有其仁，自有其智，自有其勇，吾不知所謂仁、智、勇者，其能無所過乎？且能無不及乎？又能無雜於氣質之偏乎？此殆因事物之至而以知覺籠罩之非所謂仁也、所謂智與勇也。夫如是，故專認取夫昭昭靈靈者以爲萬象之主，其視事物之理，一切於吾心無與，而其治心也，乃不惟妄念之足爲累，即善念亦足爲障矣，此豈孟子「思則得之」之旨耶？案：詹子南之下樓忽覺此心中立，亦象山之「先立其大」也，楊慈湖之夜坐不寐，忽心中灑然如物脱去，亦象山之「先立其大」也，故曰孟子之「立乎其大」，立此心之義理；象山之「立乎其大」，立此心之精神知覺。吾故曰：象山所謂「立乎其大」，其淺焉者，固足袪人心妄念之動；其深焉者，則一超而頓悟，直禪氏之秘旨耳。嗚呼，學術誠難言矣哉！

文治案：陸子之學，近於禪宗，不必諱飾。朱子别書，謂其從葱嶺帶來，切中病痛。此書本篇未録。然若以爲悖於孔門，恐亦非聖人兼容并包之量也。陸清獻有言：「天下有成德之師，有興起之師。成德之師切磋琢磨，能造人才於粹精之域；興起之師廉頑立懦，能拔人心於陷溺之中。」陸子蓋無愧爲興起之師，可以造就豪傑之士。而近儒則謂爲程朱之學者多迂拘，爲陸王之學者多開拓能辦事，抑又失之偏矣。夏、黄兩先生之言，非特平心，尤徵實事。文治此文爲乙酉歲舊作，學識尚淺，姑録之俾後世教育家參攷焉。

紫陽學術發微卷九

朱子辨浙東學發微

目録

紫陽學術發微卷九

朱子辨浙東學發微

後學太倉唐文治蔚芝編輯

朱子辨浙東學發微上

文治案：浙東學派，其最著者，曰永嘉，曰永康。黄梨洲先生《宋元學案》載永嘉諸儒，有吕東萊、吕子約、薛艮齋、陳止齋、葉水心諸先生；永康則僅有陳同甫先生。攷浙東兩學派，世雖並稱，實則迥乎不同。吕成公爲朱子執友，與南軒先生同爲當代大儒。而程氏曈《閑闢録》乃以東萊與同甫並稱，謂朱子之闢東萊不亞於同甫，可謂謬論。吴竹如先生謂永嘉之學，朱子所與辨者，乃吕子約輩非東萊也，其説亦不然。攷朱子與艮齋書，即薛士龍。語意謙恭，推重頗至，而子約得罪韓侂冑至於貶死，其氣節之高，與蔡季通先生相等夷。朱子平日遺書往還，多進以涵養克己之詣，見於《文集》，亦不可謂非摯友也。蓋永嘉學術之棼雜，正由於吕成公兄弟殁後，無人主持，乃稍與永康相近。然以人品、心術論之，止齋、水心皆卓然有以自立，與同甫不可同日而語。全謝山先生謂「永嘉以經制言事功」而「永康則專言事功」，「其學更爲粗莽」，且謂永嘉功利之説至水心始一洗之，洵係確論。而後人謂永嘉學説掩於朱子，不知朱子以明德爲體，性命爲用，王道、聖功一以貫之，曷嘗非經制之學？況朱子晚年，黨錮之禍方興，士皆諱言道學，尚何勢力能掩永嘉哉？耳食之徒不免道聽而塗説矣！王氏《朱子年譜》於甲辰歲載辨浙學十數條，於辛亥歲載與陳君舉論學書，又附答葉正則書，至爲詳審。而夏氏《述朱質疑·朱子同時浙學攷》則分永康、東陽、永嘉、四明爲四支派，更爲賅博。兹特録夏氏文二篇爲上卷，録朱子與陳同甫往來書寫爲下卷，俾後之人得詳攷焉。

夏氏炘　朱子同時浙學攷

《年譜》云：「朱子歸自浙東，見其士習馳騖于外，每語學者且觀《孟子》『道性善』及『求放心』兩章，務收斂凝定，以致克己求仁之功，而深斥其所學之誤。以爲舍『六經』、《語》、《孟》而尊史遷，舍窮理盡性而談世變，舍治心修身而喜事功，爲學者心術之害。極爲呂祖儉、潘景愈、孫應時輩言之。」按朱子同時學術有江西之學、湖南之學、浙東之學。江西之學，陸文安登壇主盟，與建安旗鼓相當，莫肯稍下。雖兩家門人弟子，往來講論，如晉楚之從交相見，卒未有能拔趙幟而立漢幟者也。湖南之學發源於五峯，導流於南軒，如性無善惡、知覺爲仁及先務察識諸説。朱子爲之疏瀹排決，南軒皆降心以相從，而胡廣仲、吴晦叔諸君子有切磋之功，而無齟齬之誚，真所謂末乃同歸而一致者也。惟浙東或談心性，或矜事功，高者入虚無，卑者湛利欲。觀《文集》、《語類》所論浙中學術，别而出之，約有四家，不僅子約、叔昌諸公已也。今攷其可見者著於篇。

永康陳同甫之學

陳亮，字同甫，婺州永康人。屢詣闕上書，光宗御極，擢進士第一人。授簽書建康府判官廳公事，未至官卒，謚文毅。今傳者有《龍川集》。

《本傳》：爲人才氣超邁，喜談兵，議論風生，下筆數千言立就。嘗曰：「研窮義理之精微，辨析古今之同異，原心於秒忽，校禮於分寸，以積累爲功，以涵養爲主，睟面盎背，則於諸儒誠有媿焉。至於堂堂之陣，正正之旗，風雨雲雷交發而并至，龍蛇虎豹變現而出没，推倒一世之智勇，開拓萬古之心胸，自謂差有一日之長。」亮意蓋指朱某、吕祖謙等云。

朱子答書云：「老兄平時自處於法度之外，不樂聞儒生禮法之論。私竊疑之，願絀去『義利雙行、王霸並用』之説，粹然以醇儒之道自律，則所以爲異日發揮事業之地者，亦光大而高明矣。」《語類》云：「同父才高氣麤。」又曰：「同父在利欲膠漆盆中。」

炘按：陳同父爲吕成公所重。朱子提舉浙東時，同父來謁，其後書問不絶。朱子雖力辨其「義利雙行、王霸並用」及漢唐行事非三綱五常之正，而同父終不能從，是爲永康之學。

東陽吕子約、潘叔昌之學

吕祖儉，字子約，婺州人，東萊先生之弟也。官至大府丞，以論事得罪韓侂胄，死貶所。《宋史·忠義》有傳。所著有《大愚集》，今佚。

朱子答書云：「所謂秦漢把持天下，有不由智力者，乃是明招堂上陳同甫所説，不謂子約亦作此見而爲此論也。」

又書云：「若如此説，則是學問之道不在於己而在於書，不在於經而在於史，爲子思、孟子則孤陋狹劣而不足觀，必爲司馬子長、班固之儔，然後可以造乎高明正大之域也。」

又書云：「同甫後來又兩得書，已盡底裏答之。來書亦於『智力』二字，畢竟看不破、放不下。」

又書云：「『枉尺直尋』，素未嘗以此奉疑。但見頃來議論，如山移河決，使學者皆有趨時徇勢、馳騖功名之心，令人憂懼。」

《答沈叔晦》書云：「子約爲人，固無可疑。但其門庭近日少有變異，而流傳已遠，爲學者心術之害。」

《答劉子澄》書云：「婺州自伯恭死後，百怪都出。至如子約別説出一般差異底話，全然不是孔孟規模。」

炘按：子約爲成公之弟，成公與朱子共肩斯道，講論親切，子約不應差異至此。其所以差異者，蓋動於永康之議論耳。永康縱横馳驟，不可一世；成公在日，便往來於明招講席之間。及成公既没，子約爲其所動，自以爲有用之學而不知陷入計功謀利之窠臼，而不能拔出。朱子屢致書規之，然子約素切磋於朱子省身克己用力甚深，見《答子約》書。是以終能奮發，大節凜然，不可與縱横跅弛之士一例而視之也。

潘景愈，字叔昌，婺州人。居近吕成公，與兄景獻俱以學名。

朱子答書云：「示諭讀史曲折，鄙意以爲看此等文字，但欲通知古今之變，又以觀其所處義理之得失耳。初不必翫味究索以求變化氣質之功也。」

又書云：「六國表議論，乃是衰世一種卑陋之説。吾輩平日講論聖賢，何爲卻取此等議論以爲標準？殊不可曉。向答子約一書，亦極言之，正恐赤幟已立，未必以爲然耳。」

又書云：「示喻漢、唐故事，以兩家較優劣則然。然以三代之天吏言之，則其本領恐不但如此。吾輩正當以聖賢爲師，取其是而監其非，不當以彼爲準則也。」

《答黄直卿》書云：「婺州一種議論，名宗吕氏而實主同甫。潘家館客，往往皆此類。」

《答程正思》書云：「浙學尤更醜陋，如潘叔昌、吕子約之徒，皆已深陷其中。」

炘按：叔昌所學，其詳不可攷。以朱子答書觀之，大抵與子約相近，是爲成公殁後東陽别派之學。

又按：《年譜》浙學中又有孫應時。孫，字季和，《大全集》中有答書二首，《别集》中有答書八首，細核之，似非子約、叔昌之比。且《别集》第三書云：「大抵學者專務持守者，見理多不明；專務講學者，又無地以爲之本。能如賢者兼集衆善、不倚於一偏者，亦寡矣。」然則季和之學實見許於朱子，故今不列。

永嘉陳君舉、葉正則之學

陳傅良，字君舉，温州瑞安人。登進士甲科，官至寶謨閣待制。今傳者有《春秋後傳》、《止齋文集》。

《本傳》：永嘉鄭伯熊、薛季宣，以學行聞。而伯熊於古人經制治法，討論尤精；傅良皆師事之，而得季宣之學爲多。

呂東萊《與君舉》書云：「自昔所見少差流弊無窮者，皆高明之士也。」朱子《與葉正則》書云：「年來見得此事極分明，乃知曾子竟以魯得之。而聰明辨博如子貢者，終不得與聞，真有以也。」與東萊答君舉之意同。又曰：「公私之辨，尤須詳察。」

陸象山《與君舉》書云：「世習靡敝，固無可言。以學自命者，又復錮蔽私見，卻鍼拒砭，厚自黨與，假先訓、封形似以自附益，不知其實背馳久矣。」

朱子《答劉公度》書云：「君舉書殊不可曉，似都不曾見得實理，只是要得博雜。又不肯分明如此説破，欲包羅和會衆説，不令相傷。其實都不曉得衆説之是非、得失自有合不得處也。葉正則亦是如是。」

《語類》云：「君舉有《周禮》類數篇，又説漢唐好處，與三代暗合。」

葉適，字正則，温州永嘉人。淳熙五年進士第二人，官至寶文閣學士，謚忠定。今傳者有《水心集》。

《本傳》：志意慷慨，雅以經濟自負。

朱子答書云：「來書毫毛鈞石之喻，是乃孟子所謂尋尺者。此等議論近世蓋多有之，不謂明者亦出此也。」

又書云：「見士子傳誦所箸書及答問、書尺，類皆籠罩包藏之語。中間得君舉書，亦深以講究辨切爲不然，無他，只是自家不曾見得親切，故作此見耳。」

黄氏震曰：「水心力排莊、老，正矣；乃并譏程伊川，則異論也。力主張恢復，正矣；乃反斥張魏公，則大言也。能力詆本朝兵財靡敝天下以至於弱，正矣；乃欲割兩淮、江南、荊湖棄諸人以免養兵，獨以兩浙爲守，又欲抑三等户代兵，兹又靡敝削弱之尤者也。」

炘按：止齋、水心兩公，爲經制之學，雖其公私、義利包羅籠罩不甚分别，大旨與永康相出入，而其持躬端正、攷事詳密、立論慤實，終與永康不類，是爲永嘉之學。

四明楊敬仲、袁潔齋、舒元賓、沈叔晦之學

楊簡，字敬仲，慈溪人。乾道五年舉進士，授富陽主簿，官至寶文閣學士。今傳者有《楊氏易傳》、《慈湖詩傳》、《慈湖遺書》。

《慈湖遺書》云：「簡行年二十有八，居太學，夜返觀，忽覺天地内外，森羅萬象，幽明變化，有無彼此通爲一體。後因承象山先生『扇訟是非』之答，而又覺澄然清明。」

又云：「道心發光，如太陽洞照。」

陳氏建曰：「朱子嘗謂浙江有般學問是得江西之緒餘，只管教人合眼端坐，只覺一箇物事與日頭相似，便謂之悟。正是指此。」

朱子《答潘子善》書云：「楊敬仲其人簡淡誠慤，自可愛敬，而其議論見識自是一般。又自信已篤，不可復與辨論，亦不必徒爲嘵嘵也。」

袁燮，字和叔，鄞縣人。登進士第，官至知温州，進直學士，謚正獻。今傳者有《絜齋家塾書鈔》、《絜齋毛詩經筵講義》、《絜齋集》。

《本傳》：燮初入太學，陸九齡爲學録，同里沈焕、楊簡、舒璘皆在學，以道義相切磨。後見九齡之弟九淵發明本心之旨，乃師事焉。

舒璘，字元質，一字元賓，奉化人。登乾道八年進士，官至通判宜州，謚文靖。今傳者有《文靖集》。

《本傳》：從陸九淵遊，曰：「吾惟朝於斯，夕於斯，刻苦磨厲，改過遷善，日有新功，亦可以弗畔矣乎？」

沈焕，字叔晦，定海人。登乾道五年進士，官至通判舒州，追贈直華文閣，謚端憲。

《本傳》：試入太學，與臨川陸九齡爲友，從而學焉。

朱子答書曰：「日前務爲學而不觀書，此固一偏之弊。」

又書曰:「近年學者求道太迫,立論太高,往往嗜簡易而憚精詳,樂渾全而畏剖析。以此不本天理之本然。」

《宋史·陸九淵傳》:門人楊簡、袁燮、舒璘、沈焕,能傳其學云。

炘按:楊、袁、舒、沈四先生,雖所造各不同,而皆傳金谿之宗旨。朱子謂「浙中朋友,一等底只理會上面道理,又只理會一箇空底物事,都無用」,蓋指此也。是爲四明之學。

夏氏炘　朱子借陸學以鍼砭婺學説

婺州自吕成公殁後,大愚、叔昌諸君震於永康之議論,輕心性、重事功,其弊將枉尺而直尋,且不免利欲之膠漆。始朱子與成公切磋之時,共肩斯道,不意一傳而弊至斯極也。淳熙辛丑季冬,朱子除提舉浙江常平公事,壬寅哭成公於明招之墓,會同甫於衢、婺之間,與浙人往來講論者一載。癸未甲辰奉祠家居,始辨浙學之謬,而於婺州尤三致意焉。蓋大愚乃成公之弟,而叔昌亦及門之佳士也。初陸文安公講學臨川,吕成公爲之介紹,始與朱子爲鵝湖之會。文安之學在於「收拾精神,自作主宰」,與朱、吕先知後行、由博反約之論不合。然與其癖傳耽史、心日外馳,何如收斂凝定尚能不失其本心也；計功遂名，利日益熾，何如恬澹廉静尚能不失其素志也。知智力之説不如德性，而後一切把持之念消；知涵養之功可勝浮躁，而後一切奔放之意絶。於是恒借陸學以鍼砭之。《答劉子澄》書云：「子静一味是禪，却無許多功利術數。目下收斂得學者身心，不爲無益。」《答陳膚仲》書云：「陸學固有似禪處，然婺州朋友專事聞見，而於身心全無功夫，所以每勸學者兼取其長。」《答吴伯豐》書云：「學不過兩種：一則脱略太高；一則專務外馳。其過高者，固爲有害，然猶爲近本；其外馳者，詭譎狼狽，更不可言。」《答沈叔晦》書云：「務爲學而不觀書，此固一偏之論。然近日又有一般學術，廢經而治史，略王事而尊霸術，如此讀書則又不若不讀之爲愈也。」凡《文集》中如此類者甚多，皆不得已而爲補偏救弊之計。其詞氣抑揚宛轉之間，亦無難明其意之所在。昧者不察，遂以爲朱子晚年之學實尊信文安，不亦誣乎？

朱子辨浙東學發微下

文治案：永康學派創自陳同甫。同甫才氣超邁，辟易千夫，直欲開拓萬古心胸，推倒一時豪傑，乃以言行不謹，三次下獄，厥後又附和光宗，幸獲及第，晚節狼藉。究其病痛所在，無非義利雙行、王霸雜用之説誤之也。夫謂義利雙行，則是溺志於利矣；謂王霸雜用，則是降志於霸矣。朱子與之反覆辨論，無非欲救其心術之偏，而同甫不悟，惜哉，惜哉！孔子曰：「好直不好學，其蔽也絞；好勇不好學，其蔽也亂；好剛不好學，其蔽也狂。」同甫於六蔽而得其三，雖得賢友之忠告善道，反覆箴規，卒悍然而不顧。其才其氣，皆爲傲很剛愎之資，焉得不罹於禍害？嗚呼！吾不獨爲同甫惜，實爲天下之人才與風氣惜也。譬諸覂駕之馬遇伯樂而不反，《禮記・樂記》篇：「始駕馬者反之，車在馬前。」梼櫟之材逢大匠而仍廢。自來教育家欲成就英雄者，鮮不引爲憾事。夫聖賢之徒，戰戰兢兢，如臨深而履薄，豈好爲是迂闊哉！立其心以爲天下之標準，守其身以辨天下之大事，固宜如是也。兹特録朱子與同甫辨論書，見天下萬世之懷才負氣者，必以端謹心術爲本。

答陳同甫書

王云：甲辰

比忽聞有意外之禍，甚爲驚歎。方念未有相爲致力處，又聞已遂辨白而歸，深以爲喜。人生萬事，真無所不有也。比日久雨蒸鬱，伏惟尊候萬福。歸來想諸況仍舊，然凡百亦宜痛自收斂。此事合説多時，不當至今日。遲頓不及事，固爲可罪，然觀老兄平時自處於法度之外，不樂聞儒生禮法之論。

雖朋友之賢如伯恭者，亦以法度之外相處，不敢進其逆耳之論，每有規諷，必宛轉回互，巧爲之説，然後敢發。平日狂妄，深竊疑之，以爲愛老兄者似不當如此，方欲俟後会從容面罄其説，不意罷逐之遽，不及盡此懷也。今兹之故，雖不知所由，或未必有以召之，然平日之所積，似亦不爲無以集衆尤而信讒口者矣。老兄高明剛决，非吝於改過者。願以愚言思之，絀去「義利雙行，王覇並用」之説，而從事於懲忿窒欲、遷善改過之事，粹然以醇儒之道自律，則豈獨免於人道之禍，而其所以培壅本根，澄源正本，爲異時發揮事業之地者，益光大而高明矣。荷相與之厚，忘其狂率，敢盡布其腹心。雖不足以贖稽緩之罪，然或有補於將來耳。不審高明以爲如何？悚仄悚仄。

又答陳同甫書　王云同

示諭縷縷，殊激懦衷，以老兄之高明俊傑，世間榮悴得失本無足爲動心者。而細讀來書，似未免有不平之氣。區區竊獨妄意，此殆平日才太高、氣太鋭、論太險、跡太露之過，是以困於所長、忽於所短，雖復更歷變故，顛沛至此，而猶未知所以反求之端也。嘗謂「天理」、「人欲」二字，不必求之於古今王伯之跡，但反之於吾心義利邪正之間。察之愈密，則其見之愈明；持之愈嚴，則其發之愈勇。孟子所謂「浩然之氣」者，蓋斂然於規矩準繩不敢走作之中，而其自任以天下之重者，雖賁、育莫能奪也。是豈才能血氣之所爲哉？老兄視漢高帝、唐太宗之所爲，而察其心果出於義耶，出於利耶？出於邪耶，正耶？若高帝則私意分數猶未甚熾，然已不可謂之無，太宗之心，則吾恐其無一念之不出於人欲也。直以其能假仁借義以行其私，而當時與之争者，才能智術既出其下，又不知有仁義之可借，是以彼善於此而得以成其功耳。若以其能建立國家、傳世久遠，便謂其得天理之正，此正是以成敗論是非，但取其獲禽之多而不羞其詭遇之不出於正也。千五百年之間，正坐如此，所以只是架漏牽補，過了時日。其間雖或不無小康，而堯、舜、三王、周公、孔子所傳之道，未嘗一日得行於天地之間也。若論道之常存，却又初非人所能預。只是此箇自是亘古亘今常在不滅之物，雖千五百年被人作壞，終殄滅他不得耳。漢唐所謂賢君，何嘗有一分氣力扶助得他耶！至於儒者成人之論，專以儒者之學爲出於子夏，此恐未可懸斷。而子路之問成人，夫子亦就其所及而告之。故曰「亦可以爲成人」，則非成人之至矣。爲子路，爲子夏，此固在學者各取其性之所近，然臧武仲、卞莊子、冉求中間插一箇孟公綽，齊手并脚，又要文之以禮樂，亦不是管仲、蕭何以下規模也。向見《祭伯恭文》，亦疑二公何故相與聚頭作如此議論。近見叔昌、子約書中説話，乃知前此此話已説成了。亦嘗因答二公書，力辨其説，然渠來説得不索性，故鄙論之發，亦不能如此書之盡耳。老兄人物奇偉英特，恐不但今日所未見。向來得失短長，正自不須更挂齒牙，向人分説。但鄙意更欲賢者百尺竿頭進取一步，將來不作三代以下人物，省得氣力爲漢唐分疏，即更脱灑磊落耳。李、孔、霍、張，則吾豈敢？然夷吾、景略之事，亦不敢爲同父願之也。大字甚荷不鄙，但尋常不欲爲寺觀寫文字，不欲破例。此亦拘儒常態，想又發一笑也。寄來紙却爲寫張公集句《坐右銘》去，或恐萬一有助於積累涵養、睟面盎背之功耳。

又答陳同甫書　王云：乙巳

示諭縷縷，備悉雅意。然區區鄙見，常竊以爲亘古亘今只是一理，順之者成，逆之者敗，固非古之聖賢所能獨然，而後世之所謂英雄豪傑者，亦未有能舍此理而得有所建立成就者也。但古之聖賢，從根本上便有「惟精惟一」工夫，所以能執其中，徹頭徹尾，无不盡善。後來所謂英雄，則未嘗有此工夫，但在利欲場中，頭出、頭没，其資美者，乃能有所暗合，而隨其分數之多少以有所立。然其或中、或否，不能盡善，則一而已。來諭所謂「三代做得盡，漢唐做得不盡」者，正謂此也。然但論其盡與不盡，而不論其所以盡與不盡，却將聖人事業去就利欲場中比並較量，見有彷彿相似，便謂聖人樣子不過如此，則所謂毫釐之差、千里之繆者，其在此矣。且如管仲之功，伊吕以下誰能及之？但其心乃利欲之心，跡乃利欲之跡，是以聖人雖稱其功，而孟子、董子皆秉法義以裁之，不稍假借。蓋聖人之目固大，心固平，然於本根親切之地，天理人欲之分則有毫釐必計、絲髮不差者。此在後之賢所以密傳謹守以待後來，惟恐其一旦舍吾道義之正，以狥彼利欲之私也。今不講此，而遽欲大其目、平其心，以斷千古之是非，宜其指鐵爲金，認賊爲子，而不自知其非也。若夫點鐵成金之譬，施之有教无類、遷善改過之事則可，至於古人已往之跡，則其爲金、爲鐵固有定形，而非後人口舌議論所能改易久矣。今乃欲追點功利之鐵以成道義之金，不惟費却閑心力，无補於既往，正恐礙却正知見，有害於方來也。若謂漢唐以下便是真金，則固無待於點化，而其實又有大不然者。蓋聖人者，金中之金也；學聖人而不至者，金中猶有鐵也。漢祖、唐宗用心行事之合理者，鐵中之金也；曹操、劉裕之徒，則鐵而已矣。夫金中之金乃天命之固然，非由外鑠，淘擇不净，猶有可憾。今乃無故必欲棄舍自家光明寶藏而奔走道路，向鐵鑪邊渣礦中撥取零金，不亦誤乎？帝王本無異道，王通分作兩三等，已非知道之言。且其爲道，行之則是，今莫之禦而不爲，乃謂不得已而用兩漢之制，此皆卑陋之説，不足援以爲據。若果見得不傳底絶學，自无此蔽矣。今日許多閑議論，皆原於此學之不明，故乃以爲笆籬邊物而不之省。其爲喚銀作鐵，亦已甚矣。來諭又謂「凡所以爲此論者，正欲發儒者之所未備，以塞後世英雄之口而奪之氣，使知千塗萬轍，卒走聖人樣子不得」。以愚觀之，正恐不須如此費力。但要自家見得道理分明，守得正當，後世到此地者，自然若合符節，不假言傳。其不到者，又何足與之争耶！況此等議論，正是推波助瀾、縱風止燎，使彼益輕聖賢而愈無忌憚，又何足以閉其口而奪其氣乎?

附:全氏祖望　**陳同甫論**

自陳同甫有義利雙行、王霸雜用之論,世之爲建安之徒者,無不大聲排之。吾以爲是尚未足以貶同甫。蓋如同甫所云:「是其學有未醇,而尚不失爲漢以後人物。孔明有王佐之才,而學墮於刑名家,要之固漢時一人豪也。」若同甫則當其壯時,原不過爲大言以動衆,苟用之亦未必有成。迨一擲不中而嗒焉以喪,遂有不克自持之勢。嗟夫!同甫當上書時,敝屣一官,且有踰垣以拒曾覿之勇。而其暮年對策,遂阿光宗嫌忌重華之旨,謂不徒以一月四朝爲京邑之美觀,何其謬也!蓋當其累困之餘,急求一售,遂不惜詭遇而得之。吾友長興王敬所嘗語予:「以同甫之才氣,何至以一大魁爲驚喜。至於對弟感泣,相約以命服共見先人於地下,是蓋其暮氣已見之證。豈有淺衷如此,而力能成事者?」予應之曰:「同甫之將死,自其對策已徵之矣,不特此數語也。故即令同甫不死,天子赫然用之,必不能揜其言。同甫論李贊皇之才,以爲尚是積穀做米、把纜放船之人,尚有所未滿。同甫之失,正坐亟於求春而不需穀,亟於求涉而不需纜,卒之米固不得,并其船而失之。水心於同甫惜其初之疾呼納説,以爲其自處者有憾,而又謂使其終不一遇,不免有狼疾之歎,可謂微而婉者也。永嘉經制之學,其出入於唐、漢之閒,大略與同甫等。然止齋進退出處之節,則渺渺不可及矣。即以争過宫言之,同甫不能無愧心，可謂一龍而一蛇者矣。吾故曰：論學之疏，不足以貶同甫也。至若反面事二姓之方回，亦深文以詆同甫，謂其登第後，以漁色死非命，是則不可信者。同甫雖可貶，然未許出方回之口，況摭流俗人之傳聞以周内之哉！

文治按：篇中「踰垣以拒曾覿」語，蓋同甫自淳熙中對策後，帝欲官之，同甫笑曰：「吾欲爲社稷開百年之基，寗用博一官乎？」曾覿聞欲見焉，同甫恥之，踰垣而逃。又李贇皇，即李德裕，唐之才相，頗任意氣，論見《龍川集》。又方回是否留夢炎字？待攷。

附：唐文治　**讀陳同甫與朱子論漢唐書（上）**

天地之間，道有其極，理有其至。學其極、學其至，則雖不造於極至，而亦不失爲中人。苟自其下焉者求之，以爲能如是，是亦足矣，則雖爲中人且不可得，而況其極至者乎！昔者孟子曰：「規矩方員之至，聖人人倫之至，不以舜之所以事堯事君，賊其君者也；不以堯之所以治民治民，賊其民者也。」夫世人寗不知堯舜之不可幾及者，果若孟子之言，豈天下真皆賊其君、賊其民者耶？蓋孟子之意，以爲法堯舜而不得，則猶不失爲湯武、成康諸君；苟不法堯舜，則其志日趨於汚下，勢不至爲桀紂不止。然則宋儒之貶抑漢唐，而以爲舍三代無可學者，其本意亦非謂漢唐之果一無可採也。蓋其説亦猶孟子之意也。自陳同甫不得其意，於是嘵嘵與朱子辨論，反覆數四而卒不屈其説。夫吾推朱子之初意，但欲其絀去「義利雙行、王霸並用」之説，而冀其從事於「懲忿窒欲、遷善改過」之事，本非欲以辨漢唐也。而同甫乃全不顧其心之不純，專爲漢唐分疏，力以明其天理常運、人爲不息而不可以架漏牽補度時之意，於是其説之支離，至於顯斥儒者，隱尊詭遇。然吾且不於此而責其謬也，但責其不察先儒立言之意爾。夫宋儒之必貶抑漢唐，而自謂得三代不傳之學，其説固不免於過自期許。然其剖析乎義利之界，理欲之微，使後之人主有以内純其心，兢兢業業，而欲然常有所不足，是真聖賢之教也。今同甫乃必欲推崇漢唐，以爲雖不及三代而實與三代不異，則是欲使後之人主不以上焉者爲法，以下焉者爲法也。夫以下焉者爲法，則且以仁義爲迂闊而無用，而以功利爲切要而可圖，日朘月削，浸舉古昔聖王不忍人之心與不忍人之政，蕩滅而無餘。此其弊詎有底耶？且夫乾坤之不息者，由天理之常存也；天理之常存者，由人心之不死也。是則朱漏所云：千五百年之間，架漏牽補過日者，正欲使人動其戒懼之心，求其不架漏、不牽補乃僅僅可以架弗牽補也。今若即以架漏爲不架漏，以牽補爲不牽補，則後之繼者并不能架漏、不能牽補矣。同甫又何子思耶！是故吾申孟子之義而以折同甫之説。

附：唐文治　讀陳同甫與朱子論漢唐書（下）

或者曰：「如子言則先儒所謂『三代專以天理行，漢唐專以人欲行』者，其説無可非與？」曰：

「此亦不宜專責漢唐之君，亦當就時勢而言也。粤自太極之元，兩儀始分，浮沈交錯，庶類混成，天下之民噩噩無爲。當是時也，萬物熙皡，機巧之智未開，而天地之氣亦渾淪和厚，而毫無所斲喪。而古之聖人亦遂安坐而理之，以相安於無事。即有戰争誅伐之舉，亦多出於公義而無有自爲身謀者。是何也？蓋以當世之人不知有利，不知有利，故聖王以義處之而有餘也；當世之人不縱其欲，不縱其欲，故聖人以理服之而有餘也。自周道衰，七國分争而策士起，於是利欲之機大熾，變詐之術日開。洎乎秦政焚書，禮法掃地，而天地渾厚之氣於是大夷，而人心亦自此變矣。是故戰國並争之會，正天下義轉爲利、理轉爲欲之一大關鍵也。當是之後，愛惡相攻，利害相刼，順存逆亡，力其先矣。難萃易涣，人心靈矣，故即以堯舜三代之君處此。雖以道德爲治術先，亦必以智、勇濟之。何者？民心日趨於機巧，若純用忠厚則且爲其所愚而不自覺。然則漢唐之世固非無仁愛、忠信之主，而其所以不及三代之忠厚者，由時勢爲之也。夫時勢之變，固非謂但宜霸而不宜王，然以中材處之，則恒出於霸，故後世儒者若不論其時勢之不同而專責漢唐之君不及三代之君之用心之純，則其論固不免於苛刻。然若即以時勢之故而以三代之君之用心爲迂闊而不足學，則適以啓天下淫暴虐戾者之籍口，而其弊更無所極止。吾獨怪同甫論漢唐諸君之不及三代，不就其世變而言，而反就其心術而言，是其意雖在庇漢唐諸君，而實未得乎漢唐諸君之用心，而反欲駁先儒之説，以爲三代固以天理行，漢唐亦以天理行，特「三代做得盡，漢唐做得不盡」。嗚呼！是烏知三代之君所以俱以天理行者乃由乎機巧之未開，漢唐之君所以俱以人欲行者乃承乎當世之流弊。然而後之人主，苟不就其至者以爲法，則亦終無以進於聖賢之道而挽世運之變也夫。

紫陽學術發微卷十

《朱子晚年定論》發微

目録

紫陽學術發微卷十

《朱子晚年定論》發微

後學太倉唐文治蔚芝編輯

文治按：王陽明先生作《朱子晚年定論》，曾於正德乙亥其自序謂龍場悟道後，「精明的確，洞然無復可疑」；獨於朱子之説有所牴牾，恒疚於心」，「及官留都，復取朱子之書而檢求之，然後知其晚歲固已大悟舊説之非，痛悔極艾，至以爲自誑誑人」，「世之所傳《集注》、《或問》之類，乃其中年未定之説，而其諸《語類》之屬，又其門人挾勝心以附己見」，「余慨夫世之學者徒守朱子中年未定之説，而不復知求其晚歲既悟之論」，「爰採録而裒集之以示同志，庶幾無疑於吾説，而聖學之明可冀矣」，云云。此書一出，世儒或謂其顛倒年次，援儒入墨，如陳清瀾先生《學蔀通辨》、張武承先生《王學質疑》、陸清獻公《三魚堂集》、劉虞卿先生《理學宗傳辨正》、吴竹如先生《拙修集》，攻之尤力。竊以爲陽明之論朱子，不攷其平生爲學次第，舉其《集注》、《或問》、《語類》之説，一埽而空之，仍不免鹵莽滅裂之病。然其所引朱子晚年涵養之説在己丑以後者，亦未可遽以爲失而概廢之也。朱子著作既多，門人裒輯其集但以文字類聚，不及編年，遂啓後學之争端。後代之編文集者宜於此注意也。然文治竊謂：讀先儒書，當先辨其是非。其言而是也，雖出於中年，未嘗不可以篤信之；其言而非也，雖出於晚年，亦當慎思、明辨，知其或有爲而發也。《晚年定論》確有中年而誤以爲晚者，有中年而其言是者，有晚年有爲而發者。然亦確有晚年專主於涵養者。兹特逐條附以按語，並引陳、劉、吴諸先儒説而釐訂之，加以評論，其有原書所列而本編從略者，學者推類以盡其餘可矣。又王白田、朱止泉兩先生間有攷定[訂]年歲，並附注題下，以備參覽，更以見晚年之説非盡誣也。

答黄直卿書

爲學直是先要立本。文義卻可且與説出正意，令其寬心玩味，未可便令攷校同異，研究纖密，恐其意思促迫，難得長進。將來見得大意，略舉一二節目，漸次理會，蓋未晚也。此是向來定本之誤，今幸見得，卻煩勇革。不可苟避譏笑，卻誤人也。

文治按：此條並無流弊，可信爲定論。

答呂子約書

日用工夫，比復何如？文字雖不可廢，然涵養本原而察於天理、人欲之判，此是日用動静之間，不可頃刻間斷底事。若於此處見得分明，自然不到得流入世俗功利權謀裏去矣。熹亦近日方實見得向日支離之病，雖與彼中證候不同，然忘己逐物、貪外虛内之失，則一而已。程子説「不得以天下萬物撓己，己立後自能了得天下萬物」，今自家一個身心不知安頓去處，而談王説伯，將經世事業別作一箇伎倆商量講究，不亦誤乎！相去遠不得面論，書問間終説不盡，臨風歎息而已。

文治案：此爲子約對病發藥，以其談王説伯，恐流於功利也。賢者立教，各有所當。觀孔門答問之不同，即可得其大意矣。

答何叔京書　王云：此書在戊子，朱子三十九歲

前此僭易拜稟博觀之弊，誠不自揆。乃蒙見是，何幸如此！然觀來諭，似有未能遽舍之意，何邪？此理甚明，何疑之有！若使道可以多聞博觀而得，則世之知道者爲不少矣。熹近日因事方有少省發處，如「鳶飛魚躍」，明道以爲與「必有事焉勿正」之意同者，今乃曉然無疑。日用之間，觀此流行之體，初無間斷處，有下工[功]夫處，乃知日前自誑誑人之罪蓋不可勝贖也。此與守書册、泥言語全無交涉，幸於日用間察之。知此則知仁矣。

劉氏虞卿曰：「《宗傳》謂：『明道此語，晦翁晚年方得無疑，無怪後學未能卒解。』按『明道此語』及『識仁』一段，道理深奥，非學者所能驟及。故朱子晚年始發其旨，非前此尚有疑也。所以朱子謂明道之言渾淪超邁，學之無可依據，不如伊川語的確精密，耐學者咀嚼，此實不易至論。而明正嘉以後學者往往借口於明道之言，滅卻多少下學工夫，而動語自然，輒尋快活，安得不躐等妄進，自外於聖賢之學而墮入於虛無一路，以狂妄而自恣乎？」又云：「德盛則禮恭，自誑誑人，亦所謂自道。此是爲學者指示本體處，恐其滯於文字中也，而以爲痛自悔悟，終與子静合，不亦援儒而入釋乎？」

夏氏弢甫曰：「《年譜》：『乾道四年夏四月，崇安饑。』此書篇首云：『今年不謂饑歉至此。』又云『及

今早稻已熟」，則爲戊子秋後之書。「因事方有少省發處」，即縣中委以振糶之役也。「如鳶飛魚躍」，謂因事省發，活潑潑地不爲事所困也。「明道以爲與必有事焉而勿正之意同」、「今乃曉然無疑」者，謂明道之言不我欺也。斯時叔京爲上杭丞數行縣事，不爲守所悅，與朱子書，有志不獲伸之語。朱子細詢來使，始盡知曲折，故既自道其不爲事困之實，而亦因以箴之。「明道以爲必有事焉而勿正」、活潑潑地與「鳶飛魚躍」之意同者，《孟子或問》中曾細言其旨，并以或者謂此語原於禪學則誤也。而執意後之人又以朱子此書爲早同於陸也。嗚呼！其亦攷之未詳矣！又云「日用之間，觀此流行之體，初無間斷處」，仍是「中和舊説」也。「有下工夫處」，謂因事省發，即所云對接事變，不敢廢體察，本書中語。從敬夫先察識之説也。「自誑誑人」，指乙酉丙戌以前未達中和之旨言之。凡朱子自謙之語，如此類者不可勝數，而或以爲朱子晚年悔過，不亦誣乎！朱子此時，纔三十九歲耳。」

文治案：劉説極平實切理，惟以爲晚年則誤。夏氏説攷覈精詳，最得事實。

答潘叔昌書

示諭「天上無不識字底神仙」，此論甚中一偏之弊。然亦恐只學得識字，卻不曾學得上天，即不如且學上天耳。上得天了，卻旋學上天人，亦不妨也。中年以後，氣血精神能有幾何不是記故事時節？熹以目昏不敢著力讀書，閒中静坐，收斂身心，頗覺得力。閒起看書，聊復遮眼。遇有會心處時，一喟然耳。

文治案：朱子所謂「學上天」者，欲其下學而上達天德，非元妙語也。讀此書，正宜力求下學工夫，至静坐收斂身心，實學者之要。陸清獻《三魚堂集》載朱子告郭友仁語，力闢静坐之非。然朱子静坐傳自羅、李，遠紹程門，何必諱言静坐乎？《語録》中言静坐處亦甚多。

與吕子約書

孟子言學問之道，惟在求其放心。而程子亦言「心要在腔子裏」。今一向耽著文字，令此心全體都奔在册子上，更不知有己，便是箇無知覺不識痛癢之人。雖讀得書，亦何益於吾事耶？

陳氏清瀾曰：「按此書全文，乃有爲之言，因人而發者。《道一編》乃節録以證朱陸晚同。王陽明因取爲《晚年定論》，亦是謾人。全書云：『向來疾證，來書以爲勞耗心力所致，而諸朋友書亦云讀書過苦使然，不知是讀何書？若是聖賢之遺言，無非存心養性之事，決不應反至生病。

恐又只是太史公作祟耳！孟子言學問之道，至何益於吾事耶？況以子約平日氣體不甚壯實，豈可直以耽書之故，遂忘饑渴寒暑，使外邪客氣得以乘吾之隙，是豈聖人謹疾孝子守身之意哉？』其全書首尾如此，蓋爲子約耽書成病而發，而因戒其讀史之癖耳，非以讀聖賢之書爲無益也。今篁墩、陽明删去首尾，欲使學者不知其爲有爲之言，而概以讀書爲無益者，不亦誣哉！」

吴氏竹如曰：「朱子謙己誨人，每因人立教，應病與藥，言豈一端而已哉？此條《答吕子約》書，特因其疲敝精神沈溺於遷史，痛下鍼砭耳。《宗傳》專取此種言語，以爲朱子晚年悔悟爲終與子静合之證，何用心之私也？」

文治按：陳、吴二説，均是。然朱子讀書法有「以我觀書」、「以書博我」之别。蓋「以我觀書」，則胸有主宰，事半功倍，其心逸而不勞；「以書博我」，則勞精敝神，泛濫而無所歸宿，直爲書所役使矣。故孟子言「博學詳説」，又言「存心養性」，二者之功不可偏發也。

與周叔謹書

王云：程注附丁未後。按丁未，朱子五十八歲

應之甚恨未得相見，其爲學規模次第如何？近來吕、陸門人互相排斥，此由各狗所見之偏，而不

能公天下之心以觀天下之理，甚覺不滿人意。應之蓋嘗學於兩家，未知其於此看得果如何？因話扣之，因書諭及爲幸也。熹近日亦覺向來説話有太支離處，反身以求，正坐自己用功亦未切耳。因此減去文字工夫，覺得閒中氣象甚適。每勸學者亦且看《孟子》「道性善」、「求放心」兩章，著實體察收拾爲要。其餘文字，且大槩諷誦涵養，未須大段著力攷索也。

文治按：此書上半段正是闢浙學、贛學之非，憫其局於一偏而不能觀天下之理也；下半段正是涵養工夫有得，以諷誦爲涵養，乃與道大適，非廢書冥悟者所得籍口也。至勸學者讀《孟子》「道性善」、「求放心」兩章，與《玉山請義》相合。「求放心」，學道之基也；「道性善」，理會本原、窮理盡性以至於命也。當確是晚年之論。

答陸象山書

王云：丁未，程注誤。《陸譜》：丙午。按丙午，朱子五十七歲

熹衰病日侵，去年災患亦不少。比來病軀，方似略可支吾，然精神耗減日甚一日，恐終非能久於世者。所幸邇來日用功夫頗覺有力，無復向來支離之病。甚恨未得從容面論，未知異時相見尚復有異同否耳？

劉氏虞卿引《宗傳》云：「此答象山書，兩人同異到此了然。」按文公向來原不支離。就彼所云亦云，可見公之心如太虛然，亦以冀子静之稍有感悟耳。不意其倔强到底，甘於偏頗也，而乃云「二人同異到此了然」乎。

文治按：朋友之誼，不直則道不見。陸子學術偏頗，朱子何妨直言以規之，而必自認支離乎？若謂朱子「心如太虛」，則信然矣。陳清瀾先生辨此書尤力，甚至謂朱陸豈生異死同，意氣過於激昂？見《學蔀通辨》前編卷中。豈朱子本意哉？

答符復仲書

王云：疑在庚子后。按庚子，朱子五十一歲

聞向道之意甚勤，向所諭義利之間，誠有難擇者。但意所疑以爲近利者，即便舍去可也。向後見得親切，卻看舊事只有見未盡、舍未盡者，不解有過當也。見陸丈回書，其言明當，且就此持守，自見功效，不須多疑、多問，卻轉迷惑也。

劉氏虞卿曰：「《宗傳》云：『二人投契。』於此見之，夫君子不以人廢言，可取則取之，固無所容心於其間。至其投契與否，豈後人所能强爲撮合哉？」

文治按：劉説亦太過，未免失聖賢「毋固、毋我」氣象。

答吕子約書

日用工夫，不敢以老病而自懈，覺得此心操存舍亡只在反掌之間。向來誠是太涉支離，蓋無本以自立，則事事皆病耳。又聞講授亦頗勤勞，此恐或有未便。今日正要清源正本，以察事變之幾微，豈可一向汨溺於故紙堆中使精神昏弊、失後忘前而可以謂之學乎？

劉氏虞卿曰：「《宗傳》云：『此與子静立乎其大、求放心有二耶。』按此爲學者指示切要工夫，恐其汨没於書傳中也。至孟子、程朱所謂立乎其大、求放心，與陸氏相去何啻天淵。」

文治按：此條劉説謂『學者指示切要工夫』，極精原書云『操存舍亡在反掌之間』。蓋操心之功，用之熟矣。至程朱之學，孟子在於義利之精微；而陸氏之學，孟子涉於精神之恍惚。説詳第八卷。

答吴茂實書

王云：此書在庚子，朱子五十一歲

近來自覺向時工夫止是講論文義，以爲積集義理，久當自有得力處，卻於日用功夫全少點檢。諸朋友往往亦只如此做工夫，所以多不得力。今方深省而痛懲之，亦願與諸同志勉焉，幸老兄徧以告之也。

文治按：此書注重檢點日用工夫，正是涵養與致知並進之意。天下未有無檢點心體工夫而能成學問者，亦未有無檢點心體工夫而能治大事者。

答張敬夫書

王云：此書在乙未，朱子四十六歲

熹窮居如昨，無足言者，但遠去師友之益，兀兀度日。讀書反己，固不無警省處，終是旁無彊輔，因循汨没，尋復失之。近日一種向外走作，心悦之而不能自已者，皆準止酒例戒而絶之，似覺省事。此前輩所謂「下士晚聞道，聊以拙自修」者，若充擴不已，補復前非，庶其有日。舊讀《中庸》「慎獨」、

《大學》「誠意」、「毋自欺」處，常苦求之太過，措詞煩猥，近日乃覺其非，此正是最切近處，最分明處。乃舍之而談空於冥漠之間，其亦誤矣。方竊以此意痛自檢勒，懍然度日，惟恐有怠而失之也。至於文字之間，亦覺向來病痛不少。蓋平日解經最爲守章句者，然亦多是推衍文義，自做一片文字，非惟屋下架屋，説得意味淡薄，且是使人看者將注與經作兩項工夫做了，下梢看得支離，至於本旨，全不相照。以此方知漢儒可謂善説經者，不過只説訓詁，使人以此訓詁玩索經文。訓詁經文不相離異，只做一道看了，直是意味深長也。

文治按：此條平正無弊。上一節言「以拙自修」，正是求放心之法，並非空談於冥漠之中也；下節因訓詁以求道，尤爲讀經要旨，足救漢學支離破碎之弊。如鄭君講學，近道之處甚多。曾子言「君子所貴乎道者三」，道即禮也，視、聽、言、動一於禮，而《中庸》「戒懼」、《大學》「誠意」，不外是矣。而陳清瀾先生乃謂陽明節録此書，欺弊有三，竭力詆之，未免過甚矣。見《學蔀通辨》前編卷中。

答吕伯恭書

朱云：《年譜》「三年丙申二月，如婺源，蔡元定從」，按丙申，朱子四十七歲

道間與季通講論，因悟向來涵養工夫全少，而講説又多彊探必取尋流逐末之弊。推類以求，衆病

非一，而其源皆在此。怳然自失，似有頓進之功，若保此不懈，庶有望於將來，然非如近日諸賢所謂頓悟之機也。向來所聞誨諭諸説之未契者，今日細思，脗合無疑。大抵前日之病，皆是氣質躁妄之偏，不曾涵養克治，任意直前之弊耳。

文治按：此條當在己丑悟未發之旨以後與季通講論。「悟向來涵養工夫全少」，正是悟「中和舊説」之非。此與答張敬夫先生「諸説例蒙印可」書及《與湖南諸公書》足相參證。所云「任意直前之弊」，即所謂「應事接物處，但覺粗厲勇果增培於前，而無寬裕雍容之氣」也。見答張敬夫先生第二書。至云「怳然自失，似有頓進之功，若保此不懈，庶有望於將來，然非如近日諸賢所謂頓悟之機」云云，足見朱子四十歲以後得力處，與禪家迥不相同，豈得謂非定論乎？

答周純仁書　王云：此書疑在丁巳，朱子六十八歲

閒中無事，固宜謹出，然想亦不能一併讀得許多，似此專人來往勞費，亦是未能省事隨寓而安之病。又如多服燥熱藥，亦使人血氣偏勝，不得和平，不但非所以衛生，亦非所以養心。竊恐更須深自

思省，收拾身心，漸令向裏。令寧靜閒退之意勝，而飛揚燥擾之氣消，則治心養氣，處事接物自然安穩，一時長進，無復前日内外之患矣。

文治按：此條警近世少年之弊，尤爲親切。所云「收拾身心，漸令向裏。令寧靜閒退之意勝，而飛揚燥擾之氣消」，正是孟子「求放心」及諸葛武侯「寧静致遠」工夫。夫天下豈有心逐於外、氣浮於上而可以修德業成大器者哉？「無内外之患」，即程子所謂「内外兩忘、體用合一」也。

答林擇之書

王云：此書在庚子，朱子五十一歲

此中見有朋友數人講學，其間亦難得朴實頭負荷得者。因思目前講論只是口説，不曾實體於身，故在己在人都不得力。今方欲與朋友説日用之間，常切點檢，氣習偏處、意欲萌處，與平日所講相似與不相似，就此痛著工夫，庶幾有益。陸子壽兄弟近日議論卻肯向講學上理會，其門人有相訪者氣象皆好，但其間亦有舊病。此間學者卻是與渠相反。初謂只如此講學漸涵，自能入德，不謂末流之弊，只成説話。至於人倫日用最切近處，亦都不得毫毛氣力，此不可不深懲而痛警也。

劉氏虞卿曰：「按子壽、子美皆能降心以從善者也，唯子静甘於自異耳。此條蓋欲學者從窮理致知後更下反躬實踐工夫，方爲有得也。至慮及末流之弊，文公之情見乎辭矣。而乃云於自悔處，更見學力何耶！」

文治案：末流之弊，正當分别觀之。原書所謂「其間亦有舊病」，此陸氏講學之弊也。又言「人倫日用最切近處」不得氣力，此朱子自咎講學之弊也。至於「日用之間，常切點檢，氣習偏處、意欲萌處，與平日所講相似與不相似，就此痛著工夫，庶幾有益」，確係教者與學者心理相通，極當研究之處。聖不自聖，朱子虚心如此，何害其爲自悔乎？

答潘恭叔書

學問根本在日用間持敬集義工夫，直是要得念念省察。讀書求義，乃其間之一事耳。舊來雖知此意，然於緩急先後之間，終是不覺有倒置處，誤人不少。今方自悔耳！

文治按：此書當在己丑以後。「持敬」、「集義」二者並進，即程子所謂「涵養須用敬，進學則在致知」是也。「念念省察」，即孟子「心勿忘」之義。

答何叔京書

王云：此書在乙酉、丙戌間，朱子三十七歲。朱云：在己丑前。按己丑，朱子四十歲

李先生教人，大抵令於静中體認大本未發時氣象分明，即處事應物自然中節。此乃龜山門下相傳指訣。然當時親炙之時，貪聽講論，又方竊好章句訓詁之習，不得盡心於此。至今若存若亡，無一的實見處，實辜負教育之意。每一念此，未嘗不愧汗沾衣也。

劉氏虞卿曰：「按『章句訓詁之習』，下學事也。静中能體認，即動時『自然中節』，此豈下學所能易及？故文公於末年始發此論，亦何有於我之意也？後世躐等之徒無下學工夫，只欲從此入道，未有不流入於偏頗者，而乃云益見晚年有聞，不在章句訓詁之習乎。按以上諸説，皆後人所謂與子静終合者。昔謝子顯道歷舉佛説與吾儒同者問伊川先生，先生曰：『恁地同處雖多，只是本領不是，一齊差卻。』然則子静之『先立其大』與孟子、程朱同耶？異耶？抑立其所立，非孟子之所謂立耶？其本領果是焉？否耶？此不待辨而白矣。」

吴氏竹曰：「按朱子悟『中和舊説』之非，一以涵養用敬、進學致知並重，故不復主延平體認未發氣象之説。觀其《答方賓王》書云『《延平行狀》中語，乃是當時所聞其用功之次第。今以聖賢之言進修之實驗之，亦自是其一時入處，未免更有商量也』等語，亦其明證。故又曰：『涵養於

未發之前則可，求中於未發之前則不可。』體認即求之意也。此條實朱子未定之論耳。」

文治按：右二條，虞卿先生之説得之。至吴説據《答方賓王》書以駁此條，恐失朱子尊師之意。按延平先生之殁，朱子方三十三歲。《答方賓王》書當亦在中年，距作行狀時不遠，其爲在此書以前無疑也。若四面把截，幾幾乎欲併涵養之功而廢之矣。

又答何叔京書

王云：此書在戊子，朱子三十九歲

向來妄論持敬之説，亦不自記其云何。但因其良心發見之微，猛省提撕，使心不昧，則是做工夫的本領。本領既立，自然下學而上達矣。若不察良心發見處，即渺渺茫茫恐無下手處也。中間一書，論「必有事焉」之説，卻儘有病，殊不蒙辨詰何耶。所諭多識前言往行，固君子之所急，熹向来所见亦是如此。近因反求未得箇安穩處，卻始知此未免支離，如所謂因諸公以求程氏，因程氏以求聖人，是隔幾重公案。曷若默會諸心以立其本，而其言之得失自不能逃吾之鑒耶！

陳氏清瀾曰：「朱子此書，《道一編》指爲朱子晚合象山，王陽明採爲《朱子晚年定論》。據《年譜》，朱子四十歲丁母祝孺人憂。此書有『奉親遺日』之云，則祝無恙時所答。朱子年猶未四十，學方日新未已,與象山猶未相識,若之何得爲晚合,得爲晚年定論邪? 其顛倒誣詐,莫斯爲甚!」

劉氏虞卿曰:「按此蓋恐學者泛濫於學識中,欲其默會於心,由博以反約也。而《宗傳》乃云『直入聖人之室,何劳幾重公案』,豈聖人之室恁地易入而大象之言亦有錯耶?」

吴氏竹如曰:「按此乃朱子早年初悟『中和舊説』,故有默會諸心以立其本之論,即《中和舊説序》中所自謂:『雖程子之言有不合者,亦直以爲少作失傳,而不之信也。』故《宗傳》獨取之。」

文治按:右三條均確實。蓋朱子斯時方在心體流行處用功。陳清瀾先生斷此書爲戊子年所作,白田先生説亦與之相合,但所言意氣,不無過甚耳!

與林擇之書

王云:此書在辛卯,朱子四十二歲

熹近覺向來乖繆處不可縷數,方惕然思所以自新者,而日用之間,悔吝潛積又已甚多,朝夕惴懼不知所以爲計。若擇之能一來輔此不逮,幸甚。然講學之功比舊卻覺稍有寸進,以此知初學得些靜中功夫亦爲助不小。

文治按:《大學》云「靜而後能安」,孟子云「君子深造之以道,欲其自得之也」,惟能靜而後能有所自得。「初學得静中功夫爲助不小」，此言深有意味，未可忽也。

答吕子約書

王云：此書在丁未，朱子五十八歲

示諭日用工夫如此甚善。然亦且要見得一大頭腦分明，便於操舍之間有用力處。如實有一物把住放行在自家手裏，不是謾説求其放心，實卻茫茫無把捉處也。

文治按：此書之意殆如《答南軒》書中所謂「浩浩大化之中，一家自有一箇安宅」，確係未定之論。況云「實有一物把住放行在自家手裏」，其語尤近禪機。恐是朱子初年之論，即係「中和舊説」。白田先生以爲丁未歲作，未知何據？

答或人書

「中和」二字皆道之體用。舊聞李先生論此最詳，後來所見不同，遂不復致思。今乃知其爲人深切，然恨已不能盡記其曲折矣。如云「人固有無所喜怒哀樂之時，然謂之未發則不可，言無主也」，又如先言「慎獨」然後及「中和」，此亦嘗言之。但當時既不領略，後來又不深思，遂成蹉過，孤負此翁耳！按《朱子大全》載：此書係《答林擇之》。

文治按：「『中和』皆道之體用」，《中庸注》所謂「大本者，天命之性，天下之理皆由此出，道之體也；達道者，循性之謂，天下古今之所共由，道之用也」。「先言『慎獨』然後及『中和』」，《中庸注》所謂「跡雖未形而幾則已動」，《大學注》所謂「必謹之於此以審其幾」是也，即觀喜怒哀樂未發時氣象，亦即所謂「先涵養而後察識」也。「人固有無所喜怒哀樂之時，然謂之未發則不可」者，蓋心不在則視不見而聽不聞，安得謂未發之中乎？此書窮探至精，爲朱子學術一大公案。其尊信陸王者，據以爲朱陸晚同之證；其尊信朱學者，則或疑李先生之非，而轉疑此書爲誤，不知此書確係晚年定論。「辜負此翁」之説，朱子實出於至誠，不獨感情之厚，尤徵其晚年嚮道之殷，令人景佩不已。其疑李先生爲非者，固未窺朱子平生之學力；其以朱陸爲晚同者，亦不知朱子之涵養非如陸子之涵養也。辨析精微，正在於此。余故釋《晚年定論》而以是終焉。

附：唐文治　讀朱子晚年定論

孟子告萬章：「尚論古之人，頌其詩，讀其書，不知其人，可乎？是以論其世也。」夫學者，必有平心養氣之功而後可以論古人，亦必明實事求是之旨而後可以論古人之學。王陽明先生輯《朱子晚年定論》，攻之者固多，而信之者亦復不少。然彼信之、攻之者，亦嘗攷朱子平生學問之經歷，深造自得之逕途，而切實加以體驗之功乎？蓋昔者朱止泉先生嘗統朱子終身進造之節候而論之，謂朱子癸酉前未忘禪學；自癸酉至癸未，與延平講明性情之德，皆在發端處用功；自甲申至己丑，深究未發之旨，有會於心統性情、中和、復艮之妙，是時已悟本體矣；自此以往，力以涵養本體爲主，即以涵養本體指示及門。故自庚寅至庚子，覺得講論文義之功猶多着力，所以有自誤誤人之悔；又恐學者趨於虛寂，所以有禪家張皇之戒。自庚子至丙午，動静合一，是大成時候。此後十餘年，乃純熟地位，而其所以防虛静之弊，示本體之要，皆始終所塵之至意未有偏重，亦非兩事也。且謂嘉隆後二百年來，攻朱子者固不得真面目，即宗朱子者亦不得朱子真面目。蓋朱子立萬世大中至正之學脈，注釋經子，即是反求身心平生尊道工夫。傳之後世最著者，如《中和舊説序》、《太極説》、《易寂感説》、《太極西銘注》、答林擇之、陳器之、李晦叔、吕子約、黄商伯諸篇，並《語類》中切要語，是朱子反求身心緊要處，與注釋經子等，其體驗未發尤是統合尊道大本領。無如宗朱子者絶不闡發，且以爲諱朱子所悔者必不以爲悔，致使朱子未發涵養一段本領工夫不顯明於世，非獨攻朱子者之咎，抑亦宗朱子者不得辭其責。諒哉，斯言！夫宗朱學之所諱言者，本體也。然朱子何嘗不言本體乎？「四書」注，晚年之所作也。《大學》首章注云：「其本體之明，有未嘗息者。故學者當因其所發而遂明之。」非言本體乎？《中庸》首章注云：「君子之心，常存敬畏，〔雖不見聞，亦不敢忽。〕所以存天命〔理〕之本然，而不使離於須臾之頃。」「在下位」節注云：「不明乎善，謂未能察於人心天命之本然，而真知善之所在。」夫「人心天命之本然」，非即本體乎？《孟子》「舜居深山」章注云：「聖人之心，至虛至明，渾然之中萬理畢具。一有感觸，則其應神速，而無所不通。」此正與《易傳》「無思無爲」章相合，非由本體而行達道乎？朱子於己丑歲悟本體之當涵養，學者正當盡力發明以見道之本原，而可諱言之乎？惟諱言本體，而心體之窒塞乃愈甚，吾儒探賾索隱、開物成務之功，因以不明於天下。夫學説之顯晦，人心存亡與世運盛衰係焉。往者曾惠敏譏朱學曰：「爲陸王之學者，性情超曠，遇事能勇決；爲程朱之學者，性情多迂拘，其處事也轉不如學陸王者之開展。」嗟乎！君子一言以爲智，惠敏之言其果智乎？然爲程朱學者，誠不能開展而勇決也。孔巽軒先生譏朱學者曰：「略閲《語録》，便詡知天；解斥陽明，即稱希聖。其説空空，其見小小。」嗟乎！君子一言以爲不智，巽軒之言果不智乎？然爲朱學者，誠不免空空而小小也。此心體之不能精微廣大有以致之也。吾嘗謂：自漢唐以來，講學之大弊有二：曰有我，曰好争。以孔子大聖窮理盡性，且曰「毋我」，而後世講學者輒挾有我之私以淩轢當世，惟我獨是，他人皆非。執此心以讀書爲學，挾此心以處事接物，其心疾已深，其辭氣愈倍，積之久焉，於是乎移易世風、相訟相仇而不知所止。孟子曰「吾爲此懼」，荀子曰「有争氣者勿與辨」，蓋兢兢乎其言之也。夫講朱子之學者，將以平吾之心養吾之氣，而掃除門户之争也。今治朱子之學而先懷好勝之心，是已失朱子之志。然則爲朱學者，固當以息争爲宗旨，而息争之道又非獨爲朱學者當然，爲陸王之學者當然也。爰揭明斯義，俾天下後世知講學先務息争而息争則必自講學者始。别附夏弢甫先生《與詹茂才論〈晚年全論〉書》。《全論》爲李穆堂所作，與《定論》有不相謀而相感者。俟後學論定之，非持門户之見也。

附：夏氏炘　與詹小澗茂才論《朱子晚年全論》書

臨川李穆堂先生爲金谿之學，《晚年全論》一書，聞之久矣。昨於鄰架見之，即攜置行篋中。途間讀過半，歸來全閱一通。此書不過爲《學蔀通辨》報仇，無他意也。朱陸之學，晚年冰炭之甚，此《通辨》之説，雖百喙亦莫能翻案。乃此書爲之説曰：「朱子晚年論陸子之學，如冰炭之不相入，而朱子晚年與陸子之學，則符節之相合。」夫學則全同而論則全背，是陰篡其實，陽避其名。此乃反復變詐之小人，鄉黨自好者不爲，而謂朱子爲之乎。所引朱子之書凡三百五十餘條，但見書中有一「心」字，有一「涵養」字，有一「静坐收斂」等字，便謂之同於陸氏，不顧上下之文理、前後之語氣。自來説書者所未有也。朱子誨人，各因其材，懲心性之虚無，則每進以篤實；救口耳之泛濫，則恒示以精微。乃見朱子書中有箴學者溺於記誦語，則曰「此朱子晚年悔支離之説，此朱子晚年咎章句訓詁之説」，不復顧其所答何人，所藥何病。執是以論，則爲之猶賢乎已，孔子真有取於博弈矣。朱子一生之學，日進無疆，晚年造詣，後學何敢妄擬？然朱子之心則未嘗一日自足。望道未見之語，時流露於簡牘之間，乃見朱子自謙之言，則曰朱子五十七歲猶云「自誤誤人」；《答劉子澄》書。六十七歲後始云「晚方自信」；《答周南仲》書。七十歲後始云「至老而後有聞」。《答余景思》。若與同時頓悟之學，去若天淵。此鳳凰已翔乎九仞，而蟭螟猶窺於蝨睫也。悲夫！朱子之書，宏博浩瀚，皆學者所當誦習。而尤精者在《四書章句集注》，時時改定，至老不倦，易簀前猶改「誠意」章，可謂毫髮無餘憾矣。乃謂朱子之「四書」，晚年尚無定見，亦無定本，又謂朱子「補格致傳」背卻經文，横生枝節，又謂朱子明知章句之解不可用，而又難於自改，又謂朱子勝心爲害，自欺欺人，其信然乎？其否乎？足下生朱子之鄉，爲朱子之學，居敬窮理，躬行實踐，不宜一刻放過，慎勿爲異説之所惑，則幸矣。

紫陽學術發微卷十一

九賢朱學通論上

目録

紫陽學術發微卷十一

九賢朱學通論上

後學太倉唐文治蔚芝編輯

文治案：評論紫陽學術者，黄勉齋先生所選《朱子行狀》外，繼起者爲李氏果齋，其言曰：「先生之道之至，無他，曰主敬以立其本，窮理以致其知，反躬以踐其實，而敬者又貫通乎三者之間，所以成始而成終者也。」此數語足括紫陽學術之全。厥後若羅氏整庵之《困知記》，程氏曈之《閑闢録》，陳氏清瀾之《學蔀通辨》，皆稱精覈。惟皆偏於闢陸，而程、陳兩家之書，頗涉囂張。《易·睽卦》之《象傳》曰：「君子以同而異。」《論語》子張之於子夏，子游之於子夏，持論各有同異。《禮記·檀弓》篇所載聖門弟子且多互相詰責之語，不直則道不見，理固宜然。孔門且如此，況後賢乎？竊以爲朱陸鵝湖之會，傾蓋論學，賦詩相酬，各言心得，正宋代之盛事，儒林之美談。而論者乃以爲黨同伐異之具，豈君子成人之美哉？兹編所輯，自明陸桴亭先生始，迄有清夏弢甫先生止，評論朱子學者凡九賢，其中有專論朱學不涉他家者，有調停朱陸者，有篤信朱子排斥陸子者，義均有當，朱子所謂各尊所聞、各行所知。窮理者分别觀之斯可矣。

陸桴亭先生平生學問，專主實用，天文地理、錢穀兵刑、河渠水利，無一不精。其實皆本於朱子學也。晚年由江西督學張能鱗先生聘輯《儒宗理要》六十卷。其《讀朱子序言》與《思辨録》所載悉合，輯朱子書分格致、誠正、修齊、治平諸類，亦與《思辨録》體例相同。緒言所論，掇紫陽之大義，而剖析其精微，且謂「朱、陸異同之説，不必更揚其波」，可謂卓識！賢者能識其大，豈非然哉？爰録之爲第一。

顧亭林先生居崑山，陸桴亭先生居太倉，相距僅三十六里，而生兩大賢，洵間氣之所鐘也。亭林之言曰「經學即理學，理學即經學」，後人或非之。夫孟子言經正民興。經者，常道也，豈必以訓詁屬經學、義理屬理學乎？先生既博通古籍，尤篤信程朱，見於《文集》者甚夥。《日知録》中論《朱子晚年定論》發明羅文莊之説，特爲透闢。然其意主於實事求是，非叫囂激烈者可比。爰録之爲第二。

蕺山門下之有梨洲，猶夏峯門下之有潛庵也。顧黎洲先生輯《學案》，潛庵先生獨非之，斷之曰「雜而越」。斯言誠然矣！然《學案》以攷据法治宋元明學，源流畢貫，派别釐然，使後儒得盡知門徑，其功豈淺鮮哉？ 而其評朱陸，尤爲心平氣和。《象山學案》論一則，兩家學術之精純、交誼之周摯，都括其中。 攷据家通貫之學，於斯爲美矣！ 爰録之爲第三。

陸稼書先生竭其畢生精力，專治朱子之學，遂成一代大儒。 其所著《讀朱隨筆》，張孝先先生刻入《正誼堂全書》，文治嘗分别録入《朱子集》中。 惟皆瑣碎，非論大旨。 湯潛庵先生撫吾蘇時，先生上《學術辨》三篇，其意專主於闢陸王。 湯先生覆書微有諍辭，先生語人曰：「湯書乃《孟子》反經章意，某書是《孟子》好辯章意。」蓋有鑒於明嘉隆後講學者流弊而云。 然《三魚堂集》中《答秦定叟》書，論朱子進學轉關極爲精深，稍有數語失攷之處，夏弢甫先生已辨正之。 惟其謂敬，尚恐有弊，何況專言静，則文治竊欲更進一解。 孔子作《坤卦・文言傳》曰：「至静而德方。」其下文曰：「君子敬以直内，義以方外。」可見「至静」者，即「敬以直内」也；「德方」者，即「義以方外」也。《大學》「定而後能静，静而後能安」，即「緝熙敬止」之學。 蓋敬必本於静，静而後能敬。 彼躁動之人，心氣交馳於外，苟非主静，烏足以敬？ 若謂敬尚有弊，並静而諱言之，則是聖經賢傳之言静者，皆有流弊，而周子之主静何以開二程、楊、李之先哉？ 君子之道，所以爲中庸者，惟其不偏而不倚也。 然自有先生之論而後世之詆程朱爲禪學者，舉無所容其喙矣。 爰録之爲第四。

陸桴亭先生　儒宗理要・讀朱子緒言

朱子一生精力專在《集注》，至今家絃户誦，歷萬世而無斁。後世淺學之士往往詆其筆力不佳，此真坐井之見也。朱子與人論注釋體，不可自作文字，則觀者貪看文字，并正文之意而忘之。此朱子以大賢以上之資而能持初學小子之心，故心愈小而功愈大也。試讀朱子《文集》，其筆力何如而可輕爲議論耶？

朱子一生學問，守定「述而不作」一句。當時周有《通書》，張有《西銘》，二程亦多文辭，朱子則專一注釋。蓋三代以後，《詩》、《書》、《禮》、《樂》散亡已極，孔子不得不以删定爲功。漢、唐、宋以後，經書雖有箋疏，而蕪亂尤甚，朱子不得不以注釋爲功。此卓有定見，非漫學孔子「述而不作」者也。

讀他人文集、語録，有當否，有去取。朱子則無一語不當，無一篇可去，蓋中正和平之至也。或以朱子《文集》、《語録》爲平常者，此真不識朱子者也。朱子妙處正在平常。《中庸》注曰：「庸，平常也。」則知朱子「平常」，正是中庸之理。布帛、菽粟，有何新奇？所以萬古不可廢者，正在此處。

陸象山少時，讀至「宇宙」二字曰：「宇宙内事是己分内事。」便見自任的意思；朱子三歲問天之上何物，便見窮理的意思。

鵝湖之會，朱陸異同之辯遂成聚訟。不必更揚其波，但讀兩家年譜所記。朱子則有謙謹、求益之心；象山不無矜高、揮斥之意。此則後來所未道耳。

人言朱子酷好注釋，雖《楚辭》亦爲集注，似爲得已，不知當時黨禍方興，正人君子流離竄逐、死亡載途。朱子憂時特切，因託《楚辭》以見意，豈得已哉？學者坐不讀書，不能窺見古人微意，未可輕議古人也。

朱子生平注釋「四書」、「五經」，曾無晷刻之暇，而又自著《文集》百卷，不知如何有許多精力？然亦是在野時多，在朝時少，讀書講論之時多，居官治事之日少，故成就愈久愈大耳。乃知「仕於外者僅九攷，立朝纔四十日」未可爲不幸也。

道學之譏愈盛則愈甚，蓋君子、小人不並立也。周子之時如草木在甲，知之者惟二、三君子，世固莫得而譏也。二程子徒與漸盛，攻者漸多。至朱子則更盛矣，所以劉三傑、姚愈之徒至有僞黨變爲逆黨，窺伺神器圖爲不軌之言。當時方正之士，稍以儒名著，至無所容其身。而朱子日與諸生講學不休，或勸其謝遣生徒，笑而不答，至今千載而下，朱子俎豆學宮，子孫世受恩澤。而所謂劉、姚之徒者，三尺童子聞名而唾罵之。然則爲朱子者，何畏！爲劉、姚之徒者，亦何益哉！

當侂胄禁僞學時，朱子從游之士，特立不顧者屏伏丘壑，依阿巽懦者更名他師，甚至變易衣冠，狎遊市肆，以自别其非黨。嗚呼！此乃所謂水落石出也。附聲逐影之徒，雖多亦何爲哉？

宋世有幾篇大文字，皆數萬言，非有才力人不能作。蘇氏父子、王荆公及朱子諸封事是也。東坡文字頗爲朱子所貶，荆公遭際神宗力行新法，卒至顛覆而不悟，朱子封事皆切實易行，而竟不得行，可慨也夫。

「正心誠意」四字，上所厭聞，不知有何可厭？或以爲不切於時事，不知時事非正心誠意如何做得？

程子在經筵，先論坐講之禮，正其本也。朱子在經筵，一循時例，爲之兆也。兆足以行而不行，此光宗之世不同於神宗之世也。

後人謂宋儒但講道學，置討賊復仇於度外，以爲腐儒無益國家。此未讀朱子諸封事也。不但諸封事，先後奏劄何一非討賊復仇，爲國家計長久，爲民生計實用。後人不讀書妄以空疎之論，訾議前賢，簧鼓天下，誠爲可恨。

古今制民之產，莫急於經界。横渠、攷亭皆以此爲要務，即荆公方田法亦此意也。然經界行不得法，最易擾民。推排打量，終不如横渠標竿之说，法簡而無弊也。

明道之議貢舉，主於竟行古法。朱子《學校貢舉私議》即於今法中斟酌可否，可謂周悉詳盡。然分年試士之法，病在太繁，蓋國家造士取其足以致用，無貴窮經也。古人造士之法簡而易，六德六行之外不過六藝，習之者易曉，而施於世爲有用。今人造士之法繁而難，文辭聲病爲説多端，習之者難工，而施於世爲無補，此大弊也。朱子立法雖勝，然皓首窮經煞費心力，不如古法之簡易。此予以爲尚須斟酌也。

學校之法，第一在擇師，第二在立法。朱子議中所舉吕希哲之言，乃根本至論也。

《井田類説》蓋朱子集漢儒荀氏、何休諸論，及班志所紀，然而變通之精意不存也。朱子論貢助徹法以爲溝洫不同，亦未免泥於漢儒之論。

今人動以文風之盛衰爲人才之盛衰，非定論也。昔商鞅以爲人不可多學，爲士人廢了耕戰。此雖無道之言，然朱子取之，以爲當今士人千萬，不知理會甚事，真所謂游手。此等人一旦得高官，只是害朝廷，何望其濟事。噫！以此觀之，真古今一轍也。

「無極而太極」，猶言無所謂太極而實有一太極，朱子所謂「無形而有理」也。玩一「而」字，便不是離了太極别有無極。陸氏昆仲輕肆辯駁，不但不肯細認「而」字，並不肯細讀下文，要之亦以周子爲近代人而忽之也。非朱子如此表章周子之書，烏能傳至今日。只此便是聖人心事。

朱子論天文，勝於横渠、二程。然尚有未透曉處。

二程論鬼神竟似陰陽，朱子則平實近人，然亦有未至精微處。

朱子論理氣，無一語不透，蓋深有得於太極圖也。

「仁」字是《論語》中第一喫緊字。程子嘗教人類聚孔孟言仁處，以求夫仁之説，張南軒亦極論之，終不如朱子之博而該、真而切，爲得夫「仁」字之全體也。人身配天地，人之心配天地之心，此處得大頭腦，則仁不待論而明矣。然亦自太極圖中貫徹出來。

「五經」之中「三禮」尤爲用世之書，此一日不可少者。朱子乞脩「三禮」劄，切實可行，而當時朝廷何以漫不之省？今《儀禮經傳集解》謂非朱子手輯，然大概亦本朱子之意。愚意禮以時爲大，當於累代製作之後益以議論，權衡，乃爲確當。然非聖人不能也。

蔡季通律吕書與八陣圖，俱未能致用，而八陣尤爲未覩肯綮。觀朱子《語録》所載問答，亦似未爲許可。

從來廟制，韋元成謂周爲七廟：四親廟、二世室與太祖廟而七也；劉歆謂周爲九廟：三昭、三穆、二世室與太祖之廟而九也。班固以歆説爲是。朱子姑兩存之。愚謂元成説是也，《中庸》「周公成文、武之德，追王大王、王季」以成王時言，則周實止二昭、二穆，何由有三昭、三穆？

朱子明堂圖仿井田遺意，謂是三間九架屋，隨時方位開門。予謂未必然。古今人情不甚相遠，決不戾於時俗，豈有隆冬盛寒正北開門、天子羣臣向朔風而朝羣后者！謂之明堂決是向明無疑，隨所處而異名也。

郊社之禮，以義言之，必應合祭。而古今之儒多主分祭。《朱子語類》亦謂應分祭。但《周禮》自大合樂之外，更不言分祭，則朱子亦非定以分祭爲禮也。

朱子《語録》中論冠昏喪祭諸禮，皆淺近切實可行。所謂禮，以時爲大也。伊川所論便太泥古，如以尸爲必當立，影神爲必不可用，皆太拘。

朱子集中如《大學》、《中庸》、《詩集傳》序，《資治通鑑》序，皆極大文字，不可不讀。只《皇極辨》一篇，便見朱子有功於《書經》不淺。諸儒議論以皇訓大，以極訓中，是何等解？

道理中惟《易》學最深，蓋窮理盡性之極也。以孔子之聖，尚假年以學《易》，況其他乎？故知讀書爲學，須要漸次，有得於「四書」，有得於諸經，則《易》理自漸漸通貫，此晚年極步工夫也。今人每好談《易》，自爲淵深，高者僅得其形似耳！《朱子語類》曰：「某纔見人説看《易》，便知他錯了。」此真知《易》者也。

朱子於「五經」中，惟《易》最爲研窮，《詩》次之，《書》又次之，《禮》與《春秋》未嘗屬筆。然《儀禮經傳集解》雖非全書，亦見一斑矣。又《語類》中論《禮》及《春秋》處，最通達，最正大。故知論《禮》而拘，論《春秋》而鑿者，皆朱子所不取也。

荀、揚、王、韓四子之書並傳，其中文中子畢竟是一賢儒。其著述多爲人所雜亂，互有不同，其中模彷《論語》處多是後人增入。至精當處，漢唐以來諸儒皆莫能及。朱子亦謂其賢於三子。然《續經説》以爲好名欲速，輕道求售，爲稍過矣。

朱子論釋氏書如《讀大紀》、《觀心説》等篇，莫如《釋氏論》下篇更得要領。横渠、二程皆莫及也。

顧亭林先生　日知録·《朱子晚年定論》評

《宋史·陸九淵傳》：「初，九淵嘗與朱熹會鵝湖，論辯所學，多不合。及熹守南康，九淵訪之。熹與至白鹿洞，九淵爲講『君子小人喻義利』一章，聽者至有泣下，熹以爲切中學者隱微深痼之病。至於『無極而太極』之辯，則貽書往來，論難不置焉。」

王文成（原注）守仁所輯《朱子晚年定論》，今之學者多信之，不知當時羅文莊（原注）欽順已嘗與之書而辯之矣。其書曰：「詳《朱子定論》之編，蓋以其中歲以前所見未真，及晚年始克有悟，乃於其論學書牘三數十卷之内，摘此三十餘條，其意皆主於向裏者，以爲得於既悟之餘，而斷其爲定論。斯其所擇宜亦精矣，第不知所謂晚年者，斷以何年爲定？偶攷得何叔京氏卒於淳熙乙未，時朱子年方四十有六。後二年丁酉，而《論孟集注》、《或問》始成。今有取於答何書者四通，以爲晚年定論；至於《集注》、《或問》則以爲中年未定之説。竊恐攷之欠詳，而立論之太果也。又所取《答黄直卿》一書，監本止云『此是向來差誤』，别無『定本』二字，今所編增此二字，而序中又變『定』字爲『舊』字，却未詳『本』字所指。朱子有《答吕東萊》一書，嘗及定本之説，然非指《集注》、《或問》也。凡此，愚皆不能無疑，顧猶未足深論。竊以執事天資絶世，而日新不已，向來恍若有悟之後，自以爲證諸『五經』、『四子』，沛然若決江河而放諸海，又以爲精明的確，洞然無復可疑，某固信其非虚語也。然又以爲獨於朱子之説有相牴牾，揆之於理，容有是邪？他説固未敢請。嘗讀朱子《文集》，其第三十二卷皆與張南軒答問書，内第四書亦自以爲『其於實體似益精明，因復取凡聖賢之書，以及近世諸老先生之遺語，讀而驗之，則又無一不合。蓋平日所疑而未白者，今皆不待安排，往往自見灑落處』，與執事之所自序者無一語不相似也。書中發其所見，不爲不明。而卷末一書，提綱振領，尤爲詳盡。竊以爲千聖相傳之心學，殆無以出此矣。不知何故，獨不爲執事所取？無亦偶然也邪？若以此二書爲然，則《論孟集注》、《學庸章句》、《或問》不容别有一般道理。如其以爲未合，則是執事精明之見，決與朱子異矣！凡此三十餘條者，不過姑取之以證成高論，而所謂先得我心之所同然者，安知不有毫釐之不同者爲祟於其間，以成牴牾之大隙哉！又執事於朱子之後，特推草廬吴氏，以爲見之尤真，而取其一説，以附三十餘條之後。竊以草廬晚年所見端的與否，良未易知。蓋吾儒昭昭之云，釋氏亦每言之，毫釐之差，正在於此。即草廬所見果有合於吾之所謂昭昭者，安知非其四十年間鑽研文義之效，殆所謂真積力久而豁然貫通者也。蓋雖以明道先生之高明純粹，又蚤獲親炙於濂溪，以發其吟風弄月之趣，亦必反求諸『六經』而後得之。但其所稟，鄰於生知，聞一以知十，與他人極力於鑽研者不同耳，又安得以前日之鑽研文義爲非，而以墮此窠臼爲悔？夫得魚忘筌，得兔忘蹄，(原注)出《莊子》。蹄，古『罤』字，通兔罥也。可也。矜魚兔之獲，而反追咎筌蹄，以爲多事，其可乎哉？」東莞陳建作《學蔀通辯》，取朱子《年譜》、《行狀》、《文集》、《語類》及與陸氏兄弟往來書札，逐年編輯而爲之辯曰：「朱、陸早同晚異之實，二家譜集具載甚明。(原注)《黃氏日鈔》曰：「朱子《答陸子壽》書，反復論喪祭之禮。《答陸子美》書，辯詰太極、西銘，至再而止。《答陸子静》書，辯詰尤切，條其理有未明而不能盡人言者凡七，終又隨條注釋，斥其空疏杜譔，且云：如曰未然，各尊所聞、各行所知可矣。書亦於此而止。」近世東山趙汸《對江右六君子策》乃云：『朱子《答項平父》書有去短集長之言，(原注)此特朱子謙己誨人之辭，未嘗教人爲陸氏之學也。豈鵝湖之論至是而有合邪？使其合并於晚歲，則其微言精義必有契焉，而子静則既往矣。』此朱、陸早異晚同之説所萌芽也。程篁墩(原注)敏政因之，乃著《道一編》，分朱、陸異同爲三節：始焉如冰炭之相反，中焉則疑信之相半，終焉若輔車之相依。朱、陸早異晚同之説，於是乎成矣。王陽明因之，遂有《朱子晚年定論》之録，專取朱子議論與象山合者，與《道一編》輔車之説正相唱和矣。凡此皆顛倒早晚，以彌縫陸學，而不顧矯誣朱子，誑誤後學之深。故今編年以辯，而二家早晚之實、近儒顛倒之弊，舉昭然矣。」又曰：「朱子有朱子之定論，象山有象山之定論，不可强同。『專務虚静，完養精神』，此象山之定論也；『主敬涵養以立其本，讀書窮理以致其知，身體力行以踐其實，三者交修並盡』，此朱子之定論也。乃或專言涵養，或專言窮理，或止言力行，則朱子因人之教、因病之藥也。今乃指專言涵養者爲定論，以附合於象山，其誣朱子甚矣！」又曰：「趙東山所云，蓋求朱、陸生前無可同之實，而没後乃臆料其後會之必同，本欲安排早異晚同，乃至説成生異死同，可笑可笑！（原注）按子静卒後，朱子《與詹元善》書謂其説頗行於江湖間，損賢者之志，而益愚者之過，不知禍何時而已。蓋已逆知後人宗陸氏者之弊。而東山輩不攷此書，强欲附會之，以爲同，何邪？如此豈不適所以彰朱、陸平生之未嘗同，適自彰其牽合欺人之弊？奈何近世咸信之而莫能察也。（姚氏曰）元虞文靖有《送李彦方閩憲》詩，其序云：「先正魯國許文正文，實表章程、朱之學，以佐至元之治天下，人心風俗之所繫，不可誣也。近日晚學小子，不肯細心窮理，妄引陸子静之説以自欺自棄，至欲移易《論語章句》，直斥程、朱之説爲非，此亦非有見於陸氏者也，特以文其猖狂不學以欺人而已。此在王制之所必不容者也。閩中自中立歸，已有道南之歎。仲素、愿中至於元晦，端緒明白，皆在閩中，不能不於彦方之行發之。去一贓吏，治一弊政，不如此一事有以正人心，儒者之能事也。」按文靖從游吴文正之門，文正之學以象山爲宗，而虞公立論如此，則師弟所學亦有不必同者耶！又是時文學修明，談道講藝，各有師承，洛、閩之教方昌，而好異之士已復别鶩旁驅，則源遠而末益分，無惑乎後此岐途之百出也。昔裴延齡掩有爲無、指無爲有，以欺人主。陸宣公謂其愚弄朝廷，甚於趙高指鹿爲馬。今篁墩輩分明掩有爲無、指無爲有，以欺弄後學，豈非吾道中之延齡哉！」又曰：「昔韓絳、吕惠卿代王安石執政時，號絳爲傳法沙門，惠卿爲護法善神。愚謂近日繼陸學而興者，王陽明是傳法沙門，程篁墩則護法善神也。」(原注)此書於朱、陸二家同異，攷之極爲精詳，而世人不知，但知其有《皇明通紀》。又不知《通紀》乃梁文康儲之弟億所作，而託名於清瀾也。宛平孫承澤謂：「陽明所編，其意欲借朱子以攻朱子。且吾夫子以天縱之聖，不以生知自居，而曰好古敏求，曰多聞多見，曰博文約禮，至老刪述不休，猶欲假年學《易》。朱子一生效法孔子，進學必在致知，涵養必在主敬，德性在是，問學在是。如謬以朱子爲支離、爲晚悔，則是吾夫子所謂好古敏求、多聞多見、博文約禮皆早年之支離，必如無言、無知、無能爲晚年自悔之定論也。以此觀之，則《晚年定論》之刻，真爲陽明舞文之書矣。蓋自宏治、正德之際，天下之士厭常喜新，風氣之變已有所自來，而文成以絶世之資，倡其新説，鼓動海内。(原注)文成與胡端敏世寧，鄉試同年。一日謂端敏公曰：『公，人傑也。第少講學。』端敏答曰：『某何敢望公，但恨公多講學耳。』嘉靖以後，從王氏而詆朱子者，始接踵於人間，而王尚書(原注)世貞發策謂：『今之學者偶有所窺，則欲盡發先儒之説而出其上。(楊氏曰)盡發先儒之發，當是廢字。不學，則借一貫之言以文其陋；無行，則逃之性命之鄉，以使人不可詰。』」此三言者，盡當日之情事矣。故王門高弟爲泰州(原注)王艮、龍溪(原注)王畿二人。泰州之學一傳而爲顏山農(原注)均，再傳而爲羅近溪(原注)汝芳、趙大洲(原注)貞吉。龍溪之學一傳而爲何心隱(原注)本名梁汝元，再傳而爲李卓吾(原注)贄、陶石簣(原注)望齡。昔范武子論王弼、何晏二人之罪深於桀、紂，以爲一世之患輕，歷代之害重，自喪之惡小，迷衆之罪大。而蘇子瞻謂李斯亂天下，至於焚書坑儒，皆出於其師荀卿高談異論而不顧者也。《困知》之記、《學蔀》之編，固今日中流之砥柱矣。

《姑蘇志》言姚榮國（原注）廣孝著書一卷，名曰《道餘録》，專詆程、朱。（原注）《實録》本傳，言廣孝著《道餘録》，詆訕先儒，爲君子所鄙。少師亡後，其友張洪謂人曰：「少師於我厚，今死矣，無以報之，但每見《道餘録》，輒爲焚棄。」少師之才不下於文成，而不能行其説者，少師當道德一、風俗同之日，而文成在世衰道微、邪説又作之時也。

嘉靖二年，會試發策，（原注）攷試官蔣文定冕、石文介珤。謂：「朱、陸之論終以不合，而今之學者顧欲强而同之，豈樂彼之徑便，而欲陰詆吾朱子之學與？究其用心，其與何澹、陳賈輩亦豈大相遠與？至筆之簡册，公肆詆訾，以求售其私見。禮官舉祖宗朝故事，燔其書而禁斥之，得無不可乎！」（原注）《成祖實録》：永樂二年，鄱陽人朱季友詣闕獻所著書，詆毁宋儒。上怒，遣行人押赴饒州，會司府縣官杖之，盡焚其所著書。當日在朝之臣有能持此論者，涓涓不塞，終爲江河，有世道之責者，可無履霜堅冰之慮？

以一人而易天下，其流風至於百有餘年之久者，古有之矣。王夷甫之清談，王介甫之新説，（原注）《宋史》：林之奇言：「昔人以王、何清談之罪甚於桀、紂，本朝靖康禍亂，攷其端倪，王氏實負王、何之責。」其在於今，則王伯安之良知是也。孟子曰：「天下之生久矣。一治一亂。」撥亂世反之正，豈不在於後賢乎！

文治按：亭林先生之論，與後來陸清獻無異，可謂能閑朱子之道者矣。然其詞究嫌過激。曾文正云：「君子之言，平則致和，激則召争。辭氣之輕重，積久則移易世風，黨仇訟争而不知所止。」學者讀湯文正論學書，與黄黎洲先生學案，可以持其平矣。

黄梨洲先生《象山學案》案語

宗羲按：先生之學，以尊德性爲宗，謂「先立乎其大，而後天之所以與我者，不爲小者所奪。夫苟本體不明，而徒致功於外索，是無源之水也」。同時紫陽之學，則以道問學爲主，謂「格物窮理，乃吾人入聖之階梯。夫苟信心自是，而惟從事於覃思，是師心之用也」。兩家之意見既不同，逮後論《太極圖説》，先生之兄梭山謂「不當加『無極』二字於太極之前，此明背孔子，且并非周子之言」。紫陽謂「孔子不言無極，而周子言之，蓋實有見太極之真體。不言者不爲少，言之者不爲多」。先生爲梭山反復致辯，而朱、陸之異遂顯。繼先生與兄復齋會紫陽於鵝湖，復齋倡詩，有「留情傳注翻榛塞，著意精微轉陸沈」之句，先生和詩，亦云「易簡工夫終久大，支離事業竟浮沈」。紫陽以爲譏己，不懌，而朱、陸之異益甚。梓材案：鵝湖之會在淳熙二年，鹿洞之講在八年，已在其後。太極之辯在十五年，又在其後。梨洲説未免倒置。於是宗朱者詆陸爲狂禪，宗陸者以朱爲俗學，兩家之學各成門户，幾如冰炭矣。嗟乎！聖道之難明。濂洛之後，正賴兩先生繼起，共扶持其廢墮，胡乃自相齟齬，以致蔓延今日，猶然借此辨同辨異以爲口實，寧非吾道之不幸哉？雖然，二先生之不苟同，正將以求夫至當之歸，以明其道於天下後世，非有嫌隙於其間也。道本大公，各求其是，不敢輕易唯諾以隨人，此尹氏所謂「有疑於心，辨之弗明弗措」，豈若後世口耳之學，不復求之心得而苟焉以自欺，泛然以應人者乎！況攷二先生之生平自治，先生之尊德性，何嘗不加功於學古篤行，紫陽之道問學，何嘗不致力於反身修德，特以示學者之入門各有先後，曰「此其所以異耳」。然至晚年，二先生亦俱自悔其偏重。稽先生之祭東萊文，有曰：「比年以來，觀省加細。追維曩昔，麤心浮氣，徒致參辰，豈足酬義！」蓋自述其過於鵝湖之會也。與諸弟子書嘗云：「道外無事，事外無道。」而紫陽之親與先生書則自云：「邇來日用工夫，頗覺有力，無復向來支離之病。」其別《與吕子約》書云：「孟子言學問之道，惟在求其放心。而程子亦言『心要在腔子裏』。今一向耽著文字，令此心全體都奔在册子上，更不知有己，便是箇無知覺不識痛癢之人。雖讀得書，亦何益於吾事邪！」《與何叔京》書云：「但因其良心發見之微，猛省提撕，使此心不昧，則是做工夫底本領。本領既立，自然下學而上達矣。若不見於良心發見處，渺渺茫茫恐無下手處也。」又謂：「多識前言往行，固君子所急，近因反求未得箇安穩處，卻始知此未免支離。」《與吴伯豐》書自謂「欠卻涵養本原工夫」。《與周叔謹》書：「某近日亦覺向來説話有太支離處，反身以求，正坐自己用功亦未切耳。因此減去文字工夫，覺得閒中氣象甚適。每勸學者亦且看《孟子》『道性善』、『求放心』兩章，著實體察收拾此心爲要。」又《答吕子約》云：「覺得此心存亡只在反掌之間。向來誠是太涉支離，若無本以自立，則事事皆病耳。豈可一向汩溺於故紙堆中使精神昏蔽而可謂之學？」又書：「年來覺得日前爲學不得要領，自身做主不起，反爲文字奪卻精神，不爲小病。每一念之，惕然自懼，且爲朋友憂之。若只如此支離，漫無統紀，展轉迷惑，無出頭處。」觀此可見二先生之虚懷從善，始雖有意見之參差，終歸於一致而無間，更何煩有餘論之紛紛乎！且夫講學者，所以明道也。道在撙節退讓、大公無我，用不得好勇鬬狠於其間，以先自居於悖戾。二先生同植綱常，同扶名教，同宗孔、孟。即使意見終於不合，亦不過仁者見仁，知者見知，所謂「學焉而得其性之所近」。原無有背於聖人，矧夫晚年又志同道合乎！奈何獨不睹二先生之全書，從未究二先生之本末，糠粃瞇目，强附高門，淺不自量，妄相詆毁。彼則曰「我以助陸子也」，此則曰「我以助朱子也」，在二先生豈屑有此等庸妄無謂之助己乎！昔先子嘗與一友人書：「子自負能助朱子排陸子與？亦曾知朱子之學何如，陸子之學何如也？假令當日鵝湖之會，朱、陸辯難之時，忽有蒼頭僕子歷階升堂，捽陸子而毆之曰：『我以助朱子也。』將謂朱子喜乎，不喜乎？定知朱子必且撻而逐之矣。子之助朱子也，得無類是。」

陸稼書先生　三魚堂集·讀朱子《白鹿洞學規》

朱子《白鹿洞學規》，無誠意、正心之目，而以應事接物易之，其發明《大學》之意可謂深切著明矣。蓋所謂誠意、正心者，非外事物而爲誠正，亦就處事接物之際而誠之、正之焉耳。故傳釋「至善」，而以仁、敬、孝、慈、信爲目，仁敬孝慈信皆因處事接物而見者也。聖賢千言萬語，欲人之心理範圍於義理之中而已。而義理不離事物，明乎《白鹿洞學規》之意，而凡陽儒陰釋之學，可不待辨而明。夫子告顔淵「克己復禮」而以視、聽、言、動實之，其即朱子之意也夫！

陸稼書先生　三魚堂集·讀朱子告郭友仁語

《攷亭淵源録》一條，郭友仁德元告行，先生曰：「人若於日間閒言語省得一、兩句，閒人客省得一、兩人，也濟事。若渾身都在鬧場中，如何用工？人若逐日無事，用半日静坐，半日讀書，如此一、二年，何患不進？」高忠憲纂《朱子節要》亦載此條。愚按德元曾學禪，此語係德元所記，恐失其真。

觀朱子答劉淳叟云：「某舊見李先生嘗教令静坐，後來看得不然，只是一箇『敬』字，好方無事時敬於自持，及應事時敬於應事，讀書時敬於讀書，便自然該貫動静，心無時不存。」又答潘子善云云。可見朱子未嘗教人静坐，況限定半日哉？愚故謂德元所記恐失其真。幾亭陳氏以此二語爲朱子教人之法，誤矣！或疑程子見人静坐，便歎其善學。朱子於復卦象注曰：「安静以養微陽也。」是言初動之時宜静也。於咸卦初爻注曰：「此卦雖主於感，然六爻皆宜静而不宜動也。」是言方動之時宜静也。於《太極圖》注曰：「聖人全動静之德，而嘗本之於静。」是言未動之先宜静也。程、朱何嘗不言静？不知程、朱固未嘗不言静，而未嘗限定半日，且其所謂静者，皆是指敬，非如學禪者之静。又恐敬之混於禪也，而申言之曰：「略綽提撕。」夫敬猶恐其有病也，而況專言静乎？

陸稼書先生　三魚堂集・答秦定叟書

僕學問疎淺，蒙先生之不棄，遠辱惠教，常佩於心，冀一望見有道，開其茅塞。癸亥孟夏，適在武林，咫尺高齋，又匆匆不及造廬一晤，因草具數行，仰質高明，亦不能盡記其所言。而於《紫陽大指》一書中，尚不能無纖毫之疑，不敢自隱也。再承手教，兼示以答中孚、潛齋、擴菴諸書刻本，反覆莊誦，益歎先生之篤學精進，迥出流俗。如《答擴菴》書，謂周子「主静」之「静」，朱子看做對待之動静，原自不謬，陽明恐人偏於静，而易爲程子「動亦定、静亦定」之「定」，此陽明之誤，非朱子之誤也。又《答中孚》書，謂今人但知動中有静、静中有動爲得體用之一原，不知此但知一原耳，未可爲體用一原也。先須分明體用，後識一原，然後有下功夫處。此皆足以破俗儒之惑，有功正學，僕深服膺，不容更贊一辭者也。而於前日所疑，猶有未能盡釋然者，敢悉陳之。來書謂未發已發，朱子一生精神命脈之係也，知未發已發，則知静存動察。又謂今之學者，相率入於困而不學，其源皆起於立教者以本體爲功夫，而不分未發已發之誤，此固然矣。然以此論朱子則可，而謂陽明之所以異於朱子者專在此，嘉、隆以來人才風俗所以不如成、宏以前者專在此，則恐有未盡者。蓋陽明之病，莫大於「無善無惡，心之體」一語，而昧於未發已發之界其末也。既以「無善無惡」爲心之體，則所謂未發，只是無善無惡者之未發；所謂已發，只是無善無惡者之已發。即使悉如朱子静存動察，亦不過存其無善無惡者、察其無善無惡者而已，不待混動静而一之，然後爲異於朱子也。朱子「中和舊説」，雖屬已悔之見，然所謂「心爲已發，性爲未發」亦指至善無惡者言，與陽明之無善無惡相楹莛。即使朱子守舊説而不變，仍與陽明不同。所以陽明雖指此爲朱子晚年定論，而仍有影響，尚疑朱仲晦之言，職是故耳。此僕所以謂玫亭、姚江如黑白之不同。先生《紫陽大指》書中乃云「無善無惡」一句是名言之失，而非大義之謬，是僕所深疑而未解也。來書又云《晚年定論》一書，陽明不無曲成己意，不敢雷同，即其窠臼，此固是矣。然攷《紫陽大指》中載《答何叔京》三書，而評之曰「此三書實先生一轉關處也」，則猶似未脱陽明之窠臼者。嘗合朱子一生學問前後不同之故攷之，朱子之學傳自延平，延平教人静中觀喜怒哀樂未發氣象矣，教人反覆推尋以究斯理矣。朱子四十以前，出入佛老，雖受學延平，尚未能盡尊所聞。是以有「中和舊説」，有《答何叔京》諸書，與延平之學不免矛盾。及延平既没，朱子四十以後，始追憶其言而服膺之。《答林擇之》書所謂「辜負此翁」者，則悟「中和舊説」之非，而服膺其未發氣象之言，此朱子之轉關也。《答薛士龍》書所謂「困而自悔」，始復退而求之於句讀文義之間，則是以《答叔京》諸書爲悔，而服膺其反覆推尋以究斯理之言，此又朱子之一轉關也。是朱子之學，一定於悟未發之中之後，再定於退求之句讀文義之後。若夫《答何叔京》三書，則正其四十以前出入佛老之言，於未發已發之界，似若轉關；於窮理格物之功，則猶未轉關也。先生乃儱侗以爲朱子之一轉關，窺先生之意，卻似以居敬爲重，而看窮理一邊稍輕，雖不若陽明之徒盡廢窮理，而不免抑此伸彼。故《答李中孚》書遂以《大學》「補傳」爲可更，而以陽明之獨崇古本爲能絶支離之宿障，爲大有功於吾道，亦是看窮理稍輕之故。夫居敬窮理，如太極之有兩儀，不可偏有輕重。故曰「涵養莫如敬，進學則在致知」，未有致知而可不居敬者，亦未有居敬而可不致知者。故朱子平日雖説敬不離口，而於《大學》「補傳」則又諄諄教人窮理，又於《或問》中反復推明，真無絲毫病痛。朱子所以有功萬世者在此，所以異於姚江者在此。此而可更，孰不可更？即曰格物以知本爲先，所謂當務之爲急，然於格物之中，先其本則可，而如古本《大學》謂「知本即是知之至」則不可，是又僕之所深疑而未解也。至於先生惓惓居敬主静，可謂深得程朱之旨，而切中俗學之病矣。然敬之所以爲敬，静之所以爲静，亦有不可不辨者焉。嘗觀朱子之言「敬」，每云「略綽提撕」，蓋惟恐學者下手過重，不免急迫之病。故於延平「觀喜怒哀樂未發」一語，雖悔其始之辜負而服膺之，然於「觀」之一字，則到底不敢徇。見於《答劉淳叟》諸書，至《觀心説》一篇，極言「觀」之病，雖指佛氏而言，而延平之言不能無病亦在其中，此用力於敬者所不可不知也。又朱子雖云「『敬』字工夫通貫動静，而必以静爲本」，卻又云「不必特地將静坐做一件工夫，但看一『敬』字通貫動静」，又云「明道説静坐可以爲學，上蔡亦言多著静不妨，此説終是小偏，纔偏便做病」。蓋《樂記》之「人生而静」，《太極圖》之主静，皆是指「敬」而言。無事之時，其心收斂，不他適而已，非欲人謝卻事物，專求之寂滅，如佛家之坐禪一般也。高景逸不知此，乃專力於静，甚至坐必七日，名爲涵養大本，而不覺入於釋氏之寂滅，亦異乎朱子所謂静矣。此用力於静者所不可不知也。先生諄諄示人居敬主静，而未及敬與静當如何用功，是又僕所不能無疑也。又讀先生答人書，謂陽明之弊只在無善無惡。若良知之説不可謂非孟子性善之旨。夫陽明之所謂「良」，即指無善無惡，非孟子所謂「良」也。孟子之「良」，以性之所發言，孩提之愛敬是也。陽明之「良」，以心之昭昭靈靈者言，湛然虚明，任情自發而已。一有思慮營爲，不問其善不善，即謂之知識而非良，是豈可同日語哉？又謂陽明之學真能爲己，而非挾好勝之心者。夫陽明大言無忌，至以孔子爲九千鎰，朱子爲楊墨，此而非好勝也，不知如何而後爲好勝耶？合先生之論陽明者言之，謂其真能爲己矣，良知之説合於性善之旨矣，崇古本《大學》能絶支離矣，惟「無善無惡」一語不能無弊，又是名言之失而非大義之謬矣，《晚年定論》雖不無曲成己意，而採《答叔京》諸書又未爲盡過矣，所不滿者，惟不分未發已發一節耳。又《答李中孚》書云：「此不過朝三暮四、暮四朝三之法，則并未發已發亦與朱子名異實同矣。」前輩以陽明爲指鹿爲馬者皆非矣。僕極知先生從學術世道起見，與世俗之以私意調停者不同，而掃除未盡，不免涉於調停之跡，恐遺後學之惑，所以不揆愚陋，不敢自匿其所疑，輒以上陳，伏候教示。知先生諒其求正之心，不以指摘爲罪也。嘉靖時，清瀾陳氏《學蔀通辨》一書，先生曾細閱之否？近時北方有張武承諱烈，所著《王學質疑》一卷，其言陽明之病，亦頗深切著明。惜其已故，僕頃爲刊其書，敢並附正，統希垂鑒，不吝賜教幸甚。臨楮曷勝翹企。

文治案：清獻之説，終覺主張太過。朱子求句讀文義，並非在四十以後，夏弢甫先生已辨之。《大學》古本原係鄭康先生相傳舊本，並非陽明變亂經文。文治於《大學大義》中亦詳言之。至於學問之道，要在動静交相涵養。惡動求静，固偏矣；若必惡静求動，則必舉《易傳》所謂「寂然不動」，《大學》所謂「定而後能静，静而後能安」，周子所謂「主静」之説，一切掃除之而後可，亦可謂之不偏乎？清獻與秦定叟有二書，其第二首意義相同，兹不備録。

紫陽學術發微卷十二

九賢朱學通論下

目録

紫陽學術發微卷十二

九賢朱學通論下

後學太倉唐文治蔚芝編輯

文治於四十年前研究朱子學，涉獵諸家。於寶應僅知有王白田先生而已。後訪《朱子文集注》，遣門人王蘧常等赴寶應，始知白田先生外有朱止泉先生，而朱又在王之上。白田先生所著《朱子年譜》與附録及存稿中雜著，皆以文繁不克録。止泉先生所著，有《朱子聖學攷略》、《宗朱要法》及編《朱子分類文選》，而《文集》中論朱學者極夥。其尤精者是《涵養未發辨》、《格物辨》，皆洞中窾要。而《聖學攷略提要》更能擷菁挈領，囊括無遺。蓋止泉先生於朱子之學不獨口誦心維，貫通純熟，實能力踐躬行，循序漸進，以數十年之心得，上契朱子之心傳，非講演文義、稽攷年月者所能望塵而及也。爰録之爲第五。

章氏實齋學問淹博，通達古今，當爲清代第一。蓋乾嘉諸老多研經學，而實齋先生殫精史學，故於掌故源流知之特詳。且夫爲朱陸之學者，豈易言哉！苟爲朱學者不能躬行，爲陸學者並無心得，皆僞而已矣。孔巽軒作《戴氏遺書序》，譏朱學者曰：「略窺《語録》，便詡知天；解斥陽明，即稱希聖；信洛黨之盡善，疑孟氏之非醇。」其説至偏而激。而實齋先生則獨斷之曰：「僞朱子，僞陸王。」嗚呼！何其嚴而確也。所著《文史通義》，士林推重，而《朱陸》一篇，目擊流弊，斷制持平，其書後詆戴氏雖不免訐以爲直，然是非之公，人能知之，而切磋之誼，人不能知（此指教導後學言，非指戴氏言）。且聖門立教，文行交修，其所以端人心術而與人爲善者皆於是在矣。爰録之爲第六。

咸豐時人才詎可及哉！時則有若倭文端、曾文正、吴竹如諸公，所以切磋而成之者，唐鏡海先生也。讀曾文正《送唐先生南歸序》，知諸君子之所以事之者，蓋在師友之間。用能才德並進，蔚成中興之業，而享六十年之太平，非倖致也，皆禮義道德之所薰陶也。文治嘗上下古今，竊謂國家之興替，係乎理學之盛衰，理學盛則國運昌，理學衰而國祚滅。人心世道恒與之爲轉移。世每迂笑吾言，然吾之本心不能泯，即吾之學識不能易也。先生所撰《學案小識》，爲有清一代學術關鍵，前已著録。别有《朱子學案目録序》，見於《確慎文集》，惜其書不經見，海内有寶藏之者，能公諸天下乎？然節讀其序文數則，可見先生之學與朱子之精神，訢合而無間矣。爰録之爲第七。

陳蘭甫先生淹貫「六經」諸子，於學無所不窺，所著《東塾讀書記》，釐别家法源流，無門户之見，而壹出以平心静氣之論。其中論朱子一卷，尤爲精細。如言朱子不獨窮極理奥，兼精章句訓詁、禮樂制度、天文、曆算、地理等學，可謂獨到之見。蓋以攷據法治朱學，實於亭林、梨洲之外更進一層矣。先生嘗自言早年涉獵世學，不知讀朱子書，中年以後始讀之，以《語類》繁博，擇其切要，標識卷端，冀可尋其門徑，并與其子宗誼輯《語類日鈔》五卷，其序文謂：「近時風氣不知道學，惟元知顧千里鈔語類爲一編，名曰《遯翁苦口》，然聞其名未見其書，蓋成書而未刻者。」其尊朱子救世道之苦心，溢於言外，洵粤東通儒中第一人也。爰録之爲第八。

自孔孟、程朱而外，凡治攷據義理之學者，後人必較勝於前人，何也？以其學説之愈精而愈密也。如朱止泉先生《朱子聖學攷》，體例較大全爲勝矣；王白田先生《朱子年譜》，採擇較洪本爲勝矣；夏弢甫先生《述朱質疑》一書，論朱子畢生之學，精詳周至，無義不搜，幾幾乎歎觀止矣。度其爲學，必有四、五十年之苦功，乃克臻此。其可分類者，已散入本書各卷。而其總論各篇，如辨戴東原謂孔孟「六經」、傳記羣籍，「理」字不多見，不知如《大學》之「格物」，《中庸》之「未發」、「已發」，《孟子》之「養氣」，皆前聖所未言，宋儒之「理氣」、「體用」諸説亦然，但當論理之質諸往聖者或合或否，不當論字之見於載籍者或多或寡。又謂戴氏論「理欲」二字，誤以貪欲之欲爲養欲給求之欲，乃斥程、朱爲禍於天下，非仁人之所忍言，云云。嗚呼！凡爲學説者，豈可因己之不便而遂輕毁先賢哉？先生之言可爲救人心之苦樂，而立百世下中流之砥柱矣。爰録之爲第九。

朱止泉先生　朱子聖學攷略提要　節録

一、朱子聖學所以遠承孔、孟近接周、程者，全在體驗仁、義、禮、知渾然之性，惻隱、羞惡、辭讓、是非燦然之情。孔子所謂依仁，孟子所謂性善，周子所謂「定之以中正仁義」而主静、立極，程伯子所謂「識仁體」，程叔子所謂「五性具焉」，天地所以爲天地而生人物，俱是此旨。夫天地只是太極陰陽五行之理，天地生人只是太極健順五常之德，朱子實見得太極健順五常之德是天命我之性。性體無爲，渾全在我，發處呈幾，著力體驗，積累擴充，透到未發氣象，皆統會於一心，方有歸宿。其全體也，只此渾然燦然者，無一毫私欲之自累，無一毫條理之不精，充滿分量，無少欠缺也；其大用也，只此渾然燦然者，無一物不措之得其所，無一事不經之適其宜，各有脈絡，不稍紛擾也。其始也，只此渾然燦然者爲之始；其終也，只此渾然燦然者爲之終。自始學至易簀，滿腔子是太極健順五常之德，與天地合撰而已，此其所以爲孔孟、周程之大宗也夫。

一、朱子聖學全從《大學》、《中庸》得力，合下見明、新、止善，是大人之學之全量，稍虧欠不得。八條目工夫，必自格物入。身心、性情、天地、人物、鬼神皆物也，自己心性統得一切，故從身心、性情格起。漸而通之修己治人，皆是明德裏事。只要著實，逐次用功，充滿明德全量，方爲完備。其最得力者，在補主敬一條，此朱子四十時有得於親切要妙之旨，非主敬則格物以下工夫無主宰，無歸宿，是接聖學嫡傳。惟其於格物認得來歷的確，故於《中庸》天命之性、率性之道、修道之教，從自己心性中歷歷真切，則戒懼，謹獨吃緊精明，然後本來未發氣象可復，而發處各有節度，積累涵養，愈造愈深，愈斂愈實，自有不動而敬、不言而信者在這裏，方能完全天性。朱子一生是從本來明德貫極於格物、致知、誠意、正心、修身以至家、國、天下、達德、達道、九經，皆一心統會，非有二物也。朱子體於身、著於書，而聖學之天德王道、全體大用備矣。

一、朱子聖學全從《論語》、《孟子》得力，章章研究，體驗身行心得，無一處不到，而「一貫」、「克復」、「如見如承」、「博文約禮」、「居處執事」數章，尤是孔門爲仁切要處。體入細密，究極淵源，故於仁統四端備萬善之旨；渾融包涵，通透活絡，身心内外皆是生意周流。收拾放心，透存養之要，便是致中；集義擴充，透愛敬之用，便是致和。總是仁義路脈，認得真切，所以《論》、《孟》精髓，發得詳明，此爲孔孟大宗，他家莫能與焉。

一、朱子聖學究造化之原，歷陰陽之變，順性命之理，得之於《易》焉；識風土之宜，別貞淫之情，審治亂之故，得之於《詩》焉；觀二帝、三王之心傳，味臯、益、伊、周之忠懇，玩典、謨、誓、誥之治要，得之於《書》焉；恭敬、辭遜以會其身心，尊卑、内外以别其分限，隨時制宜以定其典章，得之於《禮》焉；君臣治亂以明其是非，恤民重役以行其仁愛，因革制作以詳其法度，得之於《春秋》焉。統「五經」道理會而歸之，自己身心中自有《易》、《詩》、《書》、《禮》、《春秋》道理，渾融無間矣。

一、朱子聖學宗「五經」「四子」外，周、程、張子書極深研究，而於《太極》、《西銘》尤精詳焉。實見得太極是無聲無臭之理，生陰陽五行，而人物得是以生，這一點理氣來自太極，必居敬主静，然後不虧損了太極；實見乾坤是大父大母之性體，生宗子家相，而聖賢因以全生，這一身來自乾坤，必存養不愧能純乎孝，然後不辜負了乾坤。所以一生兢兢業業，窮理盡性，於《太極圖説》遡《西銘》之來歷，即體會自己身心來歷；於《西銘》識《太極圖説》之實際，即體會自己身心實際也。由是推之，《書》言「降衷」、「恒性」，「天地萬物父母」，《易》言「太極」、「兩儀」、「四象」，「乾元」、「坤元」，《詩》言「天生烝民，物則秉彝」；《禮》言「人生而静，陰陽之會」，皆是《太極圖説》、《西銘》之宗祖，惟周子、張子會而通之。著此二篇，惟朱子深信此二篇，發經書要旨而潛心焉。此其足目俱到，迥出諸儒者與。

一、議朱子者皆以朱子泛求事物之理爲格物而本體不虛，不知朱子存心工夫。自三十前便知得心是仁義禮知之性所統會處，夙夜持守，不去於心，但在用處著力；至四十透未發之旨，已悟本體矣。此後屢悔，亦以仁義禮知之性理。見於文字事物者其塗徑，通於心思者其幾竅，見於躬行者其實地，藏於宥密者其歸宿。塗徑、幾竅相感發，造到實地，又造到歸宿，愈收斂愈充實，愈充實愈虛明。如《答徐彦章》云：「所謂純於善而無間斷者，非遂晝度夜思無一息之暫停，其外物不接、内欲不萌之際，心體湛然，萬理皆備，此純於善而無間斷之謂也。」如此分説，真至虛至明境地。若陸、王虛則有之，至心體湛然、萬理皆備則未也，以其從静入而不透仁義禮知之性理，故差入禪派耳。

一、朱子四十前常存此心以格物致知，但在端倪上著力，故認心是已發，性是未發。及四十時，知心統性情，未發之中性體具焉。此後窮理愈精，惟恐所知不精，害於涵養。故尊德性、道問學是相通工夫。《答勉齋》云：「此心常明，講求義理，以栽培之。」即此意也。此朱子喫緊處，讀者不可忽略，必自家體驗到心上透得是如此，方爲自得。若依象山之説，竊恐心雖定而義理不透，終是半明半暗，豈可哉？

一、朱子居敬，自少時即著力，亦在端倪上用功。至四十時便覺涵養本體，只是敬以直内。玩《答林擇之》書，可見其親切矣。後又云「敬於讀書」、「敬於應事」、「敬於接物」，不可頃刻使心在烏何有之鄉。又云「有事、無事，吾之敬未嘗間斷」，又云「此心既立，由是格物致知，則所謂『尊德性而道問學』；由是誠意、正心、修身，則所謂『先立乎其大者，小者不能奪』；由是齊家、治國、平天下，則所謂『篤恭而天下平』」。敬者，聖學之所以成始而成終也。朱子從居敬實實持守，步步有行程去處，讀《敬齋箴》可見。故以此補小學工夫，立八條目之主宰。聖學之宗，自此定矣。

朱止泉先生文集·朱子未發涵養辨

自程子發明平日涵養之旨，傳之龜山、豫章、延平以及朱子，而聖學大明。朱子之涵養也，雖受之延平，而其默契乎「心統性情」，貫動静之奥，傳之久遠無弊者，實發龜山、豫章、延平所未及言，而直上合乎伊川。成書具在，可攷而知也。明正、嘉後學者，皆講「良知」，宗「無善無惡」之教，以朱子道問學之功居多，羣指爲章句文義之學。即有遵朱子者，力言格物致知之功，主敬存誠之要，而於未發涵養之故，無一言及之。夫主敬存誠，即所以涵養於未發，以貫通乎已發，實用力者自喻其微。然朱子未發涵養一段工夫，原極力用功，後儒爲之諱者，其防微杜漸之意自有所在。特以陽明《晚年定論》一書，取朱子言收放心存養者不分早晚，概指爲晚年，以明朱陸合一，定學者紛紜之議。若更言涵養，是羽翼陽明，無以分朱陸之界，故概不置詞，俟學者自爲尋討，可謂用意深遠矣。然朱子涵養原與陸王兩家不同，乃有所避忌，不顯明指示，不惟無以闡朱子涵養之切要，且益增章句文義之譏，而目爲道問學之分途矣。縱有言及者，又似自陳所見，按之朱子涵養切要之序，不甚相合。予讀朱子書，積有年所，明儒集間窺一、二。陽明《晚年定論》之舛，既駁正之，而朱子涵養切要之序稍見端緒者，又烏敢不顯明其旨以大别於無善無惡之教，而又豈章句文義之學所得借口哉？朱子從事延平十餘年，相見不過三次。後來追敍當年授受之旨，屢見於答何叔京、林擇之，及《中和舊説序》。《答林擇之》、《中和舊説序》在己丑後，提敍於此。其中詞旨井然可見。當見延平時方用力於格物致知之學，延平雖授以未發之旨，而朱子不以爲然。十餘年而延平没，未達其旨，故與叔京輩敍説，以爲「辜負此翁」。及與張南軒往還，以未發之旨再三質證，所以有「人自有生」四書，皆是竊究此旨而未達之時所諄諄問辨者也。是朱子不以體驗未發爲然者，在癸未以前。自甲申至己丑，越六年，其答友朋書無日不以此旨未達爲念，而其攷程子書及前輩名言，只以心爲已發、性爲未發，亦只以人生自朝至夜、自少至老無時不是已發，而未發在其中，因以察識端倪爲用功之要，而程子未發之旨未嘗一日去於心，亦未嘗一日不與同志者相與辨論也，迨己丑春而恍然矣。夫延平所云「終日危坐，以驗夫喜怒哀樂未發之前氣象如何而求所謂中」者，朱子聞之久，自宜服行之，乃以爲不然者，何哉？蓋朱子於程子未發之旨，辨之精，有一毫之未當不敢以爲是；思之切，有一毫之未信不敢以爲安。驗喜怒哀樂之前氣象而求所謂中者，延平得之豫章，以上承龜山、伊川者也。凡言心者，皆指已發而言，程子之言也。與其信程子轉相授受之言，不如信程子之言，親切而有味。是以用功於察識端倪，而不以觀心於未發爲然。然惟其辨之精、思之切，有一毫之未當未信者，不敢以爲是而安，故於季通辨論之餘，疑而悔，悔而悟，反覆於程子諸説，而自覺其缺涵養一段工夫也。朱子悟涵養之旨，自己丑始；悟涵養之旨無諸賢之流弊，亦自己丑始。集程子諸説，參而求之，會而通之，因疑心指已發之未當而不可信，始悟心兼體用，必敬而無失乃所以涵養此中，必實致其知，日就光明而學乃進也。悟心兼體用，而有涵養於未發、貫通乎已發之功，則向來躁迫浮露之病可去，而有寬裕雍容之象矣；悟敬以涵養又必致知，則絶聖去智、坐禪入定歸於無善無惡之弊有所防，而陽儒陰釋之輩無所假借矣。自此以往，涵養之功日深，所見愈精，本領愈親。如「涵養於未發之前，則中節者多」，湖南諸友無前一截工夫，則有《答林擇之》之書；「平日有涵養之功，臨事方能識得」，則有《答胡廣仲》之書。此尤章章可攷者也。夫以朱子好學之篤，功力之專，自不數年而體立用行，然猶需之十數年者，亦有説焉。答吕伯恭、周叔謹輩，往往從涵養中自見支離之失而不諱，固所以教友朋、箴來學而自已之由疎而密、由淺而深，亦層進而有驗。蓋涵養而略於理者易，涵養而精於理者難；涵養而處事不盡當者易，涵養而事理合一者難；涵養而偏於静者易，涵養而動静合一者難。朱子自四十後，用許多工夫，漸充漸大，漸養漸純，至丙午《答象山》有「日用得力」之語，至庚戌有「方理會得恁地」之語，又曰「幸天假之年，許多道理在這裏」。所謂涵養於未發而貫已發者，心理渾融無間而歸於一矣。要其用功，一遵程子「涵養須用敬，進學在致知」之説，即尊德性而道問學之旨也。朱子涵養之序如此，此直上溯伊川以接子思子之脈者，原與後世陽儒陰佛假未發之旨以實行其不思善、不思惡之術者，較若黑白，亦何爲有所避忌而不言哉？或曰：子言朱子涵養之序詳矣，彼援朱入陸者，方爲晚同之論以混於一，吾子之言得毋中其所欲言而賫以糧乎？曰不然。彼良知家多言朱子晚年直指本體以示人，今朱子之書具在，如答度周卿、晏亞夫、潘子善、孫敬甫諸書，皆六十以後筆，皆以涵養致知爲訓，曷嘗單指本體乎？其言涵養也，莫精於答呂寺丞，「純坤不爲無陽」，無知覺之事而有知覺之理；其言進學在致知也，莫精於答張元德，「横渠成誦之説，最爲徑捷」。此甲寅、戊午後之言，又何嘗不以涵養致知爲訓？又何嘗單指本體，與良知家有一字之同乎？如單指本體，不惟理不能窮，中無所得，即所養者亦無理之虛靈知覺，正朱子所云「一場大脱空」者，亦不俟明者而知之矣。

文治案：此篇與王、夏二家意相合。惟尚有朱、陸門户之見耳。然讀此以窺朱子門徑，最易得力。

又：朱子格物説辨

自陽明以朱子格物爲析心理爲二，爲義外，於是明季學者大都沉溺其中，置朱子書不讀。後來宗朱子者，力闢其非，按之朱子格物實落處，少所發明。宜乎此以爲一，而彼以爲二；此以爲内，而彼以爲外。徒見立説之多，互相攻詆，而於朱子格物之要領實功未透其所以然，而宗朱、宗王之兩家卒未能平心而定其一是之極。近又有調停之說，以爲朱、王皆有當，而於陽明闢朱子之論一概不辨，視爲非學者切己要務。嗚呼！辨論前賢之是非，誠非切己要務也；獨指朱子格物爲二、爲義外，而不辨其非，不獨於朱子格物之要領實功多所未明，即於自家格物之要領實功未得透徹，茫無下手處，獨非切己要務乎？愚竊以爲，闢陽明可緩，而朱子之學受誣於陽明者，不可不辨。誠於朱子格物之學，得其要領實功，則吾道明，而其畔朱子者自屈矣。朱子自從事延平，深懲虛無空寂之非。其所攷究參詳乎事物者，非逐末也，實從自家心地動處體驗，以究其不容己之故，即從自家心地接萬物處體驗，以究其不可易之則，庶乎方寸之間明乎物理確有定準。是朱子壬午以前三見延平以察識端倪爲窮理之要，皆於思慮感動時着力，而所格者，性發之情也。及延平既没以後，與南軒、擇之往復參究，無非心地工夫。當其執心是已發之說，幾以爲無可改，始而信，既而疑且悔，後乃恍然悟。是朱子己丑以前不敢信前賢之言據爲有得，而必詳究其至當不易者，正以窮夫未發之體，而所格者，情之性體也。自此後，凡講習討論之功，酌古參今之學，無非明此性體。久之而衆物之表裏精粗無不到，即物之統於吾性者無不至；吾心之全體大用無不明，即吾性之涵夫物者無不徹。終朱子之身，總是格物，總是知性，而未發之中昭明形著，斯學問之極功，内外一致之實驗也。夫朱子格物之學，心理合一，無内非外，無外非内，可謂顯明矣。陽明倡爲二、義外之説以議朱子，吾亦不暇多舉。朱子之訓，即以《已發未發説》、《仁説》、《太極注》、《西銘注》四篇言之，其云「未發之中，本體自然，不須窮索」者，二乎？義外乎？其云「衆善之源，百行之本，莫不在是」者，二乎？義外乎？其云「天下之故，皆感通於寂然不動之中」者，二乎？義外乎？其云「存則不違其理，没則安而無所愧對於天」者，二乎？義外乎？由四篇而細繹之，朱子深明吾性之本體，著之簡編，以示後人，皆深切收斂身心性情之要，未見有拘牽文義如後世詞章之學也；由四篇而推廣之，凡朱子著述纂注，皆身心性情之所發見，應事接物皆身心性情之所施行，未見有不察之動静微危而徒託之口説辨論也。四篇之中，《已發未發説》，朱子所最先窮究者。所謂「事物未至、思慮未萌之時，即是心體流行，寂然不動之處，而天命之性，體叚具焉」數語，直窮到雜念俱消、性體呈露微渺處矣。所謂「當此之時，敬以持之，使此氣象常存而不失，則自此而發者，必中節。此是日用之間本領工夫」數語，直窮到性體呈露，即工夫即本體，教人刻刻保守性命之學，莫切於此矣。所謂「察其端倪之動，致擴充之功。一不中，則非性之本然，而心之道或幾乎息」數語，直窮到性體發動，持守益密，不令毫髮走作致虧本體矣。所謂「周流貫徹，工夫初無間斷，但以静爲本」數語，直窮到主静立極，復其本性全體地位，而《仁説》之包羅，《太極注》之原原本本，《西銘注》之踐形成性，已具於心體流行、天性體叚之中矣。夫朱子格物之功，研究凡十餘年，不得未發之旨，深探静會，只據「心屬已發」一語。後又詳玩《遺書》，乃得凍解冰釋，其見於《中和舊説序》者甚詳，爰著是説，以衷於一是。至今讀之，溯其原委，想其苦心，歎服其格物之根於心理篤實，反求不諱，其用功曲折，吐心瀝膽，明示學者，一至於此。試思《陽明集》中，如「天泉證道」，有如是之切實的當者乎？如答舒國用、陸原静諸書，未嘗不中人深弊，然説來卻似自然，太直截，欲尋其端緒，無下手用功處，有如是之委曲、先後可依循者乎？如《傳習録》中「要語」，亦有克己切當處，然只是一静便了，有如是之透天命源頭、涵蓋萬理者乎？學者循朱子之序，由發處用功，體驗到未發之中，即仁義禮智之渾然者，原自天地萬物一處來，自與天地萬物同條共貫，而無彼此之分，夫乃恍然知朱子格物之學真是心理合一而非二也。心理合一，義生於心，無内無外，無乎不統，而非義外也。朱子之格物知性如此，陽明之説何其誣哉？夫《太極》、《西銘》注，讀者遍天下，而不知其義以爲高遠而非初學所及，《仁説》一篇，讀者亦日習而不用力，至《已發未發説》則未有及焉。不知此一篇者，實《大學》、《中庸》章句、或問之根原，格物知性之實地，必熟體之而後深信朱子格物之學實有向裏安頓處，初不令人誤用於所不當用也。予故特宗之，以明陽明之議朱子者，實不知朱子云。

文治案：此篇合涵養、致知爲一事，深得《易傳》「敬以直内，義以方外」之旨。所謂「方外」者，實在内而非外也。其立説有與陽明相近處，而其功夫確與陽明異。

章實齋先生　文史通義·朱陸篇　節録

傳言有美疢，亦有藥石焉。陸、王之攻朱，足以相成而不足以相病。僞陸、王之自謂學朱而奉朱，朱學之憂也。蓋性命、事功、學問、文章，合而爲一，朱子之學也。求一貫於多學而識，寓約禮於博文，是本末之兼該也。諸經解義不能無得失，訓詁攷訂不能無疎舛，是何傷於大體哉！且傳其學者，如黄、蔡、真、魏，皆通經服古、躬行實踐之醇儒，其於朱子有所失，亦不曲從而附會，是亦足以立教矣。乃有崇性命而薄事功，棄置一切學問文章，而守一、二《章句》、《集注》之宗旨，因而斥陸譏王，憤若不共戴天，以謂得朱之傳授，是以通貫古今、經緯世宙之朱子而爲村陋無聞、傲狠自是之朱子也。且解義不能無得失，攷訂不能無疎舛，自獲麟絶筆以來，未有免焉者也。今得陸、王之僞而自命學朱者，乃曰：墨守朱子，雖知有毒，猶不可不食。又曰：朱子實兼孔子與顔、曾、孟子之所長。噫！其言之是非毋庸辨矣。朱子有知，憂當何如耶？

末流失其本，朱子之流別，以爲優於陸、王矣。然則承朱氏之俎豆，必無失者乎？曰：奚爲而無也。今人有薄朱氏之學者，即朱氏之數傳而後起者也。其與朱氏爲難，學百倍於陸、王之末流，思更深於朱門之從學，充其所極，朱子不免先賢之畏後生矣。然究其承學，實自朱子數傳之後起也，其人亦不自知也。而世之號爲通人達士者，亦幾幾乎褰裳以從矣。有識者觀之，齊人之飲井相捽也。性命之説，易入虚無。朱子求一貫於多學而識，寓約禮於博文，其事繁而密，其功實而難，雖朱子之所求，未敢必謂無失也。然沿其學者，一傳而爲勉齋、九峯，再傳而爲西山、鶴山、東發、厚齋，三傳而爲仁山、白雲，四傳而爲潛溪、義烏，五傳而爲寧人、百詩，則皆服古通經，學求其是，而非專己守殘、空言性命之流也。自是以外，文則入於辭章，學則流於博雅，求其宗旨之所在，或有不自知者矣。生乎今世，因聞寧人、百詩之風，上溯古今作述，有以心知其意，此則通經服古之緒又嗣其音矣。無如其人慧過於識而氣蕩乎志，反爲朱子詬病焉，則亦忘其所自矣。夫實學求是，與空談性天不同科也。攷古易差，解經易失，如天象之難以一端盡也。歷象之學，後人必勝前人，勢使然也。因後人之密而貶羲、和，不知即羲、和之遺法也。今承朱氏數傳之後，所見出於前人，不知即是前人之遺緒，是以後歷而貶羲、和也。蓋其所見能過前人者，慧有餘也，抑亦後起之智慮所應爾也，不知即是前人遺藴者，識不足也。其初意未必遂然，其言足以懾一世之通人達士而從其井𢶍者，氣所蕩也。其後亦遂居之不疑者，志爲氣所動也。攻陸、王者出僞陸、王，其學猥陋，不足爲陸、王病也；貶朱者之即出朱學，其力深沈，不以源流互質，言行交推，世有好學而無真識者，鮮不從風而靡矣。

古人著於竹帛，皆其宣於口耳之言也。言一成而人之觀者千百其意焉，故不免於有向而有背。今之黠者則不然，以其所長有以動天下之知者矣；知其所短不可以欺也，則似有不屑焉。徙澤之蛇，且以小者神君焉。其遇可以知而不必且爲知者，則略其所長，以爲未可與言也；而又飾所短，以爲無所不能也。雷電以神之，鬼神以幽之，鍵篋以固之，標幟以市之，於是前無古人而後無來者矣。天下知者少，而不必且爲知者之多也；知者一定不易，而不必且爲知者之千變無窮也。故以筆信知者，而以舌愚不必深知者，天下由是靡然相從矣。夫略所短而取其長，遺書具存，强半皆當遵從而不廢者也，天下靡然從之，何足忌哉！不知其口舌遺厲，深入似知非知之人心，去取古人，任偏衷而害於道也。語云：「其父殺人報仇，其子必且行劫。」其人於朱子，蓋已飲水而忘源；及筆之於書，僅有微辭隱見耳，未敢居然斥之也。此其所以不見惡於真知者也。而不必深知者，習聞口舌之間，肆然排詆而無忌憚，以謂是人而有是言，則朱子真不可以不斥也。故趨其風者，未有不以攻朱爲能事也。非有惡於朱也，懼其不類於是人，即不得爲通人也。夫朱子之授人口實，强半出於《語録》。《語録》出於弟子門人雜記，未必無失初旨也。然而大旨實與所著之書相表裏，則朱子之著於竹帛，即其宣於口耳之言。是表裏如一者，古人之學也，即以是義責其人，亦可知其不如朱子遠矣，又何争於文字語言之末也哉！

又書《朱陸篇》後

戴君學問，深見古人大體，不愧一代鉅儒，而心術未醇，頗爲近日學者之患，故余作《朱陸篇》正之。戴君下世，今十餘年，同時有横肆罵詈者，固不足爲戴君累。而尊奉太過，至有稱謂孟子後之一人，則亦不免爲戴所愚。身後恩怨俱平，理宜公論出矣，而至今無人能定戴氏品者，則知德者鮮也。

凡戴君所學，深通訓詁，究於名物制度，而得其所以然，將以明道也。時人方貴博雅攷訂，見其訓詁名物，有合時好，以謂戴之絶詣在此。及戴著《論性》、《原善》諸篇，於天人理氣，實有發前人所未發者。時人則謂空説義理，可以無作，是固不知戴學者矣。戴見時人之識如此，遂離奇其説曰：「余於訓詁、聲韻、天象、地理四者，如肩輿之隷也。余所明道，則乘輿之大人也。當世號爲通人，僅堪與余輿隷通寒温耳。」言雖不爲無因，畢竟有傷雅道，然猶激於世無真知己者，因不免於已甚耳，尚未害於義也。其自尊所業，以謂學者不究於此，無由聞道，不知訓詁名物，亦一端耳。古人學於文辭，求於義理，不由其説，如韓、歐、程、張諸儒，竟不許以聞道，則亦過矣。然此猶自道所見，欲人惟已是從，於説尚未有欺也。其於史學義例、古文法度，實無所解，而久遊江湖，恥其有所不知，往往强爲解事；應人之求，又不安於習故，妄矜獨斷。如修《汾州府志》，乃謂僧僚不可列之人類，因取舊志名僧入於古跡；又謂修志貴攷沿革，其他皆可任意，此則識解漸入庸妄。然不過自欺，尚未有心於欺人也。余嘗遇戴君於寧波道署，居停代州馮君廷丞，馮既名家子，夙重戴名，一時馮氏諸昆從，又皆循謹敬學，欽戴君言若奉神明。戴君則故爲高論，出入天淵，使人不可測識。人詢班、馬二史優劣，則全襲鄭樵譏班之言，以謂己之創見。又有請學古文辭者，則曰：「古文可以無學而能。余生平不解爲古文辭，後忽欲爲之而不知其道，乃取古人之文反覆思之，忘寢食者數日。一夕忽有所悟，翼日取所欲爲文者，振筆而書，不假思索而成，其文即遠出《左》、《國》、《史》、《漢》之上。」雖諸馮敬信有素，聞此亦頗疑之。蓋其意初不過聞大興朱先生輩論爲文辭不可有意求工，而實未嘗其甘苦，又覺朱先生言平淡無奇，遂詠怪出之，冀聳人聽，而不知妄誕至此，則由自欺而至於欺人心已甚矣。然未得罪於名教也。戴君學術，實自朱子道問學而得之，故戒人以鑿空言理，其説深探本原，不可易矣。顧以訓詁名義，偶有出於朱子所不及者，因而醜貶朱子，至斥以悖謬，詆以妄作，且云：「自戴氏出，而朱子儌倖爲世所宗已五百年，其運亦當漸替。」此則謬妄甚矣！戴君筆於書者，其於朱子有所異同，措詞與顧氏寧人、閻氏百詩相似，未敢有所譏刺，固承朱學之家法也。其異於顧、閻諸君，則於朱子間有微辭，亦未敢公然顯非之也。而口談之謬，乃至此極，害義傷教，豈淺鮮哉！或謂言出於口而無蹤，其身既歿，書又無大牴牾，何爲必欲摘之以傷厚道？不知誦戴遺書而興起者尚未有人，聽戴口説而加厲者，滔滔未已。至今徽歙之間，自命通經服古之流，不薄朱子，則不得爲通人。而誹聖排賢，毫無顧忌，流風大可懼也。向在維揚，曾進其説於沈既堂先生曰：「戴君立身行己，何如朱子，至於學問文章，互争不釋，姑緩定焉可乎？」此言似粗而實精，似淺而實深也。

文治案：如章先生之言，戴君頗極狂妄，蓋未能平心静氣讀朱子書耳。雖然，世更有不薄孔、孟不得爲通人者。世道人心至於如此，何怪刼運循環而未有艾？深願豪傑之士入迷途而急返也，庶幾可以救人而救世矣。

唐鏡海先生　朱子學案目録序　節録

明、新、止至善

《大學》三綱領，一「明明德」而已矣。反諸己曰「明」，施之民曰「新」，新亦明也。「明」、「新」極其致曰「至善」，止至善亦明也。大學之道，一「明」而已矣。此明也，通天地貫古今，徹上徹下，成始成終，而又人人之所同得者也。一人能明明德，千萬人皆能明明德。明德者何？天命之性也。不謂之性而謂之明德，以人之得於天者言之也。天予之明而不求其明，其何以事天乎？大學者，存心養性、事天之學也，可以民，可以臣，可以君，可以堯舜天下，可以父母斯民。其功循序而漸進，其效隨分而有徵。格、致加一分，誠、正亦加一分，脩、齊、治、平亦猶是也。雖然，專恃格、致不得也，須有格致之明足以通之，而後誠、正、脩、齊、治、平乃得力耳。是則其功一致也，而必析而分者，各有界限，各有持循，各有險夷，各有難易，毫釐差而千里謬，瞬息亂而萬緣紛。明之，必止於至善以是也。明而後可以誠，可以正，可以修、齊、治、平也；誠、正、修、齊、治、平，皆明中事也，我朱子言之詳矣，而於奏議、封事、奏劄中，屢舉其全，而曲折陳之，惟恐其君之不聽，聽之而不能行也。懇懇懃懃，竭誠盡忠，一奏不已，至再至三，至五至七，回環委婉，冀有以默感於君心，以安宗社之危，以振朝綱之墮，以除左右之奸，以消仇敵之侮。而無如讒間疊出，終不能行也。而後世人主乃往往讀此而歆動，惜斯人之不復見也，則未嘗不歎當時宋祚之衰，有一忠君愛國、扶危撥亂之賢而置之不用也吁！其亦朱子之不幸矣！吾因爲之欷歔太息而識之。

治平

有知即有好惡，意發之，心存之，身施之，家國天下受之，而治亂出矣。防其亂而圖其治，則「公」之一字，萬古以之矣。堯、舜、禹、湯、文、武傳心之法，夫子終之曰「公則悦」，蓋以此也。我朱子立朝四十餘日，陳善閉邪，責難替否，摘隱微之伏，發傾側之奸，以明好惡、公私之極則，而卒間於左右侍從之讒言；其在外經歷數階，旌淑別慝，進賢懲貪，同監司薦者四人，申尚書省者屢狀，而唐仲友之罪不加誅，潘有恭之舉將自代。其於學宫、書院，或記或銘，法戒具備；其於經界、社倉，或申或勸，利病悉詳。祧廟有圖，而大禘、大祫、七廟、九廟，其圖無不得其精祥；謁學有文，而先聖、先師、三賢、五賢，其文無不致其誠敬。攷古不遺於周漢，舉發不間於顯幽。其治民也，酌盈劑虚，哀多益寡，審利害之重輕，爲之均減；通出納之贏縮，制其經常。損上益下，則蠲除惟恐其不寬；後樂先憂，則救援惟恐其不至。雖當時内不過待制修撰，外不過提舉提刑，而見諸朝廷者，若是其誠篤；施諸州軍者，若是其慈仁，是可爲致君澤民之法矣。而惜乎其未大用於世也。吁！傳道者之阨於時，大抵然也。

時事

建炎以來，和之爲害，豈不大哉？高宗非不英傑也，其欲復土疆，恢中原，除僞國，翦仇酋，迎二帝，祠陵寢，以還祖宗之故物，以慰億兆之歸心，而卒未之得。孝宗繼之，亦高宗之心也。時時見於辭色，而亦舉而復棄，行之未及半而遂已，此何故？知及之而未能常明，意及之而未能常誠，心及之而未能常正。遇有以邪間之者，則奪其正矣；遇有以詐投之者，則奪其誠矣；遇有以暗昧蔽之者，則奪其明矣，是豈獨和不和之事哉？而和則關於斯時之勢，事莫大焉。張忠獻之扈從也，竭其誠懇，濟以經略，因險而之夷，即亂而轉治，保關陝所以存中州也，守蜀漢所以奠南服也，移建康所以定天位也，城淮甸所以控江海也，拒四郡所以固揚、鎮也，絶常使所以嚴體統也。當時賢者皆竊服其略，而奸者則深忌其能矣。忌其能，恐其敗和之局，不得成其奸也。屢欲罪公而無絲毫可藉口，移怒於公之所使定中原者而加害焉。秦檜、沈該、万俟卨諸賊，萬世同誅之矣。然而宋之天下，不能復興矣。厥後湯思退、尹穡、龍大淵、曾覿、王朴之徒，守檜之故智，潛斥忠良，明廢綱紀。正人如陳正獻、劉少傅、張修撰、劉光禄、王中奉、范秘閣諸君子，亦見知於君而未得竟其用，皆諸奸沮之也，即諸奸之簧鼓君心也。

是以君心貴明而又明，以至於無不明；誠而又誠，以至於無不誠；正而又正，以至於無不正。格、致、誠、正之功，存天理、遏人欲之功也，使此心有理無欲，則天下雖大，能逃乎人君之一心哉？朱子曰：「人主所以制天下之事者，本乎一心。而心之所主，又有天理、人欲之異。二者一分，而公私、邪正之途判矣！蓋天理者，此心之本然，循之則其心公而自正；人欲者，此心之疾疢，循之則其心私而且邪。其效至於治亂安危有大相懸絶者，而其端特在夫一念之間而已。人君察於此理，而不敢以一毫私意鑿於其間，則其心廓然大公，儼然至正，泰然行其所無事，而坐收百官衆職之成功。一或反是，則爲人欲私意之病，其偏黨反側，黮闇猜嫌，固日擾擾乎方寸之間，而奸僞讒慝叢脞眩瞀，又將有不可勝言者，此其必然者也。」至哉，言乎！有物必有理，知非理何所致，意非理何所誠，心非理何所正，身非理何所脩。故朱子之面對及封奏也，必以格、致爲先，進之以誠、正、脩，推之以齊、治、平，而要不外主之以一理而已。而一時之宵小權奸、便辟側媚，惡其莊嚴，忌其學術，別之以理學，又指而擿之曰「僞學」。嗟夫，殆矣！幾有徒黨之株連，里門之禁錮，而朱子未嘗動於心也。遯世不悶，而任道仍如其常；閉户潛修，而誨人亦尚不倦。《答余占之》曰：「某老衰殊甚，疾病益侵，仇怨交攻，未知所稅駕也。今年絶無朋友相過，近日方有至者，只一、二輩，猶未有害，若多，則恐生事矣。」又《答陳方[才]卿》曰：「某碌碌如昨，但年老益衰，已分上事，未有得力處。朋友功夫，亦多間斷，方以爲憂。而忽此紛紛，遂皆不敢爲久留計，未知天意果何如也？」由是觀之，可以知吾朱子之遇，可以知吾朱子之學矣。

論撰

大禹之岣嶁碑，遠矣，尚矣！比干、延陵季子，其墓碑之祖歟！閲漢魏六朝，而隋而唐，則凡有德、有功、有言者，葬必有碑、表、銘、志，皆一時知名之人爲之，昌黎其最著者也。而時人或譏其諛，夫韓子豈諛墓者哉？善善從長，蓋有之矣。吾朱子之守道也，平時於二、三益友及諸從游往來談論，從未嘗以一語假人。故來請銘、請志者，或以家冗辭，或以衰病辭，或以時難辭，往往於書答中見之，亦不知凡幾矣。然而，道德之尊崇，勳猷之表著，學行之褒嘉，門庭之紀載，幽隱之宣揚，皆有各不容已者焉，則碑、銘安得不作！夫朱子固「多聞闕疑，慎言其餘」者也，而祭文、墓碑、墓表、墓誌、行狀，至十有於卷。繹其文，無非敘其學，敘其道，敘其德，敘其何以立朝，敘其何以治外、何以措置地方、何以撫安軍民、何以保護疆宇、何以抵拒强寇。其未仕及仕而止於小吏者，在家則書其何以孝、何以弟、何以睦婣，何以任恤；在官則書其何以事上、何以接下、何以教養、何以興利除害，無一虚詞，無一剩語，蓋慎之也。故其文皆信而有徵，納之册府非信史歟？

陳蘭甫先生　東塾讀書記·朱子學論　節録

朱子《論語訓蒙口義序》云：「本之注疏以通其訓詁，參之釋文以正其音讀，然後會之於諸老先生之説，以發其精微。」《與魏應仲》書亦云：「參以釋文，正其音讀。」《論語要義目録序》云：「其文義名物之詳，當求之注疏，有不可略者。」《答余正父》書云：「今所編禮書内，有古經闕略處，須以注疏補之，不可專任古經而直廢傳注。」《答張敬夫孟子説疑義》書云：「近看得《周禮》、《儀禮》一過，注疏見成，却覺不甚費力也。」《語類》云：「祖宗以來，學者但守注疏，其後便論道，如二蘇直是要論道，但注疏如何棄得？」卷一百二十九。又云：「今世博學之士，不讀正當底書，不看正當注疏。」卷五十七。朱子自讀注疏，教人讀注疏，而深譏不讀注疏者如此。昔時講學者多不讀注疏，近時讀注疏者乃反訾朱子，皆未知朱子之學也。

《語類》云：「某尋常解經，只要依訓詁説字。」卷七十二。又云：「先生初令義剛訓二、三小子，見教曰：『訓詁則當依古注。』」卷七。《答黄直卿》書云：「近日看得後生，且是教他依本子認得訓詁文義分明爲急。今人多是躐等妄作，誑誤後生。其實都曉不得也。」《答李公晦》書云：「先儒訓詁，直是不草草。」《答王晉輔》書云：「禮書縮訓爲直者非一，乃先儒之舊，不可易也。」朱子重訓詁之學如此，其《答何叔京》書云：「李先生教人，大抵令於静中體認大本未發時氣象分明，即處事應物自然中節。當時竊好章句訓詁之習，不得盡心於此。」朱子從學於李延平，乃早年事，其時已好章句訓詁之學矣。

《語類》云：「今人多説章句之學爲陋，某看見人多因章句看不成，却壞了道理。」卷五十六。澧案：薛艮齋《與朱編修》書云：「漢儒之陋，則有所謂章句家法。」此稱朱編修者，朱子嘗除樞密院編修也。朱子所云「今人」者，蓋即艮齋也。朱子注《大學》、《中庸》名曰「章句」，用漢儒名目，以曉當時之以爲陋者也。讀朱子書者當知之，講漢學者亦當知之。

《學校貢舉私議》云：「其治經必專家法者：天下之理，固不外於人之一心。然聖賢之言，則有淵奥爾雅，而不可以臆斷者，其制度名物、行事本末，又非今日之見聞所能及也。故治經者，必因先儒已成之説而推之，借曰未必盡是，亦當究其所以得失之故，而後可以反求諸心而正其謬，此漢之諸儒所以專門名家、各守師説而不敢輕有變焉者也。」《語類》云：「漢儒各專一家，看得極子細。今人才看這一件，又要看那一件，下稍都不曾理會得。」卷一百二十一。《策問》云：「問漢世專門之學，如歐陽、大小夏侯、孔氏《書》，齊、魯、韓氏《詩》，后氏、戴氏《禮》，董氏《春秋》，梁丘、費氏《易》，今皆亡矣。其僅有存者，又已列於學官，其亦可以無惡於專門矣。而近世議者深斥之，將謂漢世之專門者耶？抑别有謂也？今百工曲藝莫不有師，至於學者尊其所聞，則斥以爲專門而深惡之，不識其何説也。二三子陳之。」

《文集》中攷禮之文，如《禘祫議》、《答社壇説》、《明堂説》、《殿屋廈室説》、《深衣制度辨》、《君臣服議》、《跪坐拜説》、《周禮太祝九拜辨》，《儀禮釋宫》，李如圭所作，而入朱子《文集》。林月亭學正以爲朱子所商搉而論定者，見《学海堂初集》答問：《儀禮釋宫》何人爲精確？皆博攷詳辯，其長篇至數千言。又有《記鄉射疑誤》一篇，尤攷覈精細。朱子深於禮學，於此可見。

《文集》有《壺説》一篇。算《禮記》投壺之壺之周徑甚詳，可見朱子知算學。《語類》云：「算法甚有用。若時文整篇整卷，要作何用耶！徒然壞了許多士子精神。」卷十四。《答曾無疑》書云：「歷象之學，自是一家，若欲窮理，亦不可以不講。」《答李敬子》書云：「康節之言，大體固如是。然歷家之説，亦須攷之，方見其細密處。如《禮記·月令疏》及《晉天文志》皆不可不讀。」《答蔡季通》書云：「近校得《步天歌》頗不錯。其説雖淺，而詞甚俚，然亦初學之階梯也。」《答蔡伯静》書云：「《步天歌》聞有定本，今就借校畢即納還也。」朱子講求歷算之學如此。《語類》又云：「今坐於此，但知地之不動耳。安知天運於外而地不隨之以轉耶？」卷八十六。此則今日西洋人地動之説，朱子亦見及矣。

《答謝成之》書云：「天文地理、禮樂制度，軍旅刑法，皆是著實有用之事業，無非自己本分内事。其與玩意於空言，以校工拙於篇牘之間者，其損益相萬萬矣。」《答余彝孫》書云：「大凡禮樂制度，若欲理會，須從頭做工夫，不可只如此草草略説一二。但恐日力未遽及此，不若且專意於其近者爲佳耳。」《答孫季和》書云：「讀書玩理外，攷證又是一種工夫。所得無幾，而費力不少，向來偶自好之。」

《語類》云：「學者於文爲度數，不可存終理會不得之心。須立箇大規模，都要理會得。至於其明、其暗，則係乎人之才何如耳。」卷七。「爲學須是先立大本。其初甚約，中間一節甚廣大，到末稍又約。近日學者多喜從約，而不於博求之。不知不求於博，何以攷驗其約！如某人好約，今只做得一僧，了得一身。又有專於博上求之，而不反其約，今日攷一制度，明日又攷一制度，空於用處作工夫，其病又甚於約而不博者。」卷十一。朱子好攷證之學，而又極言攷證之病。其持論不偏如此，蓋讀書玩理與攷證自是兩種工夫。朱子立大規模，故能兼之。學者不能兼，則不若專意於其近者也。朱子時，爲攷證之學甚難，今則諸儒攷證之書略備，幾於見成物事矣。學者取見成之書而觀之，不甚費力，不至於困矣。至專意於其近者，則尤爲切要之學。而近百年來，爲攷證之學者多，專意於近者反少，則風氣之偏也。

南宋時科舉之弊，朱子論之者甚多，其言亦極痛切。今略舉數條於此。《衡州石鼓書院記》云：「今日學校科舉之教，其害有不可勝言者。不可以爲適，然而莫之救也。」《學校貢舉私議》云：「名爲治經，而實爲經學之賊；號爲作文，而實爲文字之妖。主司命題，又多爲新奇，以求出於舉子之所不意，於所當斷而反連之，於所當連而反斷之。爲經學賊中之賊，文字妖中之妖。」又云：「怪妄無稽，適足以敗壞學者之心志。是以人材日衰，風俗日薄。」《語類》云：「今人文字全無骨氣，自是時節所尚如此。只是人不知學，全無本柄，被人引動，尤而效之。如而今作件物事，一箇做起，一人學起，有不崇朝而徧天下者。本來合當理會底事，全不理會。直是可惜！」卷一百三十九。「時文之弊已極。日趨於弱，日趨於巧小，將士人這些志氣都消削得盡。莫説以前，只是宣和末年三舍法纔罷，學舍中無限好人才，如胡邦衡之類，是甚麼樣有氣魄！做出那文字是甚豪壯！當時亦自煞有人。即紹興渡江之初，亦自有人才。那時士人所做文字極粗，更無委曲柔弱之態，所以亦養得氣宇。只看如今是多少衰氣！」卷一百九。「問：『今日科舉之弊，使有可爲之時，此法何如？』曰：『更須兼他科目取人。』」同上。此亦朱子欲救當時風氣之弊。使朱子見今日科舉時文，不知更以爲何如耳？

朱子之書，近儒最不滿者，《通鑑綱目》也。朱子修《綱目》，自云：「義例精密。上下千有餘年，亂臣賊子真無所匿其形。」答《劉子澄》書。又云：「《通鑑》功夫浩博。甚悔始謀之太鋭，今甚費心力。然業已爲之，不容中輟。」《與林擇之》書。又云：「《綱目》竟無心力整頓得，恐爲棄井矣。」《答蔡季通》書。又《答潘恭叔》書云：「《綱目》亦苦無心力了得。」又云：「臧之巾笥，姑以私便檢閲，自備遺忘而已。」《資治通鑑綱目序》。澧案：司馬温公作《通鑑》，自言止欲「使觀者自擇其善惡得失以爲勸戒，非若《春秋》立褒貶之法」。《通鑑》卷六十九。朱子則欲「義例精密」。夫《春秋》二百四十二年，《綱目》一千三百六十二年，視《春秋》年數五倍。朱子雖大賢，而著書褒貶者乃五倍於孔子之書。且《春秋》始於隱公元年，距孔子生一百七十三年，已謂之所傳聞之世；《綱目》終於後周末年，距朱子生一百七十年，所記之事皆在所傳聞之世之前，此其義例必不能精密。故朱子自悔「始謀之太鋭」，但云「便檢閲」而已。《新唐書・裴光廷傳》云：「光廷引壽安丞李融、拾遺張琪、著作佐郎司馬利賓直宏文館，撰《續春秋經傳》，自戰國訖隋。表請天子修經，光廷等作傳。書久不就。」此即《綱目》之先聲也。然自戰國訖隋，已不能就，而況又多唐、五代之事乎？後儒推尊太過，遂欲上掩《通鑑》，朱子無此意也。朱子之論《通鑑》曰：「偉哉，書乎！自漢以來，未始有也。」《跋通鑑紀事本末》。其推尊也至矣！司馬温公《乞令校定資治通鑑所寫稽古録劄子》云：「年祀悠遠，載籍浩博，非一日、二日所能徧閲而周知。所宜提其綱目，然後可以見治亂存亡之大略也。」然則朱子「綱目」二字亦出自温公，曷嘗欲掩温公乎？朱子《跋司馬文正公通鑑綱要真跡》云：「右司馬文正公手書楚漢間事一卷，疑是《通鑑目録》草稿。然又加以總目，則今本所無。且別有『綱要』之名，不知又是何書也？」然則朱子之《綱目》，猶司馬公綱要之意耳。特爲書法發明者，以《春秋》爲比，遂爲後人所不平；而爲質實者，又太疎謬，爲後人指摘。《陔餘叢攷》卷十五摘出者甚多。澧嘗謂：刻《綱目》者，當盡删書法發明質實之類，使不爲《綱目》累，則善矣。《潛丘劄記》云：「《綱目》：赧王三十六年，趙王欲與樂毅謀伐燕，毅泣曰：『臣疇昔之事昭王，猶今日之事大王也。若復得罪在他國，終身不敢謀趙之奴隸，況子孫乎！』趙王乃止。此段《通鑑》原文所無。嘗問諸人，人莫能應。余攷之出《三國志·魏武帝紀》注。然則文公門人學儘博，擇亦精矣。」讀《綱目》而能知其精博處如閻百詩者，蓋鮮矣！

《戊申封事》云：「夫世俗無知，既以道學爲不美，則是必欲舉世之人俱無道、俱不學，悉如己之所爲而後適於其意耳。」當時之人，以道學爲不美，朱子既辯之如此。然其《答林擇之》書云：「要須把此事來做一平常事看，朴實頭做將去，久之自然見效，不必大驚小怪、起模畫樣也。且朋友相聚，逐日相見，晤語目擊，爲益已多，何必如此忉忉，動形紙筆，然後爲講學耶？如此非惟勞攘無益，且是氣象方[不]好，其流風之弊將有不可勝言者。可試思之，非小故也。」澧案：後世假道學，即朱子所謂「大驚小怪、起模畫樣」者也。近儒又有因明人講學之弊，謂講學非天下之福者。然朱子所謂「流風之弊將有不可勝言」者，亦已逆料之矣，不可以譏朱子也。

夏弢甫先生　述朱質疑·與胡埱卿論《學蔀通辨》及《三魚堂集·答秦定叟書》書

《通辨》一書，顧亭林《日知録》中極稱之。自陸清獻公力爲表章，遂大顯於世。按此書最精者，在《後編》、《續編》之上、中四卷，直入陸學之突奧，而抉朱學之所以然。《前編》中、下卷雖是此書眉目，然當時羅文莊《與姚江》書已發其端，《通辨》特因以益致其精。惟《前編》之上卷，竊不滿於心，以爲清瀾陳氏尚爲異説所蒙耳。何以言之？朱子之學凡三轉：十、五六歲後，頗出入二氏，及見延平而釋然，此朱子學之第一轉也。受中和未發之旨於延平，未達而延平没，乙酉、丙戌之間，自悟「中和舊説」，又從張敬夫先察識後涵養之論，此朱子學之第二轉也。己丑，更定「中和舊説」，并辨敬夫先察識之非，一以「涵養用敬，進學致知」二語爲學者指南，此朱子學之第三轉也。《通辨》不能一一分別，概謂朱子四十以前出入禪學，與象山未會而同，非大錯乎？朱子二十九歲時，爲許順之作《存齋記》，以「心」字立論。既以孟子「存其心」一語名「齋」，何得抹煞「心」字不説？終以「必有事焉」數句爲存心之道，仍是以孟子解孟子。《通辨》謂與禪陸合，是并孟子而亦禪陸矣！《答汪尚書》書是爲齒德兼尊溺於異學者作引導，故其詞特謙抑。《答何叔京》諸書，一則懲叔京博覽之病，一則申「中和舊説」之旨。及張敬夫先察識之論，俱與禪陸之學判若天淵。自《通辨》謂朱子四十以前與象山未會而同，於是李臨川并有朱子晚年無一不合陸子之論，戴東原遂有老、莊、楊、墨、陸、朱合一之説。未必非《通辨》之言予之以口實也。李氏《晚年全論》，因《通辨》所譏《存齋記》之意，敷衍成書。戴氏《孟子字義疏證》，因《通辨》四十以前與禪陸合之論，遂謂朱子終身之學無不如是。本朝真能爲朱子之學者，首推陸清獻公。其《答秦定叟》書分别與何叔京、林擇之、薛士龍諸書之次第，較《通辨》爲有條理。惟以朱子「四十以前，出入釋老」，尚沿《通辨》之説，是其一蔽也。清獻又謂：「『中和舊説』，雖屬己悔之見，然謂『心爲已發，性爲未發』亦指至善無惡言，與無善無惡相楹莛」，精確不易。然則「中和舊説」之不同於禪，明矣，何得統謂之「四十以前，出入釋老」乎？僕謂何止「中和舊説」，即十五、六至二十四、五出入二氏之時，亦不過格物致知，無所不究，二氏亦在所不遺，其實與「易簡功夫」判然各别。比而合之，是緇素之不分矣。清獻又謂朱子之學，「再定於退求之句讀文義之後」，竊恐未然。朱子讀書研究之功，自少至老終身從事，並非四十以後始求之句讀文義之間也。且《與薛士龍》書明云：「退而求之於句讀文義之間，而亦未有聞也。」《答江元適》書云：「未離乎章句之間，雖時若有會於心，殊未有以自信。」何得專以此爲朱子之定論乎？朱子之定論，在「涵養須用敬，進學在致知」二語，齊頭並進，缺一不可，未可謂「再求之於句讀文義之間」也。

夏弢甫先生　與胡琡卿論《白田草堂雜著》書

蒙以白田《雜著》爲問。王氏深於朱子之學，然細繹之，頗多轇轕不清之處。如知《答江元適》書「出入於釋、老者十餘年」，《通辨》不當遺而不載，是矣，卻又不信《年譜》二十四歲受學於延平之説，必三分輔漢卿之所録，謂庚辰爲受學之始，回頭看釋氏之書，漸漸破綻，實無左證。不思朱子明明自云「從遊十年」，又云「十載笑徒勞」，以庚辰計之，不過三年，與朱子自述既大不合，而《語類》所謂「後年歲間始覺其非」者亦大相反。凡所謂餘者，皆有限之辭。「十餘年」者，謂十年之外而又有餘也。若云至庚辰纔出釋學，則自十五歲數起，已十七年，「餘」字所該，不應若是之久，而《年譜》所謂頓悟釋、老之非者，相懸至七、八年之遠。使朱子出入二氏之跡，界限不清，是一大轇轕也。王氏又謂：「朱子悟釋、老之非，在戊寅再見延平後。」比庚辰又早三年，其無定見如此。初注《文集》，知《答薛士龍》書之「二十餘年」，「二」字爲羨文，可謂能具隻眼矣，却於《雜著》中又改答薛書爲壬辰，《文集》注以爲辛卯。以還就「二」字之不爲羨文。不知自癸丑至壬辰，實僅滿二十年，無二十餘年，況士龍卒於辛卯九月，壬辰何得有書？《通辨》列之庚寅，不爲無據。要之此書之羨文，不僅「二十餘年」之「二」字，即「先生君子」之「生」字亦係羨文。朱子十四失怙，可稱「先君子之餘教，事延平十年」，不得云「先生君子之餘教」。答江、薛二書，相爲表裏，必如王氏之説，則兩書糾纏不清，是又一大轇轕也。知伊川「涵養須用敬，進學在致知」二語爲朱子定論，其見卓矣，卻又謂己丑仍守舊見，至庚寅以後始提「敬」字。不知己丑之悟，實悟於程子之言「敬」，前此之游移，實游移於延平之言「敬」字不分明。《答張敬夫》書、《與湖南諸公論學書》及《已發未發説》、《記程門論學同異》諸篇，皆極言「敬」字之妙，又皆己丑一時之言。必如王氏之説，則「中和舊説」與更定舊説，主腦不清，是又一大轇轕也。知延平之求未發，不免少偏，是矣，卻又謂朱子悟已發未發之旨，仍用延平涵養之説，後十餘年至甲辰《與呂士瞻》書，乃有疑於延平求中之説，謂當以程子之言爲正，至戊申《與方賓王》書，始斷然言之。不知悟已發未發之旨，即悟延平之偏，揚方庚寅録所謂言「敬」字不分明也，何待十年後之甲辰哉？朱子己丑《與林擇之》書所謂「遂成蹉過，辜負此翁」者，指從張敬夫先察識言也；所謂「舊聞李先生論此最詳，恨己不能盡記其曲折」者，指静中看未發之中言也，不欲斥言其非，故委婉其詞，以爲不能盡記其曲折。必如王氏之説，則所謂悟者仍未悟，是又一大轇轕也。他如以静爲本之説，專救湖南之鬧處承當，自注及下文甚明，而王氏以爲未定之論；《答汪尚書》書，專爲齒德兼尊溺於異學之大老作引導，而王氏以爲其詞未決；《答林擇之》書，語意無弊，而王氏以爲與白沙、姚江之説相似，是皆不免自生轇轕也。足下試取王氏之書與鄙説細加推勘，不憚反復，幸甚。

夏弢甫先生　與友人論《孟子字義疏證》書

足下盛稱《孟子字義疏證》一書爲近今之鉅製，竊以爲過矣。此書位置甚高，自以爲孟子而後，至我朝乾隆年間近二千載無一人能明孔子之道，宋程子、朱子皆不免冒宗亂族，貽禍無窮，特作《疏證》一書，由孟子以通孔子之道，不使程、朱害事、害政之言復行於世。其所以不能已於辨者，與孟子之闢楊、墨，韓子之闢佛、老，同爲不得已之苦心。其信然乎？其否乎？炘非知道者，何足以知《疏證》中之道，請粗陳鄙見之一二，以俟賢者擇焉。

《疏證》謂「理」者，「條理」、「分理」之謂，孔孟「六經」以及傳記羣籍，「理」字不多見。凡字義至後世益如密於前，如《詩》、《書》中，「仁」字皆親愛之稱，至孔門始以「仁」包「四德」，孟子又添説「義」字。《詩》、《書》中，「聖」字皆明通之謂，至孔孟始以聖爲絶德。他如《大學》之「格物」，《中庸》之「未發」、「已發」，《孟子》「養浩然之氣」，皆前聖所未道。宋儒之「理氣」、「體用」諸説亦然。但當論理之質諸往聖者或合或否，不當論字之見於載籍者或多或寡。今人一啓口，而即曰「理」，自宋以來，始相習成俗。宋人言「理」，如有物焉，得於天而具於心，因以心之意見當之。理在事物，處事物而當，合於人心之同然，始謂之理，非得於天而具於心也。天理即存乎人欲之中，非以天理爲正、人欲爲邪也。程、朱就老莊、釋氏所謂真宰、真空者轉之以言理，而「六經」、孔孟之道亡，云云。

炘按：理也者，萬事萬物當然之則。疏證以自然者爲欲，必然者爲理，而不肯言當然。夫欲任自然，則無所不至矣。理曰必然，則鮮不以意見當之者。惟求其當然，則知之明而處之當。孔子所謂「有物必有則」是也。程子亦云「在物爲理」。然是理也，雖庸夫、孺子皆知之。所以人一啓口即曰「理」。如天下即有不孝之子，未有敢説子之不當孝者；天下即有不忠之臣，未有敢説臣之不當忠者。故《詩》曰：「天生蒸民，有物有則。」孟子曰：「我心之所同然者，謂理也、義也。」豈非得於天而具於心乎？惟畀於天而具於心，是以庸夫、孺子皆可以知，其知也，無幽深元遠之妙，故曰「易知」；又庸夫、孺子皆可以能，其能也，無委曲煩重之跡，故曰「簡能」。「易簡而天下之理得」，此之謂也。易知，乾也；簡能，坤也。非得之於天乎？吾心苟無是理，何由易知而簡能，又何以處事而當，合於人心之所同然？孟子曰：「君子所性，仁、義、禮、智根於心。」則具之於心亦明矣。理之在事物者，散著之理也；理之在一心者，體統之理也。必以理屬事物而不屬之心，是告子外義之學也。天理者，在天爲元、亨、利、貞；賦於人則爲仁、義、禮、智。《疏證》謂天理爲自然之理。取《莊子》「依乎天理」爲説。詆程、朱則謂與老、莊爲一，言天理又不肯與莊子爲二。人欲者，在人爲耳目口鼻；接乎物則爲聲色臭味。欲縱有不必盡邪者，未有理而不正者也。老、釋之真宰、真空，指虛無寂滅而言；程朱所謂理，指真實無妄而言。朱子曰：「釋只説空，老只説無，卻不知莫實於理。」判若天淵而謂轉彼以言此，是文致之法也。「如有物焉」，乃老、莊之説。老曰：「其中有物。」釋云：「有物先天地。」程朱無是言。加於得天、具心之上，張冠李戴，不亦誣乎？「理」字萌芽於《繫辭》、《孟子》，而實天下之恒言，民間之傳語。程子「性即理」之訓，即藉民間之恒語以解之。「一啓口而即曰『理』」，豈始自程朱乎！以意見爲理，程、朱之所深惡，故「格物」之訓，「致知」之「補傳」，覼縷言之，而謂程、朱即其人，真辜負先賢之苦心矣！至於「條理」、「分理」之謂理，朱子詳言之，見《語類》。不過與《疏證》所云，名雖同而實則異耳。

《疏證》謂「性」者，人與物之血氣心知，萬類不齊之總名。羽飛毛走、蟲蟄土、魚游水之類，此血氣之萬有不齊。雞知晨、牛知耕、燕知戊巳、蚯蚓知雨之類，此心知之萬有不齊。性善者，人之血氣心知能進於善之謂。耳能辨聲、目能辨色、心能辨理義之類。理義可以謂之性，性不可謂之理。目悦色，故色可謂之性，性不可謂之色；耳悦聲，故聲可謂之性，性不可謂之聲；口鼻亦然。心悦理義，故理義可謂之性，性不可謂之理。理義存乎事情，不存乎人之心。色聲臭味在物，而接於我之耳目口鼻，非色聲臭味具於我之耳目口鼻也。理義在事，而接於我之心知，非理義具於我之心也。不過人之心能通之耳。天命之謂性，謂氣稟之不齊，各限於生初。《疏證》「命」字，衹作「限」字解。即後儒所謂氣質之性也。自程、朱創立氣質之性名目，而以理當孟子所謂善，則自聖人而下，皆不美之質。孟子言「人無有不善」者，程子、朱子言人無有不惡，其旨與荀子性惡之説合，云云。

炘按：程子「性即理也」之説，發揮孔、孟性善之旨，顛撲不破。不知《疏證》何獨惡此「理」字，以爲性不可以「理」言也？後人之「理」字，即仁、義、禮、智之謂也；賦於人爲仁、義、禮、智，本於天爲元、亨、利、貞。《中庸》「天命之謂性」，即孔子「元者，善之長；亨者，嘉之會；利者，義之和；貞者，事之幹」也；雖一言「性」即有「氣」，然此句終屬於「理」。孟子之以「四端」言性，實淵源於此；其云「性善」，即繼善成性，各正性命之謂也。程朱之以理詮「性善」，與孔孟吻合無間，豈僅「人之血氣心知能進於善之謂」乎？至於性從心、從生，既生之於心，即不離乎氣質，所以昏明張[强]弱，紛紛不齊。告子及荀、楊、韓諸儒不得其説，是以各爲之解。自程、張「論性不論氣，不備」之説出，而後撥雲霧而見青天。張子「氣質之性，君子有弗性焉」者，即孟子「性也，有命焉，君子不謂之性」也。《疏證》獨取先儒之不以爲性者，而必輾轉以申其説，不知已落佛氏之窠臼。達磨答西竺國王作用之説曰：「在目能視，在耳能聞，在手能捉，在足運奔，在鼻臭浥，在口談論，徧現俱該沙界，收拾在一微塵，識者知是道性，不識唤作精魂。」而反以程、朱與荀卿合，不亦誣乎！

《疏證》深以周子無欲之説、程朱理欲之辨爲不然，以爲飲食男女，人之大欲存焉；聖人治天下，體民之情，達民之欲，而王道備。老、莊貴無欲，宋儒祖之以爲説，舉凡民之饑寒、愁怨、飲食男女、常情隱曲之感，咸視爲人欲之輕者，一切忍而不顧，其爲禍不可勝言，云云。

炘按：欲有根於秉彝者，如欲仁、欲立、欲達之類是也；欲有出於形體者，如目之欲色、耳之欲聲、四肢之欲安佚是也；欲有流於偏私者，如「其欲逐逐」、「克伐怨欲」之類是也。「無欲故静」，孔安國注《論語》已用之，想亦古之遺言，豈必老、莊之所云乎！程、朱理欲之辨，安得與體民之情、達民之欲並論？若必以欲爲養欲、給求之欲，則「棖也慾」、「苟子之不欲」諸語俱不可解矣。程、朱所著之書，發揮王道，纖悉具備，無非達民之欲、體民之情。朱子外任九載，漳州之經畍，浙東之荒政，何一非體情、達欲善政？而謂自宋儒辨理欲遂爲禍於天下，此似非仁人之所忍言也。總之，《疏證》一書專與程、朱爲仇。知名物、制度不足以難程、朱也，遂進而難以性命；知道德、崇隆不能以毀程、朱也，遂進而毀其學術。程、朱之學術，莫大於辨理、辨欲、辨氣質之當變化；一切皆不便於己，於是掃而空之。以理責我者，以爲是乃程、朱意見之理也；以欲責我者，以爲欲乃人生之所不可無，聖人無無欲之説也；以變化氣質繩我者，以爲氣質即天命之性，主敬存理皆宋儒之認本來面目也。當時高明之士，如靈臯方氏，惜抱姚氏，未嘗不深惜其蔽。今七、八十年間，如江都焦氏之作《孟子正義》、定海王氏之作《論語後案》，已漸用其説矣。吾子又復尊而信之。炘不勝杞人之憂，祈爲吾道干城，幸甚。

附録

朱子學術精神論

唐文治

余治朱子學五十餘年。初輯《朱子大義》八卷，繼撰《紫陽學術發微》十二卷。覺其精神之高遠，識見之廣大，思慮之閎深，條理之精密，一時莫測其津涯。其平生所著書，共一千數百卷，爲古來賢哲所未有。其幼年精究天文、地理、律吕、象數、政治、經濟、兵法，出入於老、佛、諸子百家；晚年乃壹歸《論語》之施濟，《大學》之絜矩，《中庸》之致中和，《孟子》之道性善。其自羣經注釋外，復有《家禮》、《小學》以端教育之本。至於詞章學，則有《楚詞集注》，校讐學則有《韓文攷異》，靡不網絡通貫，豈非大而能博哉？兹欲究其精神所在，藉以善國性、救人心，必提綱絜領。舉其犖犖大者，謹述如下：

朱子講學精神，其一曰孝。蓋孝者，天之經，地之義，民之行，家庭中之天，則萬事秩序皆從此起，莫能外焉者也。《孝經》一書，於修齊治平之道，無所不包。攷朱子《甲寅上封事》云：「臣所讀者，不過《孝經》、《論》、《孟》之書。」知南康《示俗》文云：「孝經云：『用天之道，分地之利，謹身節用，以養父母，此庶人之孝也。』以上《孝經・庶人》章正文五句，係先聖至聖文宣王所説，奉勸民間逐日持誦；依此經解説，早晚思維，常切遵守，不須更念佛號、佛經，無益於身，枉費力也。」朱子上告君，下教民，其尊崇《孝經》如此。蓋人之生，必有所以生之理。孝者，生理也。孟子論事親從兄，曰：「樂斯二者，樂則生矣；生則惡可已，惡可已則不知，足之蹈之，手之舞之。」此乃所謂精神是也。故家庭之間，一愛情而已矣，一和氣而已矣。和於家庭而後能和於社會，和於社會而後能和於政治。朱子或問精神在涵養未發之中，故能立天下之大本以保合太和。其論孝道節目，備詳於《小學・明倫》一篇。誠能以此精神推之，本良知、良能以講信修睦。在家庭則爲愛敬；達之天下，即爲仁義。有真誠之心，無乖戾之氣，於是愛情結，和氣滋，生機日暢，而千古之人道乃不至於滅息。

朱子講學精神，又其一曰仁。人生天地間，莫不自重其性命而欲有以保人之性命，故曰：「天命之謂性。」命者，生也，生之謂性；性者，生也，此乃精神之本也。孟子生當戰國，慨然歎曰：「天下之生久矣，一治一亂。」蓋言世有治亂，而性理終不絕於世。無如天未欲平治天下，秦政出，焚書坑儒，殺人如草芥，此爲有天地以來最不仁之慘禍。朱子生南宋時，蒿目時艱，覩有國者積弱日深，勢將淪爲異域。於是本其惻隱之精神，發爲大文：曰《仁説》，曰《玉山講義》。又散見於與張欽夫等書。其言曰：仁者，「在天地則坱然生物之心，在人則温然愛人利物之心」，於性善之旨反覆申明告誡。蓋朱子之心，猶孟子之心也，所謂以不忍人之心，行不忍人之政者也。故其知南康軍及提舉兩浙常平茶鹽時，值歲大饑，賴其精神貫注，救活災民數百萬人。其所修荒政及所頒《社倉法》，詳載於《文集》中，千古奉爲率典。其放賑詩曰：「阡陌縱横不可尋，死喪狼藉正悲吟，若知赤子原無罪，合有人間父母心。」有心人讀之，當無不潸然流涕。嗚呼！此非爲天地立心、爲生民立命者乎？《康誥》曰：「如保赤子。」孟子曰：「赤子匍匐將入井，非赤子之罪也。」夫斯民皆吾同胞，即皆吾赤子也，安忍見其破産流離，散之四方，竟成溝中之餓莩乎？興言及此，則必當使之得所，而搜括敲扑決有所不忍矣。是故朱子論仁之精神，曰「察識」，曰「擴充」；而朱子行仁之精神曰「社倉」，曰「發賑」。

士君子生宇宙間，所以能浩然自立，有不可磨滅之精神者，講明氣節而已。孟子曰：「居天下之廣居，立天下之正位，行天下之大道。」此言立身之氣節也。又曰：「惟大人爲能格君心之非，一正君而國定。」此言立朝之氣節也。朱子一生出處精神，惟以氣節爲重。讀壬午、庚子、戊申、己酉封事諸篇，浩然正大之氣，溢於楮墨之表。嗚呼！盛矣！厥後文文山先生廷對策問，謂政治之本，在於帝王不息之心。其説實本於朱子《戊申封事》。而謝疊山、陸秀夫諸賢接踵而起，豈非講學之精神有以致此！然則宋末氣節之盛，實皆朱子提倡之功，有以激厲之也。而余向所深佩者，尤在攘夷狄、復疆土兩事。特節録於左，以興起吾人愛國之精神。

朱子《壬午封事》曰：「今日之計，不過修政事、攘夷狄而已矣。然其計所以不時定者，講和之説誤之也。夫金虜於我，有不共戴天之讎，則其不可和也，義理明矣。」「夫議者所謂本根未固，形勢未成，進不能攻，退不能守，何爲而然哉？正以有講和之説故也。此説不罷，則天下之事無一可成之理。何哉？進無生死一決之計，而退有遷延可已之資，則人之情，雖欲勉强自力於進爲，而其氣固已涣然離沮而莫之應矣。其守之也必不堅，其發之也必不勇，此非其志之本然，氣爲勢所分，志爲氣所奪故也。」「然則本根終何時而固，形勢終何時而成，恢復又何時而可圖，守備又何時而可恃哉？」「則是以驕敵者，乃所以啓敵而自驕；所以緩寇者，乃所以養寇而自緩。爲虜計則善矣，而非臣子所宜言也。」此朱子議攘夷狄之精神也。

又曰：「請復土疆冀其萬一之得，此又不思之大者。夫土疆，我之舊也，雖不幸淪没，豈可使仇讎之虜得以制其予奪之權哉？顧吾之德與力何如耳。吾有以取之，則彼將不能有而自歸於我；我無以取之，則彼安肯舉吾力之所不能取者而與我哉？且彼能有之而我不能取，則我弱而彼强，較然明矣。縱其予我，我亦豈能據而有之？彼有大恩，我有大費，而所得者未必堅也。向者燕、雲、三京之事，可以監矣，是豈可不爲之寒心哉？假使彼誠不我欺而不責其報，我必能自保而永無他虞，則固善矣。然以堂堂大宋，不能自力以復祖宗之土宇，顧乃乞丐於仇讎之戎狄以辱國家，臣雖不肖，竊爲陛下羞之。」此朱子議復疆土之精神也。

雖然，復仇復土，豈空言所能致哉？當有所以能復之實策。蓋恢復必有恢復之資，實倉廩、儲邊備是也。又必有恢復之人，選將帥、勵士卒是也。又必內外不間以讒慝之口，親君子、遠小人是也。讀朱子《戊申封事》曰：「此事之失，已在隆興之初」，「遂使宴安酖毒之志日滋日長，卧薪嘗膽之志日遠日忘。是以數年以來，綱維懈弛，釁孽萌生，區區東南事，猶有不勝慮者，何恢復之可圖？」蓋朱子之言，痛心極矣。如《封事》所言：以下所引皆《戊申封事》。虞允文爲相，盡取歲終羡餘之會，輸之内帑，以奉燕私之費。曾懷破祖宗舊法，盡刷州縣舊欠，悉行拘催，「生靈受害，寃痛日深」。則彼時内外之倉廩可知。屯田者，邊備之所以儲也。《封事》中極論當日屯田之弊，「不募其願耕者以行，而强其不能者以往。至屯則偃蹇不耕，反爲民田之害」。則彼時之邊備可知。又言諸將求進，必先殖私財以結朝廷之私人，私人以姓名付於貴將，貴將具爲奏牘而言之。諧價輸錢無異晚唐債帥，「其選置之方，乖剌如此」，則彼時之將士可知。更有大者，君子小人之消長，國家否泰之機也，未有用小人而國不危亡者。《封事》所言「往者淵覿説抃之徒，勢燄熏灼，傾動一時，已無可言矣」，顧今所取以自輔者，未嘗有如汲黯、魏徵之比，反得如秦檜晚年之執政、臺諫者而用之。蓋彼以人臣竊國柄而畏忠言之發其姦，故取此流以塞賢路，則彼時君子小人莫辨又可知。嗚呼！朱子畢生精神，志在恢復，而其言不用。卒至萬事疲苶，絶無振作之幾。《易》曰：「井渫不食，爲我心惻。」可勝歎哉！

夫忠孝者，生人之大節也。朱子距今九百年，忠孝綱常，炳如日月。後之學者，僅知朱子研訓詁、窮義理、尚躬行、明道德，庸詎知其本原忠孝若是。嗚呼！當宋南渡以後，講和之爲害烈矣。讀岳武穆、宗忠簡遺文，未嘗不爲之太息流涕也。朱子父韋齋先生以不附秦檜和議，致遭貶黜，故朱子平生專以復讎爲要旨。雖然，欲復仇當明戰略，而講戰略首在自强。朱子之言修攘也，謂必敬以直内，而後能内修政事；必義以方外，而後能外攘夷狄。豈迂言哉？蓋敬義者，周武王所守丹書之訓。所謂敬勝怠者吉，義勝欲者從，此千古戰事之本。可見朱子自强之策，胥在本心方寸之間，其非虚憍浮誇之士所可僞託明矣。而維時陳同甫之徒，乃詆道學爲無用，謬哉！謬哉！

且自古聖賢豪傑，未有不文武兼資者。朱子平生精神生活，以《大學》格致爲宗。格致者，兼學問踐履閲歷而言。能爲第一等之學術，始能行第一等之政治。攷朱子自主簿以至安撫使，仕於外者僅九載。在南康二年，在漳州一年，在潭州不滿三月。蓋自同安以來，未嘗有所終三年淹也。然其流風善政，民不能忘，約之可分三大綱：曰美風化之政，則如褒崇忠孝大節，俎豆先代名賢，修明禮教儀式；曰興庠序之政，則如修葺學校書院，廣儲經史書籍，躬親講習討論；曰惠閭閻之政，則如敦崇倫紀，清釐經界，興修水利，蠲減賦額，簡省繇役，蒸蒸乎盛治矣！而其精神之尤可師法者，則在經武之政，約之可分五目：一、條陳軍政，如庚子《封事》所論，攷覈軍籍，練習民兵等是；二、訓練武藝，如在同安時，徹地作圃，令民習射，在漳州時，每日更番入校場角藝等是；三、諭降洞猺，如在潭州時，猺人蒲來矢作亂，遣軍校田昇諭以威福，不血刃而降等是；四、約束保甲，如嚴禁保甲藉口關集，聚衆弄兵，陵弱暴寡等是；五、劾罷庸將，如安撫潭州時，嚴劾東南第八將陸景伍尸位養痾，立即罷斥，軍政爲之一肅等是。夫朱子才略，經文緯武，惜其在朝衹六十日，爲僉壬所阻，在外任屢遷，故其設施僅止此。藉令其得位乘時，膏澤下民，當不難佐成堯舜之治。孔子曰：「學道愛人。」又曰：「我戰則克。」朱子其庶幾矣。余嘗謂：居今之世，欲復吾國重心，欲闡吾國文化，欲振吾國固有道德，必自尊孔讀經始。而尊孔讀經，必自崇尚朱學始。海内同志，能研求朱學者，讀朱子《四書集注》、《或問》及《文集》、《語録》外，其餘評論朱子之書，難更僕數。約舉其要，則有王白田《朱子年譜》、朱止泉《朱子聖學攷略》、《宗朱要法》，秦定叟《紫陽大指》及鄙人《紫陽學術發微》、《性理救世》等書，皆可備參攷。夫閑先聖之道，待後之學者救心、救民、救國，胥在於斯；奮乎百世之上，百世之下，有不聞風興起者乎！

（該文原以《朱子之精神生活》爲題發表於一九三六年《江蘇教育》第五卷第九期；後於一九四一年改定更名爲《朱子學術精神論》，收入唐文治《茹經堂文集》第四編卷三）